EISZEIT!

RICK GOLDMANN
mit Günter Klein

Warum Eishockey
der geilste Sport der Welt ist

INHALT

Warm-up: Pyeongchang, 25. Februar 2018   7

ERSTES DRITTEL: EISHOCKEY LERNEN

Schüsse im Garten – meine Anfänge   17

Wen ich bewunderte – meine Idole   29

Es wogt hin und her – faszinierend!   37

Der Eishockey-Körper – was sind das für Waden?   45

Schmerz, lass nach – Spielen in der Rodeoweste   53

Nationalspieler werden – das Größte   63

ZWEITES DRITTEL: EISHOCKEY LEBEN

Gedraftet – meine Abenteuer-Jahre in Nordamerika   83

Wie man mit Statistik umgeht   99

Wie eine Mannschaft gebaut wird   109

Der verrückte Spieler – unser Torhüter   117

Wenn die Worte fliegen – mit Schiedsrichtern im Dialog   123

Warum ich nicht Trainer wurde   133

Sich prügeln? Manchmal muss es sein   145

Die Woche, die Saison – der Rhythmus des Eishockeys   151

Leben im Bus – wenn Teams reisen   161

Was man im Eishockey verdienen kann   167

DRITTES DRITTEL: EISHOCKEY ENTWICKELN

Perspektivwechsel – Premiere beim Fernsehen — 185

Unsere WM-Erlebnisse – Best of mit Basti Schwele und Sascha Bandermann — 193

Der Puck ist scharf – willkommen in der HD-Ära — 205

Alle zehn Jahre ein ganz neuer Sport — 213

Das neue große Ziel – 2026 top sein — 223

OVERTIME: ÜBER EISHOCKEY REDEN

Gerüstet für jede Eishockey-Diskussion — 235

WARM-UP:
Pyeongchang, 25. Februar 2018

„Olympiasieger! Wir werden Olympiasieger!" Wir hockten im Morgengrauen in meinem Wohnzimmer vor dem Fernseher und fieberten dem Ende entgegen. Ich bin mir nicht sicher, ob ich in diesem Moment noch saß oder bereits aufgesprungen war, ob ich kniete oder lag. So sehr waren wir alle mitgerissen von diesem Spiel.

Es war das Finale im Eishockeyturnier der Olympischen Spiele am 25. Februar 2018. Mit Deutschland. Und unsere Mannschaft war mit 3:2 in Führung gegangen. Gegen die Russen! Ein Team aus einer anderen Welt. Und es waren nur noch gut drei Minuten zu spielen. Marc Hindelang rief aus, was wir alle nicht zu denken wagten: „Wir werden Olympiasieger!"

Ein paar Kollegen von Sport1 hatten sich bei mir versammelt, um dieses Spiel, das größte für uns, das Spiel um die Goldmedaille, gemeinsam zu verfolgen. Eine komplett surreale Situation. Zum einen wegen der Zeitverschiebung: In Südkorea beginnender Nachmittag, bei uns noch stockdunkle Nacht. Eigentlich Tiefschlafphase. Aber wir fieberten dem Eishockeyfinale der Olympischen Spiele entgegen. Mit Deutschland.

Aber auch, weil mein Kollege Sascha Bandermann, einer der Anwesenden, und ich seit 2010 immer bei allen Turnieren live vor Ort dabei gewesen waren (er als Moderator und Drittelpausen-Interviewer der Eishockeysendungen, ich als Experte), fühlte es sich komisch an, gerade bei diesem Spiel zu Hause auf dem Sofa zu sitzen. Und wenn ich meine Zeit als Aktiver mit einbeziehe, war ich sogar seit der WM 1996 immer in irgendeiner Form dabei gewesen. Und wenn mal doch nicht, war ich wenigstens ein gefühlter Bestandteil der Nationalmannschaft. Pyeongchang war das erste Mal seit über 20 Jahren, dass ich mit der Sache nicht direkt zu tun hatte. Weit weg zu sein von der Mannschaft, die mir so viel bedeutete, das war wirklich ein komisches Gefühl. Ich saß daheim auf der Couch, und die standen im Olympiafinale weit weg in Asien. Wenigstens wollte ich diesen Moment mit Freunden teilen.

Also hatte ich zum Weißwurstfrühstück eingeladen, um 4.30 Uhr morgens. Als es soweit war, veranstalteten wir ein bisschen eine Privatübertragung. Aus unseren Rollen kamen wir so leicht nicht heraus. In den Drittelpausen machten wir eine Liveschalte bei Facebook. Da konnte man sehen, wie mir, dem Gastgeber, die Weißwürste aufplatzten, wie Sascha, den ich noch nie in seinem Leben ein Weißbier habe trinken sehen, eine ganze Kiste davon mitbrachte, wie einige direkt aus der Stadt kamen, sie hatten durchgemacht und sich in Rage gefeiert, in dieser Nacht von Samstag auf Sonntag.

Wir tranken also um 4.30 Uhr am Morgen Weißbier und waren euphorisch. Welche Fahrt dieses Turnier aufgenommen hatte! Dass wir gegen die Russen, von denen wir sonst immer eins auf die Nuss bekamen, im Endspiel standen! Es war ja unfassbar, was die „Olympischen Athleten aus Russland", wie sie offiziell genannt wurden, weil Russland wegen diverser Dopingvergehen gesperrt gewesen war, für Namen in ihren Reihen hatten. Es war unfassbar, wie wir das Halbfinale gegen Kanada mit 4:3 gewonnen hatten. Ein Höhepunkt deutscher Eishockeygeschichte, dem jetzt ein noch glorreicheres Kapitel folgen sollte, so hofften wir.

Im zweiten Drittel klingelte es und Marc Hindelang stand vor der Tür, in der offiziellen Mannschaftsjacke. Er war TV-Kommentator und hatte mich vor gut zehn Jahren zum Fernsehen geholt. Sein Engagement fürs Eishockey erstreckt sich über seinen Job hinaus. 2014 wurde er Vizepräsident des Deutschen Eishockey-Bunds. Marc kam direkt von den Olympischen Spielen zu uns, den Sieg über Kanada hatte er in Pyeongchang noch live erlebt. Er setzte sich zu uns aufs Sofa und sagte: „Das hältst du allein nicht aus."

Ich rief: „Was meinst du, kann unsere Mannschaft das Spiel gewinnen?" Er entgegnete trocken: „Na klar." Ich dachte noch: Meint er wirklich, wir können die Russen schlagen? Ich wusste nicht mehr, was ich glauben sollte. Die Geschichte lief anders als in all den Jahren zuvor. Die Mannschaft hatte sich reingekämpft und etwas ins Rollen gebracht. Sie strahlte Sicherheit aus, alle Aktionen saßen, sie fand spielerische Wege. Und all das, was die Mannschaft im Turnier ausgezeichnet hatte, zeigte sie auch jetzt wieder in diesem letzten Spiel. Unglaublich, wie Jonas Müller, der junge Verteidiger aus Berlin, durchrannte und mit einer Selbstverständlichkeit das 3:2 machte. Genau das war der Moment, in dem Marc Hindelang rief: „Olympiasieger. Wir werden Olympiasieger!" Als dann in der Schlussphase die Strafe gegen die Russen gegeben wurde, gab es endgültig kein Halten mehr. Bei mir im Wohnzimmer ging es zu wie im Stadion. Nein, schlimmer. Wir knieten, standen, sprangen, liefen hin und her, riefen, schrien durcheinander. Eine deutsche Mannschaft in einem Finale und dann auch noch so gut spielen zu sehen, das war einfach surreal.

Die Mannschaft hatte es verdient, hatte nicht versucht, über die Zeit zu kommen, sondern spielte mit. In der 30. Minute – bei 29:32 – schoss Felix Schütz den Ausgleich zum 1:1. Nur zehn Sekunden, nachdem Nikita Gusev in der 53. Minute das 2:1 für die Russen gemacht hatte, glich Dominik Kahun aus: 2:2. Dann – bei 56:44 Minuten – ging Jonas Müller durch und erzielte das 3:2.

Die deutsche Mannschaft hatte die Oberhand gewonnen. Ein Spiegel des Turnierverlaufs, der mit einer Niederlage gegen Finnland seinen Anfang genommen hatte, 2:5. Die Nachberichte waren kritisch ausgefallen. Der Tenor: Es wird trostlos werden wie so viele Male zuvor. Auch das zweite Spiel gegen Schweden ging verloren, 0:1. Uns fehlten einfach die Tore. Dann aber fing es mit dem Gewinnen an. Jeweils knapp, aber gegen zunehmend anspruchsvoller werdende Gegner: 2:1 gegen Norwegen nach Penaltyschießen,

2:1 gegen die Schweiz in der Viertelfinalqualifikation. Wieder Verlängerung, Yannic Seidenberg machte es aber kurz, traf nach 26 Sekunden. Die Brust wurde breiter, die Mannschaft fühlte sich stärker als ein Neunter der Setzliste, der es nach den Vorrundenergebnissen war.

Im Viertelfinale ging es erneut gegen Schweden. Der Favorit lag gegen die Deutschen 0:2 und 1:3 zurück, konnte aber im letzten Drittel ausgleichen. Das Schicksal schien seinen Lauf zu nehmen. Laut Drehbuch musste Schweden, die große Eishockeynation, die Sache in der Verlängerung klären. Doch stattdessen fiel ein deutsches Tor, durch Patrick Reimer, einen der ältesten Spieler, der in der Liga in seiner langen Karriere vergeblich einem Titel hinterhergejagt war. Es war unklar, ob man würde jubeln dürfen, der Treffer musste durch den Videobeweis. Alle blickten auf den Schiedsrichter, wie er zurück aufs Eis skatete, ein paar kurze Schritte, und in sein Mikrofon diesen einen Satz sagte, der die Erlösung brachte: „It was a good goal." Die deutsche Mannschaft stand im Halbfinale. Wie bei der Weltmeisterschaft 2010 im eigenen Land. Aber konnte die wundersame Reise noch weiter gehen?

Der nächste Gegner war Kanada. In den Fernsehnachrichten wird Kanada immer vorgestellt als „Der Eishockey-Rekordweltmeister" oder „Der Eishockey-Olympiasieger von 2014", und jeder weiß, dass Kanada das „Mutterland des Eishockeys" ist. Als Deutschland ist man gegen Kanada immer Außenseiter. Das Ahornblatt auf dem Trikot ist eine Marke.

Rein fachlich gesehen hatte das Kanada in Pyeongchang nichts zu tun mit dem Kanada von Sotschi vier Jahre zuvor. Vor allem Kanada litt darunter, dass die National Hockey League, die NHL, in der sich die Stars versammelten, an diesem Olympiaturnier in Südkorea nicht teilnahm, sondern ihren Betrieb einfach fortsetzte, weil die Besitzer der Klubs auf ihre Einnahmen nicht verzichten wollten. Die Nationalmannschaft musste aus Spielern gebildet werden, die bei europäischen Klubs unter Vertrag standen. Unter normalen Umständen hätte keiner von ihnen eine Olympiachance gehabt, wenn die Superstars hätten kommen dürfen.

Ich habe mit einigen aus unserem Silber-Team nach den Olympischen Spielen gesprochen. Ich wollte wissen: Wie fandet ihr, dass die NHL und ihre Stars nicht dabei waren?

Ausnahmslos alle sagten: „Das war echt Mist, dass die nicht mitspielen konnten." Kurz dachte ich: „Seid ihr verrückt? Dann wäre es doch viel schwieriger gewesen." Doch die Spieler bestanden darauf: „Wenn du einmal die Möglichkeit hast, bei Olympia zu spielen, willst du die Besten haben, dich mit ihnen messen, egal wie. Und wenn du untergehst, weil die drüben viel besser sind und mancher von ihnen zehn Millionen verdient." Wenn du diese Herausforderung nicht liebst, wirst du auch kein Eishockeyspieler.

Sie hätten gerne gegen die Stars gespielt, konnten aber nichts dafür, dass die nicht da waren. Deshalb ist eine Medaille aber nicht weniger wert. Und die Spieler sind sich darüber schon im Klaren, dass sie einen Vorteil hatten, weil die NHL-Spieler nicht kamen. In der deutschen Mannschaft hätten wir ein paar gehabt, doch bei Kanada, den USA und Schweden wäre der ganze Kader voll mit ihnen gewesen.

Das Turnier hat nicht die Wertigkeit gehabt wie mit NHL-Spielern, doch andererseits hatte so keiner einen Vorteil, es herrschten gleiche Bedingungen für alle. Unter diesen Vorzeichen war das Halbfinale gegen Kanada zu sehen. Und die Geschichte war nun eben die: Eine Mannschaft kommt ins Rollen wie eine Lawine, und irgendwann ist sie nicht mehr aufzuhalten – so etwas passiert in den Play-offs oder in einem Turnier.

Man führte gegen Kanada 3:0, man führte den Gegner eine halbe Stunde richtiggehend vor. Es klappte alles. Im letzten Drittel wurde es noch mal eng, der 4:1-Vorsprung schmolz auf 4:3. Die deutschen Spieler gaben alles, warfen sich in die Schüsse der Kanadier, es war eine epische Verteidigungsschlacht. Und als sie gewonnen war, wussten die Spieler gar nicht, wohin mit ihrem Glück. Sie liefen und liefen, bis das Spielfeld zu Ende war und die Bande kam, sie klatschten gegen die Plexiglasumrandung, die unter dem Aufprall ins Schwingen geriet. Ein Fotograf, der direkt dahinter stand, hielt mit der Kamera drauf. Ihm gelang ein grandioses Bild, so nah, so scharf, dass man den Zahnschutz der Spieler sehen konnte. Am nächsten Tag war es auf Seite eins aller Zeitungen zu sehen, und zwangsläufig wurde es zum „Sportfoto des Jahres" gekürt.

Eine Medaille, wir haben eine Medaille – und es ist mindestens Silber. Und dann – am 25. Februar morgens – führen wir 3:2 gegen die Russen, und Marc Hindelang ruft: „Olympiasieger! Wir werden Olympiasieger!" Es stand 3:2.

Bei 57:49 nimmt der Russe Kalinin eine Strafzeit. Zwei Minuten. Bis 59:49 würde Deutschland Überzahl spielen, man muss nur die Scheibe halten. Klar, dass Russland bei erster Gelegenheit den Torhüter vom Eis nimmt – und 56 Sekunden vor Schluss trifft wieder dieser Gusev. Uns fiel die Kinnlade runter. Wir registrierten, wie die Russen feierten, wie sie durchdrehten vor Glück. Eine Situation, die wir nicht mehr für möglich gehalten, aber insgeheim befürchtet hatten.

Dass es in der Verlängerung – weil auf deutscher Seite nach zehn Minuten Patrick Reimer eine Strafe bekam – schnell klick machen würde bei den Russen, war dann leider fast zu erwarten gewesen. Gusev legte auf, Kaprizov traf. Das Finale war entschieden: 4:3 für die Olympischen Athleten aus Russland.

Unsere Mannschaft war am Boden zerstört, wir daheim waren es auch. Ich hätte dem deutschen Eishockey diese Goldmedaille mehr als alles andere gegönnt. So ein Erfolg wäre genau das gewesen, was es gebraucht hätte, Eishockey hierzulande weiter nach vorne zu bringen. Zu sehen, dass die Mannschaft das Finale spielte, um es zu gewinnen, war zutiefst beeindruckend. Darum musste man niedergeschlagen sein, denn die Russen hatten das Herz unserer

Jungs in der Verlängerung zerschlagen. Bis auf 56 Sekunden war man dem Olympiasieg nahegekommen.

Eine ähnliche Situation hatte es bei der Weltmeisterschaft 2013 gegeben. Damals stand die Schweiz, unser ewiger Rivale, ein Team, dem unseren nicht unähnlich, im Endspiel und verlor gegen Schweden. Ich ging in die Katakomben, als es vorbei war, und sagte zu einem der Schweizer Spieler: „Geil, was ihr erreicht habt." Er schaute mich an und sagte kraftlos: „Danke, Goldi." Er sagte: „Fuck, wir haben gerade Gold verloren. Wer weiß, wann ich in meinem Leben einmal noch in die Lage komme, es gewinnen zu können."

2018 habe ich diesen Schmerz selbst spüren können. Es hat eine ganze Weile gedauert, bis ich kapiert habe, was die Mannschaft geleistet hat. Dann ist meine Kolumne für die Website von Sport1 aus mir rausgesprudelt. Unser Eishockey war über 1976 hinausgekommen. Endlich. In Innsbruck hatten die Deutschen unter glücklichen Umständen die olympische Bronzemedaille gewonnen, die Spieler aus dieser Mannschaft waren immer noch die prägenden Charaktere des deutschen Eishockeys, und sie haben auch große Verdienste. Aber es war an der Zeit, dass neue Leute kommen, neue Idole heranwachsen. Nun waren sie da. Das Eishockey hatte eine neue Geschichte. Eine, die aktuell ist, die man greifen kann.

Die Spieler streiften ihre Trauer noch auf dem Eis von Pyeongchang ab, nachdem sie ihre Gedanken geordnet hatten: Sie hatten gerade den größten Erfolg des deutschen Eishockeys erzielt. Silber! Auch wenn das deutsche Eishockey vielleicht nicht dahin gehörte, wo es am 25. Februar 2018 schließlich stand, hatte es doch einen Weg gefunden, dort zu sein.

Bei allem Schmerz, in Pyeongchang nicht live dabei gewesen zu sein: Es war auch schön, das Olympiaturnier mit Abstand zu verfolgen. So konnte ich erkennen, was es bewegte. Nicht nur in Eishockeykreisen, sondern in ganz Deutschland. Ab dem Viertelfinale konnte man erahnen, dass Außergewöhnliches geschieht. Obwohl die Zeiten, zu denen gespielt wurde, ungünstig waren. Mal tief in der Nacht, mal zur Mittagsstunde – ich hatte da auch noch anderes zu tun in meiner Physiotherapiepraxis und konnte nicht jedes Spiel verfolgen, wie ich gewollt hätte.

Spätestens mit diesem Finale wurde mir wieder bewusst, wie viel Liebe ich für diese Sportart empfinde. Aus meiner Leidenschaft war etwas noch Tiefergehendes in all den Jahren geworden. Mit der großen Liebe will man die schönste Hochzeit haben – das wäre die Goldmedaille gewesen.

ERSTES DRITTEL:
EISHOCKEY LERNEN

SCHÜSSE IM GARTEN – MEINE ANFÄNGE

Heute lernt man Schlittschuhlaufen mit Hilfe eines Pinguins. Einer Tierfigur, an der sich die Kinder festhalten und die sie vor sich herschieben, wenn sie ihre ersten Schritte auf dem Eis machen. Bei mir musste als Gehhilfe ein Stuhl herhalten. So liefen damals, 1980, die Anfängerkurse in der Landshuter Eishalle ab. Man holte die Stühle aus der Stadiongaststätte und stellte sie aufs Eis. Ich – vier Jahre alt – bewegte dann den Stuhl, über dessen Sitzfläche ich kaum blicken konnte, zaghaft voran. Nach dem Training wurden die Stühle in eine Ecke neben der Eisfläche gestellt, am Wochenende kamen sie wieder in die Gaststätte. Denn dann spielte der EV Landshut, die Wirtschaft war dementsprechend voll, und die Leute brauchten Sitzgelegenheiten.

So fing es bei mir an mit dem Eissport. Zwar wohnten wir in Dingolfing, das von Landshut 25 Kilometer entfernt und auch der Heimatort von Marco Sturm ist, einem der größten Stars des deutschen Eishockeys. Doch Dingolfing war trotzdem nicht das beste Eishockey-Pflaster. Es gab die Eishalle, die seit 2018 nach Marco Sturm benannt ist, und den EV Dingolfing, in dem mein Vater, der hobbymäßig Eishockey spielte, Abteilungsleiter war. Doch existierte damals keine Nachwuchsarbeit für die ganz Kleinen, die Eishockey spielen wollten, aber erst einmal das Laufen auf Schlittschuhen erlernen mussten. Also fuhr meine Mutter mich nach Landshut. Als Kind hatte ich keine Ahnung, welch hohen Fahraufwand das für meine Eltern bedeutete. Nach meinen ersten Bemühungen mit Hilfe des Stuhls aus der Stadionkneipe teilte ich ihnen mit: „Ich will Eishockeyspieler werden."

Zu den ersten Trainingseinheiten bekam man noch nicht mal einen Schläger, dafür aber Knieschützer, weil man so häufig hinfiel.

Irgendwann kam der Puck dazu, und es wurde gespielt. Ich war vier, als ich erstmals mit den Kleinstschülern ein richtiges Spiel bestreiten durfte. Ich wollte Verteidiger sein, nichts anderes. Das war ungewöhnlich, weil Kinder normalerweise angreifen und Tore schießen oder Torwarthelden sein wollen. Meine Mutter erzählte mir später, dass das im Landshuter Eisstadion ein Thema war: Dieser Vierjährige, der so gerne Verteidiger sein wollte. In der Stadiongaststätte saßen häufig die Spieler der ersten Mannschaft, lokale Stars wie Butzi Auhuber und Bernie Englbrecht. Sie schauten bei den Nachwuchsspielen zu, und ihnen fiel dieser Spieler auf, der spürbare Lust daran hatte, das Tor seiner Mannschaft abzusichern.

Meine ganze Jugendzeit bin ich Verteidiger geblieben. Bis auf ein Jahr, da war ich Stürmer, das wollte der Trainer so. Doch ich schoss vorne nicht mehr Tore als in meiner Zeit als Abwehrspieler. Kurios war auch: Als Verteidiger hatte ich einen gesunden Vorwärtsdrang, als Stürmer zog es mich aus angelerntem defensiven Verantwortungsbewusstsein nach hinten.

Die erste große Faszination beim Eishockey waren der Schlittschuh und der Schläger. Der Schlittschuh ist für den Eishockeyspieler das, was für den Koch seine Messer sind. Der Schlittschuh ist sein Heiligtum. Ich habe immer die gleiche Marke gespielt. Meine komplette Karriere über. Als ich als Kind ein neues Paar bekam, zog ich sie natürlich zu Hause an. Ich habe sie sogar mit ins Bett genommen, weil ich sie so stolz auf sie war.

Die Ausrüstung drumherum machte mir als Kind naturgemäß zu schaffen. Es ist außerordentlich kompliziert, einen Schienbeinschoner so anzulegen, dass er hält. Wir mussten anfangs angezogen werden, und Eltern waren in Landshut in der Kabine nicht erlaubt. Wir hatten dafür zwei, drei Betreuer, die uns auch die Schlittschuhe banden.

Wie man das viele Zeug anzieht, bekommt man aber schnell raus. Es ist selbsterklärend. Als Erstes zieht man den Tiefschutz an, das ergibt Sinn, auch beim Kind. Dann kommt der

Strapsgürtel, und es ist klar, dass er die Strümpfe halten muss. Zuvor kommen noch die Schienbein- und Knieschoner und darüber die Stutzen. Es besteht die Versuchung, dass der junge Spieler danach die Schlittschuhe anzieht; in dem Fall hätte er aber die Hose vergessen und müsste die Schlittschuhe wieder ausziehen. Das passiert vielen. Aber in der Regel nur einmal im Leben. Das merkst du dir nach dem einen Missgeschick. Für Profis gibt es übrigens auch Hosen, die man mit einem Reißverschluss öffnen kann, falls man in der Drittelpause auf die Toilette muss.

Wenn man als Kind in den Schlittschuhen drin war, setzte man sich hin und wartete, bis jemand kam und die Schuhe band. Anschließend legte man Schulter- und Ellbogenschutz an, zog das Trikot drüber, schlüpfte in die Handschuhe, und setzte den Helm auf. Den musste auch wieder jemand unten schließen, als Kind konnte man das selbst noch nicht.

Ihre Faszination verliert so eine Ausrüstung nie. Eigentlich gewinnt sie sogar an Bedeutung, wenn man älter wird und die Möglichkeiten erkennt, die Verbesserungen am Equipment mit sich bringen. Da gibt es in den Mannschaften einen regen Austausch über die Länge der Handschuhe: Der eine ist 14 Zoll lang, der andere 14,5 oder 15. Es wird diskutiert, ob man sich durch zusätzlichen Kitt am Oberkörperschutz gegen Stockschläge in die Rippen wappnen kann. Oder die Schulterkappen: Sollen sie mehr Beweglichkeit erlauben oder vor allem Schutz bieten? Stürmer bevorzugten das eine Modell, Verteidiger tendenziell das andere. Stoff zum Basteln hatte man zur Genüge.

Die Schläger, die wir Anfänger bekamen, waren gerade, sie hatten noch keine gebogene Schaufel, zumindest war das damals im Kindereishockey so. Inzwischen hat sich das geändert. Die Scheibe hochzubringen war ein Kampf. Man muss aber berücksichtigen, dass man ja auch als sechsjähriges Kind mit dem gleichen Puck wie die Profis spielt und das Gewicht für einen kleinen Jungen im Verhältnis ungleich höher ist. Du hast noch keine Technik, darum ist es ohnehin schwer, diesen Puck hochzuheben. Einen richtigen Schuss anzubringen, der nicht flach ins Tor rutscht, sondern hoch in den Maschen einschlägt, ist die nächste Herausforderung und Faszination. Ein sauberer Schlagschuss will gelernt und geübt sein. Wieder und wieder knallt man den Puck an die Bande. Zigfach, hundertfach. Und es genügt nicht, das nur im Stadion zu tun.

Zu Hause bekam ich, als ich zehn war, ein Eishockeytor geschenkt. Zuvor hatte ich schon immer Pucks geklaut, die die erste Mannschaft bei ihrem Training verschossen hatte, und mitgenommen – was aber jeder machte. Zu Hause schoss ich zunächst auf einen Zaun, ein Eisengatter, das so strukturiert war, dass der Puck nicht durchfliegen konnte. Nach ein paar Jahren hatte ich den Zaun komplett zerlegt. Je besser ich im Schießen wurde, umso mehr schimpften meine Eltern wegen des Materialschadens, den der junge Herr Eishockeyverteidiger verursachte. Und manchmal drosch ich die Pucks auch ins Maisfeld des Nachbaranwesens. Es war schwer, sie dort wiederzufinden, meistens musste man bis zum Spätherbst warten.

Später hatte ich also das Eishockeytor – bei dem ich allerdings das Netz zerschoss. Dahinter stand ein Holzzaun, den mein Vater schützen wollte. Und auch die Radfahrer draußen auf der Straße. Darum wurde noch ein Fangnetz angeschafft, um diese Gefahren auszuschalten.

Als Verteidiger sollte man gut schießen können. Man will ja auch Tore erzielen. Ein Tor ist im Eishockey das Erlebnis schlechthin, sogar bei Trainingsübungen, wenn du allein auf den Torwart zufährst, willst du die Scheibe an ihm vorbeibringen.

Ich wollte aber immer, dass wir auf spielerische Art zu unseren Toren kommen. Und dass möglichst alle, die auf dem Eis standen, daran mitwirkten. Bei Sololäufen „Coast to Coast", bei denen ein Spieler am eigenen Tor mit der Scheibe losläuft, an allen vorbeizieht und sie im Kasten des Gegners versenkt, rasten alle aus vor Begeisterung. Sicher ist das toll und spektakulär, und man kann eine solche Aktion auch gelegentlich bringen. Wenn man zwölf ist und weiß, dass man zu den Besten gehört, versucht man bei 3:4-Rückstand durchzurennen und dem Spiel eine Wende zu geben. Oder man probiert solch ein Solo aus Verzweiflung, wenn es 0:7 gegen die eigene Mannschaft steht und man meint, man müsse jetzt ein Tor schießen. Doch ich kann diesem Spektakel eines einzelnen Spielers deutlich weniger abgewinnen, als wenn von hinten ein schneller Pass gespielt wird, es über eine Doppelstation in die Mitte geht und zwei dynamische Pässe ins Angriffsdrittel folgen und daraus ein Tor entsteht. *Das* ist für mich Eishockey. Und das war es damals schon im Nachwuchs des EV Landshut.

Ich habe mit fünf oder sechs nicht verstanden, warum jemand mir den Pass nicht zurückgab. Ich wollte, dass wir fünf, die wir auf dem Eis standen, die Scheibe besaßen und spielten. Wenn du das Spiel siehst und verstehst, wenn die Pässe ankommen, die Schüsse ins Tor gehen, wenn du läufst, nicht dauernd hinfällst, die anderen überholst – dann stellst du fest, dass du Fortschritte machst und dich entwickelst. Und dass du für das Training belohnt wirst.

Der EV Landshut hatte eine hervorragende Nachwuchsarbeit. Gefühlt sind wir immer Bayerischer Meister oder wenigstens Vizemeister geworden. Mit fünf nahm ich schon am Ligabetrieb teil. Rosenheim, Klostersee, das waren unsere Rivalen. Früh wurden wir auch schon zu internationalen Turnieren eingeladen, etwa nach Prag, da war ich sieben oder acht Jahre alt. Mit fuhr auch der Vizepräsident des EVL, der Ladungen von Schnupftabak dabeihatte. Als Bestechung für die Zöllner, damit die nicht anfingen, unsere Eishockeytaschen auszupacken. Wir als Kinder wussten nicht um die politische Brisanz einer Reise in den Osten, hinter den Eisernen Vorhang, und um die Schwierigkeiten eines Grenzübertritts. Für uns zählte nur, dass wir in der großen Halle von Sparta Prag spielten. Gegen Schweizer Klubs und gegen tschechische – ein Wahnsinnserlebnis.

Ab zehn war ich in der Bayern-Auswahl, in der es Altersstufen ab der U12 gab. Die Lehrgänge fanden oft in Landshut statt, da wurden wir in der Jugendherberge oben auf der Burg untergebracht. In der eigenen Stadt im „Hotel" zu wohnen, das vermittelte ein Gefühl von Erhabenheit, von Auserwähltheit. Zweimal am Tag gingen wir zu Fuß runter zum Training in die Eishalle und hatten Spiele gegen die Auswahlen anderer Bundesländer, ohne die aus dem Osten damals noch. Die deutsche Einheit war noch ein paar Jahre entfernt. Wir Bayern dominierten im deutschen Nachwuchseishockey. Alexander Serikow, Florian Keller, Eric Dylla, Stefan Retzer, Markus Wieland – wir hatten eine ganze Reihe von Spielern, die später als ausgereifte Spieler eine schöne Profikarriere hinlegten. Und ich war der Kapitän dieser Bayern-Auswahl.

Mit 15 kam man vom Landesverband in die Zuständigkeit des Deutschen Eishockey-Bundes. Ab der U16 gab es Nachwuchsnationalmannschaften. Die Einladung erfolgte per Post. Die erste Maßnahme für die U16 war traditionell im französischen Perpignan. Wir fuhren im Sechs-Mann-Liegeabteil mit dem Nachtzug von München nach Perpignan. Dort war es wie im Schullandheim, unterlegt von pubertärem Geschrei. Jedes Klischee wurde voll erfüllt. Wir spielten dann dreimal gegen Frankreich, das waren meine ersten offiziellen Länderspiele. Von nun an durfte ich das deutsche Trikot tragen. Ich spielte für Deutschland. Und ließ als Erinnerung die Ankündigungsplakate dieser Spiele in Frankreich mitgehen. Auf ihnen stand: Eintritt 3 Franc.

Für mich war es wichtig, mich Nationalspieler nennen zu können. Ich bin in einer Zeit groß geworden, in der man sich für die NHL nicht sonderlich interessiert hat. Ich konnte die deutsche Bundesliga verfolgen, oft waren wir am Freitagabend beim EV Landshut. Meine Mutter rief mich und holte mich sogar aus dem Bett, wenn im öffentlich-rechtlichen Fernsehen die Abendzusammenfassungen der Spiele gezeigt wurden. Und ich schaute die Eishockey-WM an, weil die in der ARD und im ZDF lief.

Mein Ziel war es, Rekordnationalspieler zu werden. Ich bekam mit, wie Udo Kießling Jahr für Jahr seine Bestmarke weiter nach oben schraubte. Auch wenn das wie Majestätsbeleidigung klingen mag: Ich wollte seinen Rekord überbieten. Das hatte für mich den höchsten Stellenwert. Die Nationalmannschaft steht für mich über der Liga und sogar den Play-offs um die Deutsche Meisterschaft.

Das erste Trikot, das ich mit 15 in Frankreich trug, hatte keinen Namen, sondern nur die Nummer. Aus dem Mannschaftssatz von 1 bis 30 wurde eben eines ausgegeben. Individueller wurde es erst ab der U 18.

Mein zweites Turnier war in Norwegen, genauer gesagt: in Bergen. Zum ersten Mal im Leben durfte ich fliegen. Skandinavien war weit weg und eine andere Hausnummer als Tschechien, die Schweiz oder Feldkirch in Österreich, wo wir bis dahin gespielt hatten. Mit einer Mannschaft in ein Flugzeug zu steigen, war ein fantastisches Erlebnis. Man ging auf eine Mission. Ich empfand das als unendlich cool.

Vielleicht war es das beste Turnier, das ich in meinem Leben gespielt habe. Ich wusste mit 16 nicht, was ein Flow ist – aber ich erreichte ihn. Im Rückblick habe ich noch Bilder von damals vor Augen. Wie jene Szene, wo ich einen Befreiungsschlag des Gegners im Flug an der blauen Linie mit dem Schläger abfange und die Scheibe im Drittel halte. Ein Gefühl wie in einem Film, in dem die Aktion des Helden in Zeitlupe gezeigt, das Bild eingefroren wird und er in der Luft steht. Ich wurde als bester Spieler des Turniers ausgezeichnet. Der Preis war eine Art Axt, von der ich hoffte, dass man sie mich im Flugzeug mitnehmen lassen würde. Meine erste individuelle Auszeichnung. Sie kam ins Kinderzimmer. Ich habe sie immer noch.

Mein Werdegang im Eishockey musste mit der Schule koordiniert werden. Der Deal mit meinen Eltern lautete, dass ich ihnen schulisch keine Sorgen bereiten durfte, damit sie mich weiterhin hin und zurück zum Training chauffierten. Und daneben probierte ich noch einige andere Sportarten aus, vor allem mein Großvater hatte mir vieles schmackhaft gemacht. Ich war im Turnverein, beim Skifahren, ging Tennis und Tischtennis spielen, Judo habe ich probiert, sogar Handballer war ich ganz kurz. Alles ohne großen Druck. Für die Athletik war diese vielfältige Ausbildung ganz gut. Geblieben bin ich nur beim Eishockey.

Als Schüler war ich schon sehr speziell. Am zweiten Tag in der Grundschule beschwerte ich mich bei der Lehrerin, dass sie mir noch nicht Englisch beigebracht hatte. Als ich lesen konnte, beschäftigte sie mich mit einem Band mit Gedichten der deutschen Klassiker. Ich habe sie für mich auswendig gelernt und bis heute behalten. Goethe, Schiller, „Der Zauberlehrling" und „Das Lied von der Glocke", „Der Panther" von Rilke – ich konnte das alles fehlerlos aufsagen. Ich verstand es nur nicht. Ich war gut dabei in der Schule, hätte sogar eine Klasse überspringen können, doch wollte das nicht. Mir war wichtiger, mit den Leuten zusammenzubleiben, die ich kannte.

Was nicht hinhaute, war ein Instrument zu lernen. Das hatten meine Eltern sich gewünscht. Ich versuchte es mit Blockflöte und Klavier. Beim Unterricht hatte ich vor Aufregung immer schwitzige Hände, der Schweiß rann auf die Tastatur des Pianos. Musik konnte keine Priorität in meinem Leben haben. Jeden Tag habe ich eine Stunde damit zugebracht, den Zaun meiner Eltern kaputt zu schießen, und eine Stunde pro Woche war ich vielleicht am Klavier. Ich habe auch nie getanzt. Wenn wir mit der Mannschaft ausgingen, war ich nie auf dem Dancefloor, sondern immer an der Bar.

Am Gymnasium in Dingolfing häuften sich wegen des Eishockeys die Absenzen. Wenn gefragt wurde, wo denn der Goldmann sei, hieß es: Ach, der ist wieder mit der Nationalmannschaft unterwegs. Gegenüber dem Direktor hatte ich wohl schon ein sehr selbstbewusstes Auftreten, wenn es um die Freistellungen für meinen Sport ging. Ich sagte kess: „Für die Nationalmannschaft muss man freikriegen, das steht in den Regularien drin. Ich lasse die Ihnen mal zukommen." Ich wusste nicht, ob das so war, ich bluffte. Doch es wurde letztlich akzeptiert: Wenn ich nicht da war, war ich nicht da. Automatisch entschuldigt.

Mit 16 durfte ich in Landshut unter Trainer Dr. Pavel Volek, dessen ältester Sohn in der NHL spielte, bei der Ersten mittrainieren. In einer Ligapause wollte er mich bei einem Freundschaftsspiel testen. In Österreich. Manager Max Fedra hatte Bedenken: „Mit 16 darf der da noch gar nicht spielen. Wir kriegen keine Versicherung für ihn." Volek schlug vor: „Wir stecken Goldmann einfach ins Trikot eines anderen Spielers." So habe ich mein erstes Auswärtsseniorenspiel versteckt und mit Pseudonym absolviert.

Als Schüler der K12, mit 17 Jahren, hatte ich schließlich meinen ersten Profivertrag und fehlte mindestens einmal in der Woche in der Schule, weil ich Vormittagstraining hatte. Daran teilzunehmen musste sein, um übers Training eine Chance zu haben, einen Platz in der Mannschaft zu bekommen.

In der Kollegstufe musste ich die Schule wechseln. Mir war klar, dass ich mich unter Bernie Johnston, der Dr. Volek als Cheftrainer in Landshut abgelöst hatte, nicht so entwickeln würde, wie ich das vorgehabt hatte. Er setzte auf fertige Spieler. Ich erzwang meinen Wechsel nach Mannheim, was nicht leicht war, weil damals noch Ablösesummen bezahlt werden mussten und ich als hochdekorierter Nachwuchsnationalspieler im Höchstsatz von 250.000 D-Mark angesiedelt wurde. Ich ließ es darauf ankommen und drohte dem EVL, meine Karriere eben zu beenden, sodass er mich als Spieler verlieren und gar nichts für mich bekommen würde. Wir kamen dann zu einer Einigung. Ich durfte zu den Adlern gehen, musste mir in Mannheim aber eine Schule suchen, um in die 13. Klasse zu gehen und das Abitur zu machen. Wir fanden ein Sport-Privatgymnasium, das sagte: Wenn der Goldmann da ist – okay. Und wenn nicht, muss er selbst schauen, wie er den

Lernstoff bewältigt. Meine Leistungskurse waren Deutsch und Sport, dazu musste ich als Prüfungsfächer Religion und Mathematik nehmen. Ich taktierte mich durch. Die Definition für „Gut in der Schule sein" hatte sich mit den Jahren verändert. Gut hieß anfangs Note zwei, dann war es die drei. Und am Ende: das Abi irgendwie schaffen.

Die Lehrer meinten es gut mir mit. Ich war ein umtriebiger, lauter, oft einfach störender Schüler, hatte aber ganz offensichtlich einen Bonus.

Ich konnte mich früh in die Junioren-Bundesliga hochspielen, bei den 20-Jährigen, was hart war. Und ab und zu konnte ich bei der Bundesligamannschaft mittrainieren. Mit 17 kam ich zu den Profis – das war mein Weg. Kurz hat man mal den Gedanken, ob ich in Kanada in einer Juniorenliga spielen sollte, erörtert. Und dann gleich wieder verworfen, weil sich niemand mit Kanada auskannte. Mit meiner Vita – der Teilnahme an zwei U18-, drei U20-Europa- und Weltmeisterschaften, was sonst kaum ein Spieler vorzuweisen hatte – war mein Werdegang vorgezeichnet. Nämlich zu einem der Topstars der Bundesliga zu reifen, wenn ich das so überheblich sagen darf. Unter anderem das Bosman-Urteil hatte aber was dagegen. Dazu später mehr.

Mein erstes A-Länderspiel war wieder in Norwegen. Im Februar 1995, nach der U20-WM. Da war ich punktbester Verteidiger des Turniers gewesen und unter den stärksten Scorern. Vom Nachwuchs- war ich zum A-Nationalspieler geworden.

Fünf Fragen an Stefan Schaidnagel, Sportdirektor beim Deutschen Eishockey-Bund

Was ist die wichtigste Eigenschaft eines Nachwuchstrainers?
Das größte Know-how zu haben und dies mit der Fähigkeit zu verbinden, altersgerecht auf die Kinder zugehen zu können.

Kämpft das Eishockey auch mit dem *relative-age-effect*, wonach Spieler sich eher durchsetzen, wenn sie früh im Jahr geboren sind?
Den *relative-age-effect* spüren alle Sportarten. Durch die Altersklassenrestrukturierung haben wir diesen Effekt ein wenig abgefedert. Uns interessiert mindestens genauso das Verhältnis zwischen chronologischem Alter und biologischem Alter und dessen Konsequenzen.

Was sind für Eishockey passende Ergänzungssportarten?
Bewiesen ist, dass der multisportive Ansatz Vorteile hat. Sich selbst im Kindesalter in vielen verschiedenen Sportarten zu versuchen, fördert die allgemeinen Fähigkeiten, welche dann in der Spezialisierung hilfreich sind. Tennis, Langlauf, Ski Alpin, Basketball, Fußball, Radsport oder Disziplinen aus der Leichtathletik sind für jeden Eishockeyspieler hilfreich.

Früher gab es Späteinsteigerkarrieren von Leuten, die erst mit 14 in den Eislaufverein gingen. Wäre das heute noch möglich?
Unter Umständen. Jedoch kommt es aufgrund zu früher Spezialisierung auf eine Sportart immer seltener vor. Auch infrastrukturelle Bedingungen, etwa der Rückgang an Stunden im Schulsport, verhindern eine Spätentwicklung in einer Sportart zunehmend.

Ab welchem Alter sollte man mit Krafttraining anfangen?

Da Krafttraining immer auch eine Frage der richtigen Technik ist, kommt es vor allem auf die körperlichen Voraussetzungen bezüglich Hebel- und Längenverhältnisse an. Im Heranwachsendenalter muss die Individualität ganz genau betrachtet werden, es kann nicht jeder 13-Jährige mit gleichen Methoden im Kraftbereich trainiert werden.

WEN ICH BEWUNDERTE – MEINE IDOLE

Meine Ausbildung als Eishockeyspieler habe ich in Landshut genossen. Eine Stadt, die man wegen ihres großen historischen Fests, der Landshuter Hochzeit, kennt. Mehr aber noch dadurch, dass sie ein Zentrum des Eishockeys war. Die guten Zeiten liegen lange zurück, 1970 und 1983 wurde der EVL Deutscher Meister. Bis in die 90er-Jahre hinein war er ein Spitzenklub in Deutschland. 1999 wurde seine Lizenz an den US-Entertainmentkonzern Anschutz verkauft, der ein Team in München aufbaute, die Barons, und 2002 nach Hamburg weiterzog, wo er die Barone als Freezers weiterspielen ließ. Landshut versuchte einen Neuaufbau, kam aber nie mehr höher als bis zur zweiten Liga und spielte zuletzt in der dritten. Doch die Geschichte des EVL ist und bleibt großartig. In meiner Karriere haben mich Figuren aus der Landshuter Historie angetrieben.

So um 1986 herum setzt meine bewusste Wahrnehmung ein. Alois Schloder war ein ganz großer Name des Landshuter Eishockey. Ich kannte ihn als Leiter des Sportamts, über ihn als Spieler kann ich nicht mehr so viel sagen. Ich weiß, dass er gegen Ende seiner Karriere vom Stürmer zum Verteidiger wurde und dabei immer noch überragend war. Klaus „Butzi" Auhuber war bundesweit für seine Härte berühmt. Ein kerniger niederbayerischer Abwehrmann, mit dem sich keiner anlegen wollte. Erich Kühnhackl ist letztlich der Name gewesen, der in Landshut über allem stand, weil er so viele Punkte gemacht hat.

Aus der Nationalmannschaft waren meine drei Spieler, an denen ich mich orientierte, die langjährigen Verteidiger Udo Kießling, der zum Ausklang seiner Laufbahn in Landshut spielte, Harold Kreis in Mannheim und Andi Niederberger in Düsseldorf. Es waren aber auch die Importspieler, die in der Liga beim EV

Landshut für Furore sorgten und mich beeindruckten. Sehr lange Dany Naud, der nachher Trainer wurde. Er war als Spieler überragend, ein eher kleiner, ruhiger Verteidiger, der das Spiel von der blauen Linie weg organsierte. Oder Venci Sebek, der einen wahnsinnigen Schuss hatte. Sein Schläger war so aufgebogen, dass er sich damit auch hätte am Rücken kratzen können. Das ging über die Regeln für das Material hinaus, doch wir machten es ihm nach. Man kopierte alles, die guten wie die schlechten Sachen.

Wenn am Freitagabend die Spiele waren, schaute ich genau hin: Wie machen die Stars sich warm? Und mein Interesse galt nicht nur dem EVL, sondern auch den Cracks der Gegner. Wenn Harold Kreis mit Mannheim kam oder Andi Niederberger, der gefühlt fast nie vom Eis ging mit seiner Bärenkondition. Ich habe deren Trockentraining neben der zweiten Eisfläche beobachtet und mich vor unseren Nachwuchsspielen dann an den exakt gleichen Stellen aufgewärmt.

Um Kontakt zu meinen Stars habe ich mich nicht bemüht. Das mag Leute erstaunen, wenn sie mich heute aus dem Fernsehen kennen und mich für umtriebig und lustig halten. Ich suche mit wenigen Menschen das Gespräch, dafür bin ich zu scheu. Ich bin eher das *staring kid*, das Kind, das mit offenem Mund staunend danebensteht. Ich brauche eine gewisse Wohlfühlatmosphäre, muss den anderen kennen, um aufzublühen und zu sein, wie ich bin. Sitze ich an einem Zehnertisch mit neun Leuten, die ich nicht kenne, werde ich wahrscheinlich an diesem Abend heimgehen und mit keinem gesprochen haben. Kenne ich die neun Leute jedoch, werde ich den Tisch den ganzen Abend lang unterhalten haben, ob die neun das nun wollten oder nicht.

Aber ich habe in Landshut auch aus der vorsichtigen Distanz, die ich einhielt, ein paar Ausrüstungsgegenstände abgestaubt. Als ich sechs, sieben war, stand ich mit den anderen dort, wo die Spieler aufs und vom Eis gehen. Wir bettelten um Schläger, die damals noch aus Holz und nicht wie heute aus Carbon und noch viel weniger wert waren. Die Profis haben sich auch gefreut, wenn wir Interesse an ihnen zeigten. Vor Ehrfurcht habe ich mich aber nicht mal getraut, den erbeuteten Schläger, der für mich natürlich viel zu lang war, zuhause abzusägen. Ich habe ihn einfach nur hingestellt und behandelt wie eine Reliquie. Bis ich bei den Mitspielern im Nachwuchs beobachten konnte, dass sie mit diesen Schlägern, nachdem sie sie verkürzt hatten, auch spielten.

Unsere Nachwuchskabine war nicht weit weg von der Kabine der ersten Mannschaft und von deren Massageraum. Da war eine Holztür, sie stand nach dem Training meist offen. Wir standen dort und haben reingeschaut, konnten alles hören und haben versucht, so viel von diesem geheimnisvollen Raum, den wir nicht betreten durften, mitzubekommen. Irgendwann kam dann jemand und machte die Tür zu, weil die Erwachsenen halt auch mal was bereden wollten, was wahrscheinlich nicht ganz jugendfrei war.

Es war ein Vorteil des heimeligen EV Landshut, der damaligen Zeit und des Eishockeys insgesamt, dass Nähe zugelassen wurde. Wir hatten nie das Gefühl, dass wir die Landshuter Koryphäen nerven würden. Die sind nicht einfach achtlos an uns vorbeigegangen, sondern haben uns einen Klaps auf den Kopf gegeben oder die Mütze ins Gesicht gezogen. Sie wussten: Auch diese Kleinen sind Eishockeyspieler.

Nahbarkeit wird auch in der NHL gepflegt. Ganze Schulklassen dürfen beim Training dabei sein und Fotos machen. Wenn ein NHL-Star einem Kind seinen Schläger in die Hand drückt, hat das nichts Inszeniertes.

Ob ich selbst jemals ein Idol für andere war? Ich weiß es nicht. Es gab Leute, die einen Schläger oder irgendwas von mir wollten. Doch ist man dadurch schon einer, an dem junge Spieler sich orientieren, dessen Verhalten sie analysieren, um für sich einen Mehrwert, eine Inspiration zu gewinnen?

Eine lustige Geschichte dazu: Mit mir spielte Christoph Gawlik in der Nationalmannschaft, er ist elf Jahre jünger als ich. Vor einem seiner ersten Länderspiele saßen wir zusammen, da fragte er: „Goldi, weißt du noch, wie du damals mit der Nationalmannschaft in Deggendorf gespielt hast?" Ich war verwundert, ich konnte mir einzelne Spiele und wo sie gewesen waren, nicht merken. Ja, in Degendorf mag ich mal ein Länderspiel gehabt haben. Gawlik fragte: „Und weißt du noch, wie ihr mit Kindern eingelaufen seid? Jeder Spieler hat ein Kind an die Hand gekriegt. Ich war dein Kind." Alle am Tisch lachten. Und ich wusste, dass ich alt geworden war.

Es war ein Moment, in dem ich feststellte: Egal, welche Rolle man in der Nationalmannschaft spielt, man schaut zu dir auf. Doch ich denke, man nimmt das selbst nicht so wahr oder denkt darüber nach, ob man nun ein Idol ist oder nicht.

Was ich allerdings festgestellt habe, ist das veränderte Interesse der Kinder. Es richtet sich im Eishockey inzwischen vorrangig auf die NHL. Ein Moritz Seider, der 2018/19 als 17-Jähriger seine erste DEL-Saison bei den Adlern Mannheim spielte, mit 18 seine erste WM hinter sich brachte und Ende Juni in der ersten Draft-Runde an sechster Position von den Detroit Red Wings gezogen wurde, erzählte mir: Unter den Zehn- bis Zwölfjährigen seiner Generation war das große Thema in der Kabine die NHL.

Mich hat mehr die Nationalmannschaft fasziniert. Mich hat die Aussicht angetrieben, bei einer WM mal gegen die Russen spielen zu können, für die ich früher aufgeblieben war, um sie im Fernsehen spielen zu sehen. Bei der Weltmeisterschaft maßen sich die Großen untereinander. Mein Bestreben war es, in Deutschland in die Position zu kommen, das auch tun zu können. Es ging nicht darum, genauso zu sein wie jemand anderer, sondern auf die Spieler zu achten, die etwas besonders gut können.

Als ich im Eishockey aufwuchs, waren die russischen Stars das Nonplusultra. Man sah sie eben jedes Jahr bei der Weltmeisterschaft. Heute ist das Eishockeyangebot viel breiter geworden, die NHL ist jetzt verfügbar. Ein Connor McDavid, der die Sportart mit seiner Geschwindigkeit neu erfunden hat, ein Leon Draisaitl, der als Deutscher drüben groß herausgekommen ist, sind omnipräsent. Ihre Leistungen können ganz anders in Szene gesetzt werden, als es vor 30 Jahren der Fall war. Die Klubs selbst clippen die Tore auf ihren Social-Media-Kanälen, feiern die Treffer mit vorbereitetem Material und bauen so einen Starkult auf. So wird der Spieler, der seinen Klub trug und in seiner Stadt eine Berühmtheit war, zum Weltstar erhoben.

Ein Jugendlicher, der sich für Eishockey interessiert, der Eishockey spielt, kann sich nun aussuchen, was er cool findet: den grandiosen Torhüter, den Torjäger, den umsichtigen Passgeber, auch den harten Arbeiter. Klar, dass Kinder sich ihre Vorbilder in der NHL suchen.

Man mag einwenden, dass der größte Star, den das Eishockey je hatte, einer von früher war. Alle kannten ihn: Wayne Gretzky, *The Great One*. Bei der WM tauchte er nur einmal auf, 1982 als ganz junger Spieler. Mit Kanada gewann er Bronze und wurde zum Topscorer des Turniers. Seinen Mythos begründete er durch seine Leistungen in der NHL, vor allem mit den Edmonton Oilers. Er punktete ohne Ende. Die Zahlen und die Geschichten, die sich um ihn rankten, sorgten für die Magie. Auch die Aussagen von denen, die ihn hatten spielen sehen und behaupteten, Gretzky wisse früher als seine Gegner, was die als Nächstes machen würden. Doch es war damals unmöglich, aussagekräftiges Bildmaterial über ihn aufzutreiben, es sei denn, es schwappten ein paar Highlight-Videos rüber. Heute hingegen: Schießt Alexander Ovechkin, einer der aktuellen Superstars, ein Tor, kann man es ein paar Minuten später überall auf der Welt abrufen. Wir wissen, dass Ovechkin über seinen mächtigen und präzisen Schuss kommt, Connor McDavid über sein Tempo, Patrick Kane über die Kunst seiner Hände, mit dem Stock umzugehen. Wir haben tiefere Detailkenntnis. Über Gretzky hieß es noch: Er kann alles.

Wayne Gretzky, geboren 1961, ist in Nordamerika übrigens nicht mehr so präsent, weil viele aufregende Spieler nachgekommen sind, die das Eishockey in eine andere Richtung zogen, es schneller und athletischer machten, es technisch auf ein neues Niveau hoben. Gretzky ist also nicht mehr die Leitfigur, was das Spielerische betrifft, darin haben ihn andere abgelöst. Aber er bleibt natürlich ein Held und *der* Name unserer Sportart.

Vielleicht ist „Held" ein guter Alternativbegriff zu „Vorbild". Helden waren in Deutschland lange die Nationalspieler der Generation Kühnhackl/Schloder, die 1976 die olympische Bronzemedaille gewannen. Heldengeschichten hört man auch gerne. Doch daraus sollte immer auch eine neue Generation Helden entstehen. In Deutschland hatten wir halt eine lange Zeit, in der das nicht geschah, das Spiel sich aber massiv veränderte. Umso glücklicher können wir darüber sein, dass es diese Olympiamannschaft von 2018 und ihren Silber-Erfolg gab. Das wird für neuen Nachschub an Spielern sorgen.

Fünf Fragen an Leon Draisaitl, deutscher NHL-Star

Was ist auf dem Eis der größte Unterschied zwischen NHL und Europa?
Dass die Eisfläche in Nordamerika kleiner und das Spiel dadurch automatisch ein bisschen schneller und aggressiver ist.

Was ist die wichtigste Fähigkeit, die man benötigt, um sich in der NHL durchzubeißen?
Der Wille, sich jeden Tag mit den Besten zu messen. In der NHL laufen die Topspieler der Welt auf, deshalb will man es dort nach ganz oben schaffen.

Was ist der Schlüssel zu 50 Toren in einer Saison?
Ich habe viel an meinem Abschluss gearbeitet, um effektiver und unberechenbarer zu werden. Natürlich braucht man dazu auch Mitspieler, die einen in Szene setzen können.

In der DEL sind sich Spieler und Fans relativ nahe. Welche Distanz herrscht in der NHL?
Es ist, glaube ich, relativ ähnlich. Wir versuchen natürlich auch, die Nähe der Fans zu suchen.

Hättest Du, seit Du drüben bist, den jeweiligen Stanley-Cup-Sieger von Saison oder Play-offs richtig getippt? Oder hättest Du Dich, wie andere Experten auch, getäuscht?
Man kann es vor der Saison wirklich nie sagen, weil es so viele gute Mannschaften gibt. Die NHL ist jedes Jahr aufs Neue eine Wundertüte.

ES WOGT HIN UND HER – FASZINIEREND!

Eishockey ist ein Gefühl, das man sehr früh spürt. Es berührt dich tief, weckt deinen Spieltrieb, wenn du ein Kind bist. Was auf dem Eis passiert, das alleine ist schon faszinierend. Dazu ist es ein Mannschaftssportart, du bist nie allein. Wie in der Schulklasse – nur dass alle cooler sind und das gleiche Hobby haben.

Die Sportart biete unendlich viele Möglichkeiten, sich zu verbessern. Oder wissenschaftlicher ausgedrückt: So viele Metaebenen von Herausforderungen. Du hast einen Puck, mit dem musst du gut umgehen, dafür brauchst du eine saubere Technik. Du musst gut passen können und sauber schießen. Und Schuss bedeutet nicht einfach nur draufzuhauen. Es gibt den Schlagschuss, den Handgelenksschuss, den Rückhandschuss. Dann gibt es den Zweikampf, den Check, die Schlittschuhlauftechnik: vorwärts und rückwärts fahren, übersetzen in beide Richtungen, links herum, rechts herum. Du brauchst Wendigkeit für dieses Spiel in mehreren Dimensionen.

Die Scheibe zu haben, sie zu bewegen, möglichst kreativ, das ist der Spieltrieb, der am Anfang von allem steht. Als Kind bist du aufmerksam und schaust, was die anderen machen. Das bleibt deine ganze Karriere lang so, wenn du auf einem großen Turnier auf einen Superstar triffst, der eine höhere Schnelligkeit und einen viel härteren Schuss hat. Du bewunderst das, studierst es aber auch und überlegst: Was mache ich dagegen?

Das beschäftigt dich, weil es deinen Spieltrieb herausfordert. Wenn du als Profi irgendwann feststellst, dass du nicht mehr zum Eishockeyspielen, sondern zum Eishockeyarbeiten gehst, ist es aus. So habe ich auch aufgehört. Ich kenne keinen Eishockeyprofi, der das, was er tut, als Beruf wahrnimmt. Sondern als Berufung.

Du musst viele Sachen machen, die unangenehm sind. Du musst Selbstdisziplin haben, auf vieles verzichten in deinem Leben. Du hast kein Wochenende und musst nach der Eishockeykarriere erst einmal sozialkompatibel werden. Dein freier Tag war bis dahin dein Leben lang der Montag – wie bei den Friseuren. Du musst danach in einem normalen Leben auch aufhören, dich immer zu battlen, den Wettkampf zu suchen. Es ist auch ein mentales Abtrainieren. Eigentlich solltest du als Profisportler eine psychologische Betreuung bekommen, wenn dieser Lebensabschnitt vorbei ist, so groß ist die Umstellung.

Eishockey ist ein Virus, der in dir drin ist. Die Fans empfinden es ähnlich. Das ist eine schöne Parallele zu uns Spielern. Die, die einmal richtige Fans des Eishockeys waren, werden es ein Leben lang bleiben. Für sie ist es die geilste Sportart der Welt.

Klar, viele Sportarten nehmen das für sich in Anspruch. Aber Eishockey hat etwas Spezielles. Diese Dynamik, die es liefert, diese Komplexität, die es erfordert. Man darf ja nicht vergessen: Du stehst auf Millimeter dünnen Kufen, den Schläger in der Hand, es kommt einer mit gefühlt 40 Stundenkilometer auf dich zu, will dich in die Bande rammen, du musst dich aber gleichzeitig bewegen, die Scheibe abschirmen, einen Spielzug einleiten und dich nicht verletzen. Das alles zusammenzubringen, ist schon anspruchsvoll.

Des Weiteren hat Eishockey auch noch diese Wechsel – nicht nur bei Spielunterbrechungen, sondern meistens fliegend. Hat das Spiel einmal seinen Fluss, bleibt die Geschwindigkeit gleich hoch. Es ist nicht wie im Fußball, wo ein Spieler mal eben stehen bleibt und durchatmen kann, weil er gerade gesprintet ist. Der Eishockeyspieler setzt sich zum Durchatmen auf die Bank, und es kommt einer rein, der wieder frisch ist. Dass auf höchstem Tempo-Niveau ständig was passiert, hat eigentlich keine andere Sportart. In 15 Sekunden kann man beim Eishockey drei Torchancen erleben, abwechselnd auf beiden Seiten des Spielfelds. Im Fußball wird man das nicht erleben.

Unser Spiel wogt hin und her, das ist eine weitere Facette der Faszination. Wie schnell sich im Eishockey etwas ändern kann! Von außen kannst du spüren, fast riechen, ja mit allen Sinnen wahrnehmen, wie ein Tor Schwung in eine Mannschaft bringt. Als Spieler selbst kriegst du es gar nicht mit, aber als Zuschauer merkst du: Da geschieht gerade etwas.

Schließlich die Play-offs. Es ist eben nicht vorbei nach 52 Spieltagen der Hauptrunde. Es geht weiter, zwei Teams im Dauerduell, bis zu sieben Spiele pro Runde. Bisweilen mit Verlängerung. Wir hatten schon Spiele, die so lange dauerten, dass im Stadion die Essensvorräte ausgingen und die Betreuer an den Nachttankstellen der Umgebung Energieriegel auftreiben mussten. Diese Sportart setzt immer noch einen drauf.

Nochmals der Querverweis zum Fußball: Dort sind die geilsten Spiele die in der K.-o.-Phase der Champions League oder der Weltmeisterschaft. Bei uns im Eishockey hat man sie jedes Jahr im Ligabetrieb. Wo die Dramatik zu fassen ist, die Emotionen rauskommen und du spürst, dass was passiert.

Ein *turning point* kann eine ganze Serie verändern. Der Wendepunkt kann ein Wechsel sein, ein Fight, ein Schuss, ein Torwart-Save, eine Fehlentscheidung des Schiedsrichters, ein überstandenes Unterzahlspiel, eine Unterbrechung, weil eine Plexiglasscheibe kaputtgeht. Und du weißt: Auch wenn Zeit von der Uhr runter geht, ist es immer noch machbar, ein Spiel zu drehen.

Als Spieler darfst du dir nie die Frage stellen, ob du noch an eine Wende glaubst. Das wäre die eine Frage zu viel. Klar, es gibt Spiele, irgendwelche Nullzudreis, wo sich eine Mannschaft nicht eintragen kann an der Tafel, wo einfach das Schussglück fehlt. Du machst alles richtig, nur geht der Puck nicht rein oder der Torwart des Gegners holt ihn raus, wie es ihm kein zweites Mal im Leben gelingen wird. Als Trainer würde ich trotzdem meinen Torwart vom Eis nehmen und dafür einen Feldspieler draufschicken, um der Mannschaft einen Anstoß zu geben: Mit fünf gegen fünf haben wir heute kein Tor gemacht, aber in Überzahl, zu sechst, wird es uns gelingen. Klare Botschaft: Ich glaube an euch, Jungs!

Willst du der Mannschaft die Einstellung vermitteln, dass du spielst, um zu siegen und nicht, um zu verlieren, musst du ihr auch bei einem Rückstand ein paar Minuten vor Schluss immer das Gefühl geben, noch etwas machen zu wollen. Du brauchst diese Einstellung im Team und dass die Spieler sie vorleben, nur so wirst du auch das nächste Match drehen können.

Es gibt zur Genüge diese Fälle, dass eine Mannschaft den Torhüter zieht und noch zum Ausgleich kommt. Wenn du bei diesem Versuch zwei Treffer ins leere Netz bekommst – zwei Empty-Net-Goals, so der Fachbegriff – macht das nichts, die ziehst du als Spieler im Kopf ab. Die Sportart gibt dir eine Chance, warum soll man sich ihrer berauben? In der Regel wird der Trainer nicht auf die Eventualität achten, dass das Torverhältnis seinem Team in einer Endabrechnung nach 52 Spielen einmal schaden könnte. Du willst eine Mannschaft nicht dazu bringen, dass sie spekuliert und zu viel nachdenkt, sondern glaubt und handelt.

Was die Faszination Eishockey noch verstärkt, ist die Stimmung in der Halle. Und auch wenn unser Sport mittlerweile vielerorts in Multifunktionsarenen gespielt wird, die nichts mehr zu tun haben mit den alten Eishallen, in denen wir Spieler großgeworden sind – sogar in der NHL sind die Zuschauer immer noch ganz nah dran. Man kann in der ersten Reihe sitzen, direkt hinter der Plexiglasscheibe, man muss sogar die Knie einziehen und aufpassen, dass man keinen Schlag auf den Kopf bekommt, wenn zwei Spieler in die Bande krachen und sie – bei den neuen Modellen der „Flexi-Bande" ist es möglich – zum Schwingen bringen.

Die Hallen sind niedrig, es hallt mehr als in einem Fußballstadion. Ich kann das tatsächlich vergleichen, denn bei der Weltmeisterschaft 2010 in Deutschland wurde das Eröffnungsmatch vor fast 80.000 Zuschauern in der Fußballarena auf Schalke ausgetragen. Ich durfte im Rahmenprogramm bei einem Alt-Herren-Spiel mitmachen, da klangen die „Deutschland"-Rufe zwar gewaltig, kamen aber mit Verzögerung bei uns auf dem Eis an. In der Eishockeyarena ist es viel direkter, manchmal registriert man sogar einen einzelnen Zuruf.

Nimmt man jemanden das erste Mal zum Eishockey mit, sagt jeder nach zehn Minuten: Was ist denn hier alles los? Zehn Spieler rennen in alle Richtungen, der Puck ist unheimlich schnell unterwegs, es passiert andauernd was. Ein Check, ein Pass, ein Schuss, ein Foul, ein Tor. Und das alles bei guter Stimmung. Ohne Hass. Grundsätzlich herrscht Fairness. Der verletzte Spieler der gegnerischen Mannschaft wird beklatscht, wenn er wieder aufsteht. Es ist Fairness, die der Sport lehrt – trotz seiner Härte. Egal, was in den sechzig oder manchmal mehr Minuten war – man schaut sich in die Augen und reicht sich beim Shakehands die Hand. Diese Haltung überträgt sich auch die Fans. Wir haben kein Gewaltproblem wie der Fußball. In unseren Stadien sieht man immer, dass Fans in unterschiedlichen Vereinsfarben zusammenstehen, ein Bier trinken, sich unterhalten. Diese Stimmung ist großartig, und dafür liebe ich die Eishockeyfans.

Die Regeln des Spiels sind nicht leicht zu durchschauen, das räume ich ein. Neulinge will ich nicht mit den Statuten überfrachten, daher erkläre ich ihnen nur das Abseits und dass man nicht den Puck von vor der roten Linie bis ganz vorne durchschießen kann. Und dass logischerweise Hauen mit dem Schläger, Spucken, Beißen, Kratzen oder Beinstellen verboten ist.

Was die meisten Zuschauer viel mehr beschäftigt als Regel-Detailfragen, ist das Vorgehen beim Wechsel der Spieler. Das werde ich oft gefragt: Woher wissen die Spieler, wann sie aufs Eis müssen und für wen. Und wie lange sie auf dem Eis bleiben.

Manchen erscheint die Zeit, die ein Spieler für einen Wechsel auf dem Eis ist, – „Shift" lautet der Fachbegriff aus Nordamerika – sehr kurz. Ist sie auch. Doch man kann sicher sein, sie sorgt für hundertprozentige Auslastung. Länger als 30, 40 Sekunden kannst du gar nicht Vollgas geben, danach musst du runter und dich erholen.

Von oben mag es aussehen, dass während ihres Einsatzes alle Spieler durch die Gegend wuseln und keiner wissen würde, was er macht – doch ich kann versichern: Allen Wegen liegt ein Plan zugrunde. Eine Logik. Und der Wechsel ist das einfachste. Jeder weiß über den anderen im Team, was für eine Position der spielt und in welche Reihe er eingeteilt ist. Kommt ein linker Verteidiger der Bande also näher, ist dem nächsten linken Verteidiger bewusst, dass er gleich drankommt. Die Spieler nehmen Augenkontakt auf, und wenn der eine in die Wechselzone kommt, springt der andere über die Bande. Das ist nicht so kompliziert. Und der Trainer, der hinten dran ist, sagt die Reihen auch an, damit nicht so viele Fehler passieren.

Es ist ein besonderes Spiel, betrieben von besonderen Sportlern.

Fünf Fragen an Marc Hindelang, Vizepräsident des Deutschen Eishockey-Bundes

Warum entscheidet man sich, ehrenamtlich bei einem Oberligaklub, bei einem Landeseissportverband und dem DEB zu arbeiten?
Die Präsidentschaft in Lindau ist aus alter Verbundenheit zu meinem Heimatklub zustande gekommen. Automatisch hat man in dieser Funktion mit den Verbänden zu tun, gleichzeitig habe ich als Kommentator der Länderspiele Schnittmengen zum DEB gehabt. Es gab an den Strukturen sicher einiges zu kritisieren. Aber wenn man schon die Innen- und Außenansicht auf mehreren Ebenen hat, sollte man sich auch einbringen.

Was ist das Reizvolle am Eishockey unterhalb der Profiligen?
Es ist die Wurzel. Es hat etwas Urtümliches. Klar ist auch, wo Kommerzialität abwesend ist, fehlt Professionalität. Aber Respekt vor allen, die sich dem Eishockey hingeben

In den untersten Klassen gibt es oft keine verbindliche Ausländerregelung, nur Gentlemen's Agreements. Was tun, wenn nicht alle Gentlemen sich an die Vereinbarungen halten?
Das sind keine Gentlemen, sondern Egoisten, die ihr Wohl über das der Gemeinschaft der Vereine stellen. Man muss versuchen, die Hürden so hoch zu machen, dass sie nicht nach oben kommen, sondern die im Vorteil sind, die auf den eigenen Nachwuchs setzen.

In welchen Regionen muss Eishockey in der Breite zulegen?
Vor allem im Norden und gerne auch im Osten, wo die Vereine und Verbände aber tapfer kämpfen – schließlich wurden hier jahrzehntelang Strukturen vernachlässigt. Gemessen an der Größe des Bundeslandes müsste auch in Baden-Württemberg mehr passieren.

Wäre Nachwuchseishockey ohne ehrenamtliche Beteiligung überhaupt machbar?
Natürlich nicht. Ehrenamtler sind das Rückgrat unseres Sports – und da schließe ich die Eltern mit ein. Ohne ihr Engagement wären viele unserer Jungs ja gar nicht da, wo sie jetzt sind.

DER EISHOCKEY-KÖRPER – WAS SIND DAS FÜR WADEN?

Woran erkennen Sie einen Eishockeyspieler, wenn er keine Eishockeymontur trägt? Das ist nicht schwer. Sie würden ihn sogar in der Badehose erkennen.

Die Klischeevorstellung von einem Eishockeyspieler ist: Er hat ein etwas deformiertes Gesicht und ein paar Zähne weniger. Dieses Klischee ist gar nicht so falsch. Es trifft auf uns Eishockeyspieler nicht mehr in dem Maße zu wie noch in den 70er- oder 80er-Jahren, weil sich das Spiel seitdem verändert hat und der Schutz durch die Ausrüstung besser geworden ist. Aber es stimmt, dass in unserem Sport die Zähne am schnellsten in Mitleidenschaft gezogen werden. Und es ist Fakt, dass man ohne Platzwunden, zumindest kleine, nicht durch die Karriere kommt.

Da braucht im Training nur mal ein Stock hochzugehen, und schon reißt es dir die Haut auf. Dann hast du mal deine drei, vier Stiche hier und da. Oder es geht ein Zahn drauf. Am Ende der Karriere versucht man dann, das irgendwie hinzubiegen.

Früher hatte nahezu jeder Spieler auch eine gebrochene Nase. Durch Checks, durch Treffer mit einem Schläger, durch einen Faustkampf. Oder – das ist dann meist ein Unfall, der sich in Sekundenbruchteilen und unvorhersehbar ereignet – durch einen Puck, der einem an den Riecher springt.

Eishockey sieht deswegen von außen hart und wild aus, dafür gibt es bei uns nicht so häufig wie im Fußball große Verletzungen. Da können sie das Ende der Karriere bedeuten, wenn es einen am Sprunggelenk oder am Knie erwischt. Wenn ein Eishockeyspieler im Gesicht blutet, ist das kein bleibender Schaden. Die Statistiken, die die Berufsgenossenschaft in Deutschland erhebt – zuständig ist interessanterweise die Verwaltungs-Berufsgenossenschaft – sind eindeutig: Eishockey hat die wenigsten schweren Verletzungen unter den Profi-Teamsportarten.

Blut im Gesicht, die klaffende Wunde – sie tragen zum Mythos des Eishockeyspielers bei. Der harte Kerl geht in die Kabine, lässt sich nähen und kommt zurück. Der Spieler – wenn er nicht eine Gehirnerschütterung davongetragen hat – will auch schnell wieder aufs Eis. Man mag es als kindisch empfinden, aber es gehört dazu. Und unterscheidet in der öffentlichen Wahrnehmung den Eishockeyspieler vom Fußballer, der das Spiel natürlich nicht mehr aufnehmen kann, wenn er einmal ausgewechselt wurde, um in der Kabine behandelt zu werden. Die Ausnahme war Bastian Schweinsteiger in der Verlängerung des Weltmeisterschaftsfinales 2014 in Rio de Janeiro. Er hatte einen Cut im Gesicht, der am Spielfeldrand getackert wurde. Es war eines der einprägsamsten Bilder des gesamten Turniers, und viele Eishockeyfans lieben ihn seitdem dafür.

Eishockey hat es gelernt, die Gesichtsverletzungen in Trophäen umzuwandeln.

Ich hatte mit den Zähnen Glück. Ich trug einen Zahnschutz. Dazu entschloss ich mich, nachdem ich einmal einen harten Check abbekommen hatte. Der Zahnschutz dient nämlich nicht nur dazu, die Zähne zu schützen, er verringert auch die Wahrscheinlichkeit, dass man bei einer Attacke gegen den Kopf eine Gehirnerschütterung erleidet. Der Kopf geht nämlich zurück, schnellt dann wieder nach vorne, und wenn das Kinn mit den Zähnen zuklappt, verstärkt sich der Impact. Der Mannschaftsarzt hat mich darüber aufgeklärt, das hat mich überzeugt. Der Nachteil des Zahnschutzes: Man bekommt schlechter Luft.

Als ich in Nordamerika spielte, bekam ich von hinten einen Crosscheck und fiel mit dem Gesicht in die Bande, trotz Zahnschutz brachen eineinhalb Zähne ab. Der Zahnhals liegt dann offen, der Nerv ist exponiert. Sehr unangenehm, immer wenn Speichel draufkommt, tut das wahnsinnig weh. Aber jeder erwartet, dass du schnell weiterspielst, was du dann auch machst. Nachdem

Spiel versucht man halt, möglichst schnell in eine Zahnklinik zu kommen. Und am nächsten Tag steht man wieder auf dem Eis.

Gefahren für die Zähne sind der Schläger und der Puck, wenn er kurz vor einem abgefälscht wird. Normal sieht man den Puck immer, kann seine Schussbahn millimetergenau berechnen, das wird zum Automatismus, zum normalen Flow. Doch wenn zwei Meter vor dir die Scheibe abgefälscht wird, hast du keine Chance mehr zu reagieren, dann trifft sie dich voll. Dabei können die schweren Gesichtsverletzungen entstehen.

Tatsächlich hatte ich Mannschaftskameraden, die das Eishockey die komplette Reihe Schneidezähne gekostet hatte und die dann – wie ein Vampir in unserer von Dracula-Filmen geprägten Vorstellung – gerade noch links und rechts im Mund je einen Eckzahn hatten. Kurioserweise sind das auch genau die Typen, die einen besonderen Humor haben. Ihr Lieblingsscherz: Dass sie einem Mitspieler, wenn die Mannschaft mal ausgeht, ihr Gebiss ins Bierglas werfen. Da wird das „Opfer" abgelenkt, alle anderen am Tisch sehen es und hoffen, dass der arme Tropf es beim ersten Schluck noch nicht bemerkt, dass ein Fremdkörper in seinem Bier schwimmt. Erst wenn er das Glas halb leer getrunken hat, soll er auf das Gebiss stoßen. Eine recht ekelhafte Geschichte. Man muss nicht auf alles stolz sein in unserem Sport.

Es wäre zu gefährlich, sich, solange man noch Eishockey spielt, Implantate einsetzen zu lassen. Wenn es die Zähne noch einmal erwischt, würde der Kieferknochen, mit dem die neuen Zähne verbunden sind, mit herausbrechen. Deshalb wartet man bis nach der Karriere ab, ehe man den Kieferchirurgen ranlässt. Viele haben eine Art Spange, die sie zum Training und Spiel herausnehmen.

Was auch blutig sein kann: Wenn man einen Check von hinten einfängt und es einem den Helm runterdrückt auf die Augenbraue, schneidet sich die Kante vom Plexiglasvisier rein. Aber die Ärzte haben mittlerweile ein Supergespür, wie man das näht. Und wenn man weiß, dass es nur zwei, drei Stiche sind, dann verzichtet man auf die Betäubung.

Gehen wir bei der Besichtigung des Eishockeyspielerkörpers ein Stück weiter nach unten. Ein Merkmal ist die ausgeprägte Nackenmuskulatur und dadurch der breite Hals. Wichtig, denn bei Checks wirkt für Sekundenbruchteile das Mehrfache der Erdanziehungskraft auf den Betroffenen. Der Check geht auf den Körper, doch der Kopf erlebt den weiter oben beschriebenen *whiplash*, er schnellt erst in die eine, dann die andere Richtung. Daher muss der Nacken eine starke Muskulatur haben, um den Kopf gerade zu halten, damit der Überblick übers Spiel nicht verloren geht.

Einen gut ausgebildeten Oberkörper benötigt man für einen guten Schuss. Über den Torso – Bauch und Rücken – steuert man das Zusammenspiel zwischen Ober- und Unterkörper. Nur aus der Stabilität der Mitte kann man die Power in die Beine bringen. Der Bauch ist flach.

Und jetzt zum Eishockeyspieler im Schwimmbad. Das ist der Typ, der keine passende Badehose gefunden hat. Es gibt keine, die über die mächtigen Klötze von Oberschenkeln drüber geht. Oberschenkel von diesem Umfang und mit dieser offensichtlichen Power haben sonst nur die Sprintspezialisten im Radsport.

Der Eishockeyspieler hat also einen riesigen Po, Geräte von Oberschenkeln, aber, wenn man weiter nach unten schaut, so gut wie keine Waden. Das sind dünne Stelzchen, die diesen Apparat tragen müssen. Ich kenne keinen Eishockeyspieler, der kräftige Waden hätte – auch da sind wir anders als die Fußballer. Und man bekommt sie auch nach der Eishockeykarriere nicht.

Das Gesäß ist wichtig, weil daraus die Explosivität entsteht. Eishockey wird nicht aus dem Stand, sondern aus der tiefen Hocke heraus gespielt. Der Push kommt aus dem Hintern, Squats, tiefe Kniebeugen, sind mit die wichtigste Übung im Athletiktraining.

Es gibt einen Übergang vom Jungen- zum Männerkörper. Wann der stattfindet, ist bei jedem unterschiedlich und hormonell bedingt. Eine Faustregel: Mit etwa 16 erlebt man so einen Einschnitt, wenn man spürt, dass das Profi-Eishockey bevorsteht.

Manche bekommen noch einen zweiten Schub zwischen 18 und 20 Jahren, wenn sie im Kopf begreifen, was sie noch machen müssen, um bei den Männern die Rolle zu spielen, die sie aus den Jugendmannschaften gewöhnt sind.

Es geht nicht nur darum, „Gewicht draufzulegen", also Masse. Das schafft man auch mit Eiweißshakes, mit sogenannten *Weight Gainern*. Doch diese Masse weiß noch nicht, wie sie im Eishockey zu arbeiten hat. Diese Phase zwischen etwa 16 und 20 Jahren entscheidet bei vielen Talenten über den weiteren Werdegang und darüber, ob es zum Profi reicht. Da sind viele schon stehen geblieben, die im Nachwuchs von klein auf körperlich überlegen und daher auffällige Spieler waren. Mit 18, 19, 20 rücken sie in die erste Mannschaft, sind dort nicht mehr auf diese Art überlegen, sondern nur noch Durchschnitt, denn sie haben das verloren, was sie früher über die anderen erhoben hat. Es gibt auch welche, die mit normalem Körper besser waren als ihre Altersgenossen, aber dann nicht mehr weiterkommen, weil ihnen biomechanische Grenzen gesetzt sind. Du wirst nie so schnell skaten können wie der Kollege, der 20 Zentimeter längere Beine hat.

Doch das Eishockey verändert sich auch und begünstigt mit der Zeit andere Typen. Vor 20 Jahren hatte, wer klein oder schlaksig war, keine Chance gehabt, Profi zu werden. Aufgrund diverser Regeländerungen muss das jetzt kein Faktor mehr sein. Wer technisch gut ist, seine Schnelligkeit und Wendigkeit ausspielt, hat trotz fehlender Größe gute Chancen. Seit etwa 2010 hat eine eindeutige Entwicklung zum schnellen Eishockey stattgefunden. Man achtet nicht mehr primär auf Größe und Gewicht.

Ein gewisses Durchschnittskörpergewicht wird der Eishockeyspieler allerdings immer brauchen, um Substanz zu haben und vorbereitet zu sein auf das, was ihn in einer langen Saison alles an Bodychecks trifft. Wayne Gretzky etwa, der beste Spieler, den das Eishockey hervorgebracht hat, spielte in den 80er- und 90er-Jahren, als der Sport knüppelhart war. Er wirkte im Vergleich eher zerbrechlich zwischen all den Schränken in der NHL. Laut seinen offiziellen Daten – 1,83 Meter, 84 Kilo – war er allerdings kein Hänfling.

Bei den jährlichen Weltmeisterschaften kann man sich immer gut orientieren, was der angesagte Maßstab ist. Derzeit liegen die Spieler im Schnitt der Mannschaften bei 1,83 bis 1,88 Meter, vom Gewicht zwischen 86 und 94 Kilogramm.

Kann man zu groß sein fürs Eishockey? Klar besteht die Gefahr, dass einem Zwei-Meter-Mann die Wendigkeit fehlt und ihm die Gegner unterm Arm durchwuseln, doch es gibt auch da Ausnahmen. Einer der herausragenden Spieler in der NHL ist der Slowake Zdeno Chára mit 2,05 Metern. Der ist schon über 40 Jahre alt, aber ein Leistungsträger mit seinem gewaltigen Schuss und seiner imposanten Reichweite.

Ein kleiner Spieler ist man unter 1,80 Meter. Doch auch kleine Leute können physisch spielen und checken, dass es richtig wehtut. Nehmen wir Patrick Hager, den deutschen Nationalspieler und Silbermedaillengewinner. Er misst 1,78 Meter. Er hat einen tiefen Körperschwerpunkt, bringt die Kanten seiner Schlittschuhe perfekt ins Eis und explodiert nach oben, wodurch sich die Energie maximal entfaltet und er knallharte Checks setzt. Bei anderen kleinen Spielern nimmst du es, wenn sie dir in die Seite fahren, so wenig wahr wie bei einem Moskitostich.

Patrick Hager übrigens ist begeisterter Zugfahrer. Wenn er von seinem Wohnort nahe Rosenheim nach München zum Training muss, nimmt er lieber die Bayerische Oberland-Bahn als das Auto. Auch nach dem Gewinn der Silbermedaille 2018 ist er auf seiner Strecke von den Mitreisenden noch nie erkannt und angesprochen oder um ein Selfie gebeten worden. Er führt es darauf zurück, dass Eishockeyspieler wegen des Helms und des Visiers keine öffentlichen Gesichter haben.

Doch Eishockeykörper sind schon ein wenig verräterisch. Man muss nur wissen, an welchen Stellen.

Fünf Fragen an Professor Martin Halle, Mediziner, TU München

Was macht die Fitness eines Eishockeyspielers aus?
Die Anforderung ist vor allem die Kombination aus Spritzigkeit, Kraft, Ausdauer. Das Spiel ist durch Be- und Entlastung gekennzeichnet, dieser Wechsel muss trainiert werden, damit man den Puls von Maximalbelastung 170 bis 190 Schläge extrem schnell herunterdrücken kann, wenn man auf der Bank sitzt. Dafür braucht man Grundlagentraining, ergänzt mit kurzen schnellen Intervalleinheiten.

Mit wem könnte man den Eishockeyspieler vergleichen?
Mit einem Zehnkämpfer. Auch der muss Geschicklichkeit, Kraftausdauer und Ausdauer mitbringen. Und es geht um Koordination und Feingefühl.

Wo können Eishockeyspieler sich noch steigern?
Wie bei allen Spielsportarten wollen die Sportler lieber spielen, sie sind nicht die typischen Grundlagenausdauertypen. Aber es ist wichtig, dass Regeneration nach Training und Spiel superschnell stattfindet – vor allem, weil Eishockeyspieler auch noch Faktoren wie langen Reisen, wenig Schlaf und Jetlag ausgesetzt sind. Da können sie noch zulegen, vor allem im Aufbautraining vor der Saison.

Kann ein Eishockeyspieler bei *back-to-back-games* im zweiten Spiel genauso leistungsfähig sein wie im ersten?
Am zweiten Tag sind sie nicht mehr so frisch und anfälliger für Verletzungen. Eine Regeneration braucht durchaus 24 Stunden, aber dies ist auch trainierbar.

Warum können Spieler über 40 noch Leistungsträger sein?
Eishockey ist so komplex, dass nur die in der Spitzenklasse spielen, die alle Komponenten mitbringen. Ein 20-Jähriger ist auf

physiologischem Topniveau, doch ihm wird die Erfahrung fehlen. Zur körperlichen Leistung kommt die kognitive. Diese Erfahrung kann man mit 40 so einsetzen, dass man seine körperlichen Fähigkeiten schonend einsetzt. Schnelligkeit lässt nach, Ausdauer aber kann lange stabil bleiben.

SCHMERZ, LASS NACH – SPIELEN IN DER RODEOWESTE

Joko Winterscheidt und Klaas Heufer-Umlauf sind bekannte deutsche Fernsehgesichter. Eines ihrer Formate: Sie lassen sich auf Mutproben ein. Das brachte sie im September 2011 für die ZDF-Sendung *Neo Paradise* zum Eishockey, genauer gesagt: zu den Eisbären Berlin. Angedacht war ein Wettbewerb zwischen den beiden: Wer würde mehr Checks durch einen Eishockeyspieler aushalten?

Es sollte verträglich hart werden, wie Joko erklärte: „Wir lassen uns ein bisschen anrempeln, schneiden die Bilder zusammen und legen Musik von Hans Zimmer drunter." Vom deutschen Hollywood-Komponisten, der die Dramatik jedes Films mit atmosphärischen Tönen noch steigern kann.

Joko Winterscheidt sollte seinen Part am 25. September 2011 spielen, im Anschluss an ein DEL-Spiel der Eisbären Berlin. Die Zuschauer in der Halle am Ostbahnhof wurden gebeten, noch ein paar Minuten zu bleiben. Joko wurde in eine Eishockeymontur gesteckt und polsterte sich den Helm noch mit bunten Schaumstoffteilen, wie man sie in der Küche zum Wischen und Geschirrspülen verwendet. Das sollte ein Signal sein: Wir machen hier nur Spaß.

Der Spieler, der den TV-Moderator ein wenig checken sollte, war Dominik Bielke, ein junger Verteidiger. Doch er war nach dem Spiel nicht mehr aufzufinden. Die Erklärung: Er hatte sich bereits im ersten Drittel verletzt. Also musste ein anderer Eisbär einspringen. Es übernahm Florian Busch, ein kerniger Bayer, Publikumsliebling, ein unkomplizierter Typ, der in typischer Eishockeykabinen-Diktion ankündigte: „Ich hau ihn weg, den Pisser." Von den Absprachen mit Winterscheidt wusste er nichts. Die Länge des Anlaufs, den Busch nahm, weckte Bedenken bei Joko Winterscheidt, das Tempo des Profis war enorm. Um es auf den

Punkt zu bringen: „Buschi" fuhr Joko klassisch über den Haufen, auch wenn er relativierte: „Ich habe ihn nur ein bisschen mit der Schulter touchiert." Winterscheidt lag niedergestreckt auf dem Eis, er musste ins Krankenhaus gebracht werden, es gab keinen weiteren Check. Joko sagte: „Der Schmerz war unbeschreiblich." Kollege Klaas Heufer-Umlauf hatte keine Motivation mehr, die Herausforderung anzunehmen.

Joko hatte sich auf etwas eingelassen, worauf er nicht vorbereitet war – aber das ist ja auch die Idee der Show. Man muss wissen, wie man seinen Körper in Spannung bringt und eine solch massive Einwirkung wie den Check eines hochtrainierten Eishockeyspielers annimmt. Weiß man es nicht, kann das lebensgefährlich werden. Auf alle Fälle: Es tut weh.

Wie geht man mit Schmerz um? Ein Hersteller des Wirkstoffs Diclofenac hat wohl nicht umsonst mal im Eishockey Werbung gemacht. Eishockey ist hart, oft mit Schmerzen verbunden und manchmal auch gesundheitsgefährdend, wenn man spielt, obwohl man nicht mehr spielen sollte. Ein Beispiel: Bricht sich der Sachbearbeiter, dessen Tätigkeit eine sitzende ist, den Fuß, kommt er – verständlich – nicht zur Arbeit, denn er trägt einen Gips. Der Eishockeyspieler begibt sich sehr wohl zur Arbeit. Er will sich sehen lassen bei seinen Leuten, will zeigen, dass er dazugehört. Und er wird die entscheidenden Spiele bestreiten. Ich habe mal drei Wochen mit angebrochenem Talusknochen im Fuß und abgerissenem Syndesmoseband gespielt. Weggelassen habe ich das Training unter der Woche. Am Freitag bin ich kurz zum Eingewöhnen aufs Eis, habe eine Schmerztablette eingeschmissen und solange gespielt, bis die Partie entschieden und klar war, ob wir gewinnen oder verlieren würden.

Bei der Junioren-WM 1995 in Red Deer in Kanada bekam ich von einem Riesenochsen, wie man etwas despektierlich, aber geradeheraus große und massige Spieler nennt, einen Check ab. Ich knallte mit dem Brustkorb gegen den Torpfosten, musste raus und ins Krankenhaus zum Röntgen. Diagnose: Zwei Rippen waren gebrochen. Der Mannschaftsarzt Dr. Gröger teilte das meinen Trainern mit. Erich Kühnhackl, Chefcoach bei den Junioren, meinte zu mir: „Damit bist du raus." George Kingston sah das nicht so. Er war Trainer der A-Nationalmannschaft und assistierte bei den Junioren. Er sagte: „Ich kann Rick eine Rodeoweste besorgen." Es ging für uns gegen den Abstieg, wir mussten noch gegen die Ukraine spielen.

Ich hatte Bedenken: Was könnte passieren, wenn ich mit zwei angeknacksten Rippen spiele und mir noch einmal einer reinrauscht in den Oberkörper? „Die könnten sich in die Lungen bohren", sagte der Doc, meinte aber: „Das ist äußerst unwahrscheinlich, denn die Rippen stehen da weiter gut. Normalerweise wird nichts passieren, es müsste schon ganz blöd laufen. Mach dir keine Sorgen."

Würde mich die Rodeoweste schützen? „Was kann die überhaupt?", wollte ich von Kingston wissen, der Westernreiter war und sich wohl mit solchem Equipment auskannte. Er erklärte: „Sie ist dazu da, dass nichts bricht, wenn das Pferd ausschlägt und dich trifft. Sie verteilt den Druck. Es ist wie bei einer kugelsicheren Weste."

Kingston besorgte über Nacht die Rodeoweste, ich trug sie dann beim Spiel unter der Ausrüstung. Alles ging gut, aber ich bin mir bis heute nicht sicher, ob sie bei einem Einschlag wirklich geholfen hätte. Sie bestand halt aus mehreren Plastikschichten und machte mich vor allem unbeweglich.

Was ich merkte: Dass solch eine Verletzung immer auch im Kopf sitzt. Du weißt, dass es wehtut, deshalb bewegt man sich anders. Dr. Gröger sagte nach dem Warm-up zu mir: „Du hast eine Verletzung am Oberkörper, nicht in den Beinen. Warum eierst du hier rum?" Doch es ist nun mal so, dass man den ganzen Körper in Bewegung hat. Man nimmt eine Schutzhaltung ein, die man im Kopf jedoch besser ausschalten sollte.

Über einen kurzen Zeitraum geht das. Vor allem in den Playoffs überwindet man sich, da spielen die Leute regelmäßig mit kaputten Knochen, abgerissenen Bändern. Das ist Raubbau am Körper. Aber im Team wird das auch einfach erwartet. Über einen längeren Zeitraum sollte man das aber nicht machen. Wenn Spieler, die aus den Play-offs kommen, danach für die Weltmeisterschaft absagen, ist es in 95 Prozent der Fälle gerechtfertigt und die Verletzung Realität und kein vorgeschobener Grund. Ich weiß, dass die Presse und die Fans oft andere Gründe hinter einer Absage vermuten. Doch sie haben eben einfach nicht erfahren, wie es um die Spieler tatsächlich steht. In den Play-offs wird über medizinische Themen nicht gesprochen.

Langfristig gesehen ist es dumm, was man im Eishockey macht. Denn du hast, wenn du aufhörst, zwei Drittel deiner Lebenszeit noch vor dir, spürst aber all die Baustellen, die du am Körper eröffnet hast. Auch wenn du der Begabteste bist und nicht für die Grobarbeit zuständig und andere für dich die Fights erledigen: Man schlägt dich, jagt dich, sticht dich, fährt dich nieder. Du kannst dich der Härte dieses Sports in keiner Rolle entziehen. Später kannst du unter Umständen nicht mal mehr richtig Golf oder Tennis spielen und verlierst Lebensqualität. Doch das ist eben auch der Mythos Eishockey. Dazu gehört, dass man sagt: „Ich bin härter als mein Kopf." Ich bin ein Gladiator.

Man muss lernen, mit dem körperlichen Schmerz, der einem Spiel für Spiel zugefügt wird, fertig zu werden. Es gibt ein paar Bereiche am Körper, die auch durch die Ausrüstung nicht ausreichend geschützt sind. Ja, das wird ausgenützt, Eishockey hat seine versteckten und schmutzigen Seiten.

Eine Stelle, die ein sicherer Schmerzpunkt ist, ist jene zwischen Handschuh und Ellbogenschutz. Da liegen fünf, sechs, sieben Zentimeter frei. Willst du deinen Gegenspieler von der Scheibe trennen, wirst du einen Schlag mit dem Stock also bewusst ein bisschen oberhalb des Handschuhs ansetzen. Auf die Finger zu klopfen – früher war das üblich – hat heute zum Glück nicht mehr diesen verheerenden Effekt. Der Schutz ist gut geworden. Ich habe in meiner aktiven Zeit einige Fingerbrüche erlitten. Das ist Mist, aber eine Verletzung, mit der man definitiv weiterspielt. Wenn der kleine Finger gebrochen ist – und da trifft es einen am ehesten –, klebst du ihn mit Tape einfach an den Finger daneben.

Dann haben wir die Wade. Während das Schienbein durch Plastik gut abgedeckt wird, ist hinten allenfalls ein wenig Schaumstoff angebracht. Da hinein ein Stockschlag oder kleine Stiche, die man vom Torwart abbekommt, wenn man vor seinem Gehäuse agiert – spürt man garantiert.

Und gehen wir zur Hose. Die ist gut gepolstert, muss dem Spieler aber auch noch Bewegungsfreiheit lassen. Von der Gürtellinie aus steht noch ein Stück Schaumstoff nach oben. Wenn nun aber einer seinem Gegenspieler einen Crosscheck in den Bereich der unteren Lendenwirbelsäule setzt und die freie Stelle exakt trifft – das ist schmerzhaft und dreckig.

Doch insgesamt haben wir im Eishockey eine Entwicklung weg von der fiesen Gewalt. Wenn ich an die 90er-Jahre zurückdenke, in denen ich als Spieler aufwuchs: Da gab es noch Spezialisten, die ihre Schläger anspitzten, um versteckte Stiche setzen zu können, und sogar die Helme an den Kanten oben anschliffen, um beim Zweikampf an der Bande mit einer Bewegung des Kopfes dem Gegner einen Cut im Gesicht zu bescheren.

Wir müssen über den Einsatz von Schmerzmitteln im Eishockey reden. Und aufklären. Die Wirkstoffe, die die gängigen Medikamente enthalten, sind Diclofenac und Ibuprofen. Die Arzneien bekommt man in der Apotheke. Ohne Rezept. Und wenn man sie sich nicht einwirft wie Smarties, ist es wohl auch gesundheitlich vertretbar, sie zu nehmen.

Um den Mythos Schmerzmittel zu entzaubern: Ihre normale Einnahme ist nichts, was einen einfach wegballern würde. Man merkt es letztlich vielleicht gar nicht, dass man welche genommen hat. Trotzdem braucht man sie.

Ein Beispiel: Du hast im Training einen Check eingefangen und merkst, dass an der Wirbelsäule etwas nicht ganz in Ordnung ist. Also gehst du zum Physiotherapeuten, zum Chiropraktiker, damit das wieder eingerenkt wird. Danach muss es nicht sofort wieder okay sein, der Muskel kann sich noch verkrampfen. Steht ein Spiel an, sollte man einen Weg finden, beweglich zu werden. Das ist, denke ich, legitim: Wenn man sich im normalen Leben mit einem verlegenen Rücken oder einem Hexenschuss zum Orthopäden bewegt, wird der einem Physiotherapie verschreiben und zusätzlich ein Schmerzmittel geben. Im Leistungssport ist das im Prinzip nicht anders, der Unterschied liegt einzig darin, dass der Sportler schnelleren Zugriff auf alle diese Maßnahmen hat und nicht vier Wochen auf seinen Termin warten muss. Er kommt sofort dran und wird seine Physiotherapie in höherer Frequenz absolvieren können, was auch absolut sinnvoll ist, weil es was bringt.

Zum Eishockey, besonders in entscheidenden Phasen der Saison, gehört auch Opferbereitschaft. Kann der Spieler sich überwinden, Schüsse zu blocken? Ist er bereit, mit seinem Körper einen Puck zu stoppen, der mit 140, 150 Stundenkilometern auf ihn zugerast kommt? Und ihn dort treffen kann, wo die Ausrüstung die Wucht nicht dämpft?

Über die geblockten Schüsse wird Statistik geführt. Sie können so wichtig sein wie ein Tor oder ein Assist. Normal hast du im Team einen, der Schüsse gerne blockt, der Profi darin ist und das sogar im Training tut, wo du dir als Kollege denkst: Junge, bist du irre? Aber solche Typen braucht man.

Und genauso gibt es welche, die gut darin sind, einen Block für die Tribüne vorzutäuschen, worauf 99 Prozent im Stadion reinfallen dürften. Als Mitspieler erkennt man es natürlich, wenn einer so tut, als würde er den Schuss aufhalten wollen, tatsächlich den Kontakt aber vermeidet. Oder wenn einer den „Flamingo" macht: Geht der Scheibe entgegen, hebt aber ein Beinchen noch nach oben, damit er nicht angeschossen wird. Wenn es hart auf hart kommt, in den

Play-offs, in nationalen und bei Weltmeisterschaften, blocken aber alle in einer Mannschaft die Schüsse. Einer reißt den anderen mit. Von außen weiß man dann: Da gehen alle in eine Richtung und wollen was ganz Großes erreichen. Jetzt ist der Einzelne bereit, seine Gesundheit für den Erfolg des Teams zu opfern.

Die goldene Regel beim Schüsse blocken ist: Werfe dich stets mit den Beinen voraus in die Schussrichtung. Nicht mit dem Gesicht. Das kriegen fast alle hin.

Und wie weh tut es? Man muss wissen, dass durch die Entwicklung bei den Schlägern die Schüsse härter geworden sind. Vor zehn, fünfzehn Jahren hatte man in der Mannschaft einen, der 140 km/h plus schießen konnte, heute ist das Standard. Bekommt man solch einen Schuss frontal auf den Schienbeinschoner, scheppert es ordentlich, aber es passiert normalerweise gar nichts und ist schmerzfrei. Geht der Puck aber auf den Bauchnabel – über der Hose ist ein Stück ungeschützt – kann man das mit gut trainierter und angespannter Bauchmuskulatur verkraften. Es hinterlässt halt einen großen Bluterguss. Trifft der Schuss den Spieler aber unvorbereitet in dieser Gegend, in der die Organe sind, kann es lebensgefährlich sein. Richtig heftig sind auch – dabei habe ich mir zweimal den Mittelfuß gebrochen – Schüsse auf den Schlittschuh. Seitlich rein oder vorne auf den Spann – da ist man ohne Chance, da geht was kaputt. Inzwischen gibt es Schlittschuhe, die einen Plastikschutz obendrauf haben, ohne dass die Bewegung eingeschränkt würde.

Jedenfalls: Schüsse blocken muss man lernen. Dazu gehört, dass man sich schützt und auch schnell wieder hochkommt, um im Spiel zu bleiben. Das alles ist nicht anders als beim ersten Salto vom Sprungbrett im Schwimmbad. Dauert, bis man sich traut. Und zu 80 Prozent wird es dann ordentlich brennen bei der Premiere. Schmerz ist ein guter Lehrmeister.

Dass die Scheibe ins Gesicht geht, passiert zum Glück fast nie. Da muss man sich als Blocker schon absolut falsch reinwerfen – und der Schütze würde Hemmungen verspüren, einfach durchzuziehen, wenn er merkt, wo sein Schuss hingehen würde. Auch im Play-off-Eifer würde man darauf aufpassen.

Augenverletzungen sind, Gott sei Dank, zurückgegangen. Früher, als man noch ohne Plexiglasvisier auf dem Helm spielte, haben manche Teile ihres Augenlichts eingebüßt. Der Bereich bis runter zur Nase ist nun gut geschützt. Ein Puck, auch ein Querschläger, kommt kaum unters Plexiglas. Allenfalls ein Schläger, wenn es dumm läuft.

Zur körperlichen Härte kommt die mentale. Verletzungen kann man auch in diesem Bereich erfahren. Durch Enttäuschung, Niederlagen, durch Konflikte mit Fans, dem Trainer, den eigenen Mannschaftskameraden, auch das ist möglich. Manchmal erlebst du Stress zu Hause oder vielleicht einen Todesfall in der Familie, und das spielt natürlich in den Beruf hinein. Ich habe es erlebt, dass Spieler, deren Vater oder Mutter gestorben waren, am nächsten Tag auf dem Eis standen, als wäre nichts geschehen. So wie sich der Körper entwickelt, muss das auch der Kopf tun. Um stark zu sein, nicht abhängig von – das ist dazugekommen – der Kritik, die heute aus den sozialen Medien kommt. Vereine arbeiten heutzutage mit Sportpsychologen und Mentaltrainern zusammen, und junge Spieler haben von sich aus begonnen, sich damit zu befassen. Manche gehen zu Performance Coaches oder haben Visualisierungs- oder Meditationstechniken erlernt.

Um auf Joko Winterscheidt zurückzukommen: Dem Moderator hätte es damals in Berlin sicher geholfen, besser vorbereitet worden zu sein auf Florian Buschs langen Anlauf und den Moment, in dem es krachte. Völlig unversehrt wäre er wohl trotzdem nicht geblieben. So einen Check übersteht man in der Regel eben nur schadlos, wenn man seit seiner Jugend durch Training und Spiel darauf vorbereitet wurde. Kurzum: Joko hatte keine Chance.

Fünf Fragen an Ulf Blecker, Mannschaftsarzt der Düsseldorfer EG in der 28. Saison

Mit welchen Verletzungen haben Sie beim Eishockey zu tun?
Im Eishockey sind besonders Schläger, Schlittschuh und Puck für Verletzungen verantwortlich. Platzwunden und massive Hämatome sind häufig, Frakturen eher selten.

Sie haben zwei Spielern – dem DEG-Torhüter Bobby Goepfert und dem Augsburger Christoph Ullmann – auf dem Eis das Leben gerettet. Extremste Notarzteinsätze?
Ullmann war nach einem Check bewusstlos, die Atemwege waren durch den Zungengrund verschlossen, die Lippen wurden schon blau, der Erstickungstod wäre binnen weniger Minuten eingetreten. Bobby Goepfert hatte den Puck mit voller Wucht an den Kehlkopf bekommen, der schwoll zu, aber ich hatte noch Zeit und konnte hochdosiert mit Cortison reingehen. Leider habe ich auch einige Halswirbelfrakturen erleben müssen.

Ein Spieler liegt auf dem Eis, er blutet – welcher Untersuchungsroutine folgen Sie?
Ist die Wunde in der Nähe des Auges oder der Schläfe, nimmt man den Spieler sofort raus. Ebenso, wenn es zu einer Schwellung über dem Jochbein kommt, das ist Anzeichen einer Fraktur. Man versorgt die blutende Wunde und prüft den Orientierungssinn des Spielers.

Nähen mit oder ohne Narkose?
Ungeschriebenes Gesetz ist: ohne. Ich hatte allerdings schon Fälle, in denen ich nicht nähen konnte, weil die Wunde zu nahe am Augapfel oder die Lippe von innen gespalten war – da müssen die Jungs in die Klinik und bekommen eine Narkose.

Können Sie sofort erkennen, ob ein Spieler eine Gehirnerschütterung erlitten hat?
Die Lage hat sich durch die in Amerika gesetzlich verankerten Tests im Sinne der Patienten verändert. Für alle gibt es einen Baseline-Test vor der Saison, der die normale Gehirntätigkeit festhält. Er ist der Ausgangswert für vergleichende Testungen.

NATIONALSPIELER WERDEN – DAS GRÖSSTE

Ich habe es ja schon erwähnt: Mein sportlicher Antrieb war es immer, Eishockey-Rekordnationalspieler zu werden. Zu den 320, der Marke, die der große und unverwüstliche Udo Kießling aufgestellt hatte, fehlte mir am Ende einiges. Trotzdem: 126 Länderspiele waren auch nicht schlecht.

Gespielt habe ich immer gerne in der Nationalmannschaft, auch in den schwierigen Zeiten. Doch ich habe dort eben die Spieler getroffen, mit denen ich seit den Nachwuchsteams einen langen gemeinsamen Weg gegangen bin, die Jahrgänge 1975 bis 78.

Natürlich hat sich auch bei mir einmal die Situation ergeben, dass ich kalkulieren musste, ob es sich lohnt, eine WM zu spielen. Das war 2003, das Turnier sollte in Finnland stattfinden. Ich hatte die Saison in Ingolstadt gespielt, war allerdings erst spät dorthin gewechselt, weil mein vorheriger Klub in Essen pleitegegangen war. Ich tat mich schwer, in Ingolstadt überhaupt in die Mannschaft zu kommen, weil keine Position frei war. Gegen Ende der Saison hatte ich schließlich eine gute Form, ging in die WM-Vorbereitung, doch da brach eine alte Schulterverletzung wieder auf. Ich wusste, dass ich in Ingolstadt nicht bleiben würde und einen neuen Verein brauchte. Sollte ich das Risiko eingehen, verletzt zur WM anzutreten, und dort meine Leistung nicht zu bringen? Ich entschied mich letztlich dafür abzusagen und mich auf die nächste Saison und den nächsten Klub vorzubereiten. Das war aber das einzige Mal, dass ich fehlte. Gespielt habe ich die Weltmeisterschaften 1996, 1997, 1998, 2000, 2001, 2002 und 2004. Außerdem die olympischen Turniere 1998 in Nagano und 2002 in Salt Lake City, dazu den World Cup of Hockey 1996.

Eine Berufung in die Nationalmannschaft verstand ich immer als Auszeichnung. Als Feedback, wie man es von den Managern und Trainern im Ligabetrieb sonst selten bekommt, die Branche ist da nicht immer ehrlich. Und was von den Medien kam, war auch nicht gerade ein Feedback mit viel Aussagekraft. Viele, die über Eishockey berichteten, sind halt doch weit weg. Und nicht in jeder Stadt wird über unseren Sport geschrieben. Die Einladung vom Bundestrainer und vom Deutschen Eishockey-Bund bedeutete hingegen immer etwas Positives: Man gehörte zu den acht bis zehn besten Verteidigern in Deutschland.

Gegen die Besten der Welt will man auch deswegen spielen, um ein anderes Eishockey zu erleben. Ich erkläre es an diesem Beispiel: Robert Reichel war einer der besten tschechischen Spieler in den 90er-Jahren, ein Star bei den Calgary Flames. Als in der NHL ein Arbeitskampf tobte und der Spielbetrieb für eine halbe Saison eingestellt wurde, stürmte Reichel für die Frankfurt Lions. Und er blieb sogar über den Lock-out in der NHL hinaus noch ein Weilchen in der DEL. In der Liga war er überragend, das wusste ich aus den Spielen mit meiner damaligen Mannschaft aus Mannheim. Doch bei der WM war er gefühlt noch einmal um zig Prozent besser, weil in einer Nationalmannschaft mit besseren Mitspielern das Niveau weiter steigt und man selbst mitwächst. Das ist das Erlebnis, das man bei einer Weltmeisterschaft hat: Es geht nach oben. Auch mit einem selbst. Das ist der Anspruch und Ansporn.

Meine erste WM, 1996 in Wien, verlief wie im Traum. Wir wohnten in einem Hotel, das wie eine gläserne Pyramide aussah und wie ein Robinson-Club war, in dem man verschiedene Sportarten ausüben konnte: Bogenschießen, Bungeejumping aus der Spitze der Pyramide hinab Richtung Swimmingpool. Ich habe das alles mitgenommen und nebenbei auch ordentlich Sightseeing betrieben. Ich war im Hundertwasser-Haus und habe mich im Prater mit einer Bungee-Kugel hochschießen lassen. Tourismus neben dem Job, das ging einfach. Und wenn man ehrlich ist, ist das auch der Antrieb einiger NHL-Superstars aus Nordamerika, wenn sie für eine WM zusagen.

Das Turnier lief sehr gut für uns. In der Vorbereitungsphase waren wir in Kanada gewesen und ordentlich vermöbelt worden, doch ich hatte jeden Schnitt im Kader überstanden und war bei der WM dabei. Mit Mike Heidt hatte ich meinen erfahrenen Verteidigungspartner aus Mannheim an der Seite. Wir hatten eine schwere Vorrundengruppe, zu ihr gehörten Kanada und Russland, die Nationen mit den meisten Weltmeistertiteln. Außerdem die USA und die Slowakei, die nach der Abspaltung von der Tschechoslowakei erstmals in der A-Gruppe antrat und zu dieser Zeit einige prominente NHL-Spieler aufbieten konnte. Doch wir ließen die Slowaken ebenso wie Gastgeber Österreich hinter uns, unterlagen Russland nur 1:2 und schlugen Kanada 5:1, was eine Sensation war. Unsere Reise endete im Viertelfinale mit einem 1:6 gegen die Tschechen.

1996 war ein gutes Jahr für die Nationalmannschaft, weil wir uns fünf Monate nach der WM ziemlich überraschend auch noch für die Endrunde des World Cup of Hockey in Nordamerika qualifizieren konnten. Es schien, als wären wir auf einem guten Weg. Doch in den folgenden Jahren zeigte sich ein anderes Bild. Von außen betrachtet kann man diese Schwankungen nur schwer verstehen. Ich will versuchen, sie zu erklären.

1997 spielten wir eine WM, die in der Abstiegsrunde endete. Den Worst Case konnten wir verhindern, unser letztes Spiel gegen Norwegen gewannen wir 4:2, unser Gegner musste runter in die B-Gruppe und sollte im nächsten Jahr nicht mehr zu den zwölf führenden Nationen gehören. Doch wir verloren bei dieser WM in Finnland gegen Frankreich und Italien, die in der internationalen Hierarchie immer hinter uns gestanden hatten, und mussten in Tampere eine 0:8-Niederlage gegen Lettland schlucken, das nach dem Zerfall der Sowjetunion erst ein eigenes Nationalteam hatte entwickeln müssen. Im ersten Drittel brachten wir nicht einen einzigen Torschuss zustande, die Letten hingegen 18, nach

20 Minuten stand es schon 0:4 gegen uns. Wo war unsere Stärke von 1996 geblieben?

Der Kader steckte in einem Umbruch, wir hatten junge Spieler wie Mirko Lüdemann, der Rekordspieler der DEL werden sollte, dazu Marco Sturm und Jochen Hecht, die später in der NHL eine großartige Karriere machten. Sogar Olaf Kölzig war dabei, unser Torwart in der NHL, groß geworden im amerikanischen Eishockeysystem. Von den Alten spielten noch Peter Draisaitl und Didi Hegen, der aber keinen Scorerpunkt verbuchen konnte. Doch einige Spieler, die hätten kommen können, blieben weg. 1997 in Finnland haben wir es zweifellos nicht geschafft, unser Potenzial abzurufen. Es hat vorne und hinten nicht gepasst, wir haben kaum Tore geschossen und zu viele geschnappt.

Eine Nationalmannschaft in dem einen und eine Nationalmannschaft im darauffolgenden Jahr haben überhaupt nichts miteinander zu tun. Zwei, drei Positionen können international einen immensen Unterschied ausmachen. Gerade wenn erfahrene Akteure ausfallen, die eine bestimmte Rolle im Gefüge eines Teams spielen. Und ein Trend kann sehr schnell entstehen, weil man in kürzester Zeit sehr viele Spiele hat.

Weltmeisterschaften mochte ich immer wegen dieser Dichte an Herausforderungen, wegen des maximal gefüllten Terminkalenders. Das kann sein Gutes haben: Hast du an einem Tag Mist gespielt, gehst du darüber hinweg, weil du am nächsten Tag eine neue Chance bekommst. Eine Mannschaft kann sich in einen Rausch spielen, siehe das deutsche Olympia-Silber-Turnier 2018 in Südkorea. Da hat man auch als Zuschauer am Fernseher gemerkt, wie die Mannschaft immer besser wurde, sich ein anderes Niveau von Eishockey aneignete. Es waren dieselben Spieler, die das erste Spiel verloren hatten und im Halbfinale gegen Kanada eine 3:2-Führung herausschossen – und mit was für unfassbar schönen Toren! Da ist sicher im mentalen Bereich etwas Positives passiert. Doch ebenso besteht die Gefahr, dass es andersherum läuft, du in einen Strudel gerätst. Und wenn es blöd läuft, kriegt die Mannschaft den Knacks selber lange gar nicht mit.

Normalerweise ist eine Nationalmannschaft deutlich intakter als eine Vereinsmannschaft. Denn diejenigen, die sich entscheiden, fürs Nationalteam zu spielen, die wollen das auch. Du weißt, du hast diese zehn bis vierzehn Tage und, wenn es gut läuft und du übers Viertelfinale hinauskommst, diese siebzehn Tage, in denen man als Team funktionieren muss. Zu meiner aktiven Zeit in der Nationalmannschaft war kaum mal ein Spieler dabei, über den du gedacht hast, was ist das für ein komischer Vogel. Bei der Nationalmannschaft hatte man immer das Gefühl, dass man heimkommt. Zu alten Bekannten aus den Nachwuchsauswahl-Mannschaften. Man hat sich gefreut, mit ihnen Zeit zu verbringen und gemeinsam was zu unternehmen. Wir sind nie in Grüppchen zerfallen.

Doch deinem Team fehlen in einem Jahr vielleicht mal fünf Leute, und die gegnerische Mannschaft, die du im Jahr zuvor noch im Griff gehabt hattest, hat fünf Neue dabei, drei aus der NHL und zwei, die brutale Talente sind. Dann ist international die Diskrepanz so groß, dass es zu solchen Unterschieden kommt. Gehen zwei, drei Spiele in die Hose, hast du den Flattermann.

Man kann uns vielleicht mit einem Golfer vergleichen, der Handicap 18 hat. Da erlebt man eine große Streuung. Kann sein, dass du eine Acht-über-Par-Runde spielst, doch wenn es schlecht läuft, können es auch 36 Schläge über dem Platzstandard werden. Je besser du wirst, umso geringer sind deine Ausschläge.

Zu einem Eishockeyturnier fährst du immer mit höchsten Ambitionen. In der U18 haben wir uns das sogar einmal aggressiv vorgenommen: Wir wollten eine Medaille. Wir hatten einen guten Jahrgang: Markus Wieland, Andy Renz, Florian Keller, Klaus Kathan, Stefan Retzer, Jochen Hecht, als Jüngster Marco Sturm, das war der harte Kern, und alle haben es als Profis zu etwas gebracht. Gewonnen haben wir aber nichts. Interessanterweise hat dann der U18-Jahrgang nach uns die EM-Silbermedaille geholt. Das zeigt:

Es ist möglich, es muss alles passen, besonders das Mindset. Man darf also nicht mit der Devise hinfahren: „Wir spielen, um nicht zu verlieren, wir spielen, um nicht abzusteigen." Von außen wirkt das zwar realistisch, und es ist eine Zielsetzung, die man der Presse verklickern kann, aber intern muss die Ansage eine andere sein. Als Spieler beraubst du dich sonst deiner Energie. Man muss lernen, mehr zu wollen. Ich bin in ein WM-Turnier immer mit der Vorstellung gegangen, das Viertelfinale zu erreichen. Minimum. Wer in der Mannschaft war und wen wir als Gegner hatten, das interessierte mich eigentlich gar nicht.

Außer es ging gegen die Schweiz. Das war grundsätzlich das Highlight-Spiel. Die Schweizer zu schlagen, ist das Schönste, was man mit der Nationalmannschaft erleben kann. Es ist eine Hassliebe, auf beiden Seiten. Lange spielten wir Eishockey auf ungefähr dem gleichen Niveau, durch die geografische Nähe spielt man außerdem recht oft gegeneinander. Ab der U16 trifft man sich andauernd, auch bei den kleinen Turnieren im November in Füssen und im Februar in der Schweiz. Wenn du von deinem Jahrgang einer der Besten bist, triffst du immer dieselben Gegner. Nach drei Jahren kennst du sie in- und auswendig. Du magst dich mit ihnen privat gut verstehen und sie respektieren – doch gerade das treibt an. Du willst ihnen beweisen: Wir sind besser. Deutschland gegen die Schweiz ist ein größerer Kampf als gegen Tschechen oder Kanadier.

Als deutscher Spieler weiß man, dass man nicht so gut ausgebildet ist wie die Russen, Schweden, Finnen, Kanadier, Tschechen. Dennoch will man sich mit ihnen messen. Man muss sich also von einer fatalistischen Grundeinstellung freimachen. Und von Überlegungen, was die Medien über einen sagen und schreiben werden, wenn man gerade noch so dem Abstieg entgangen ist. Schön ist es nicht, wenn du auf den Deckel bekommst, nachdem du hingefahren bist, um dein Land zu repräsentieren und das Bestmögliche zu erreichen. Oft entscheiden halt Nuancen, ob du untergehst oder gewinnst. Ein Spiel und besondere Umstände können so viel verändern…

Als Höhepunkt meiner Spielerzeit werden viele wahrscheinlich den World Cup of Hockey benennen. Das war 1996 ein Einladungsturnier der NHL. Teil des Deals war, dass sich die nordamerikanische Profiliga bereit erklärt hatte, ihre Spieler zu Olympia 1998 nach Nagano zu schicken. Die Basketballer der NBA hatten sich 1992 zur Olympiateilnahme durchgerungen, Barcelona wurde dank des US-amerikanischen Dream Teams zum perfekten Marketing für die Liga und den Sport. Auch das Eishockey träumte vom globalen Siegeszug.

Eineinhalb Jahre vor dieser sehnsüchtig erwarteten Olympiapremiere trafen die Besten bereits beim World Cup of Hockey aufeinander, von der Wertigkeit ein einschneidendes Erlebnis, höher anzusiedeln als jede Weltmeisterschaft. In Nordamerika spielten in der einen Vorrundengruppe Kanada, USA, Russland und die Slowakei, in Europa sollte unter Schweden, Finnland, Tschechien und Deutschland drei Teams ermittelt werden, die zur Endrunde nach Übersee fliegen würden. Es wurde allgemein erwartet, dass wir ausscheiden würden.

Wir fingen in Schweden an, verloren im Globen in Stockholm 1:6. Ich berührte im ersten Drittel kaum die Scheibe und kaum einen Schweden. Es war unglaublich, wie die sich bewegten. Als würden sie in alle Richtungen laufen. Es war wie eine andere Sportart. Doch nicht nur mir ging es so. Auch den 15 anderen in der Mannschaft, wir mussten letztlich lachen über unsere Unterlegenheit. Das Spiel öffnete uns die Augen, wie weit wir weg waren vom großen Eishockey.

Wir verloren auch das zweite Spiel klar, 3:8 in Finnland. Doch wir wussten: Im Heimspiel gegen die Tschechen würden wir eine Chance habe. Obwohl bei denen alle NHL-Stars wie Jaromír Jágr und Petr Nedvêd im Aufgebot standen und uns Uwe Krupp fehlte, der im Jahr des World Cup als erster deutscher Spieler den

Stanley Cup gewonnen hatte. Für die Colorado Avalanche erzielte er sogar das finale Tor. Doch wegen einer Verletzung hatte er für den World Cup abgesagt.

Wir gewannen im Olympia-Eisstadion von Garmisch-Partenkirchen gegen die Berühmtheiten aus Tschechien 7:1. Es hieß hinterher: Die haben gegen den Trainer gespielt, gegen Dr. Ludek Bukac, der von 1991 bis 94 deutscher Bundestrainer gewesen war. Dieser Kommentar war typisch deutsch. Man hätte ja auch sagen können: Wow, die Deutschen haben die Weltstars mit 7:1 geschlagen. Das Spiel in Garmisch-Partenkirchen entwickelte eine Eigendynamik, es wurde zum Ausreißer. Es hat in der tschechischen Mannschaft einfach nicht so gut gepasst. Sie hatte vorher bereits gegen Finnland und Schweden verloren. Bei uns hingegen war in diesem Spiel jeder Schuss ein Treffer. In einer Best-of-Seven-Serie hätten wir keine Chance gehabt, da hätte niemand gegen Ludek Bukac gespielt. Doch es war nur ein Spiel, wir waren durch und fuhren bester Laune nach Nordamerika.

Wir spielten gegen Kanada in Montreal. Im ersten Wechsel standen mein Block und ich gegen Wayne Gretzky auf dem Eis, *The Great One,* den Größten in der Geschichte der Sportart. Die Scheibe ging tief in unser Drittel, ich wollte sie über die Rundung rausspielen, brachte aber keinen Druck auf sie, weil ich kurz Wayne Gretzky im Forecheck hinter mir sah. Der stand aber in der Zwischenzeit ganz allein an der Bande hinter der Rundung. Ich spielte also meinen ersten Pass direkt auf die Schaufel von Gretzkys Schläger. Mist, die Scheibe musste ich mir zurückholen. Ich drehte mich um, Gretzky stand immer noch an der Bande, ich skatete auf ihn zu und dachte: Du kannst ihn aber nicht zusammenfahren. Er ist nicht so groß, außerdem ist er Wayne Gretzky und somit ein Heiligtum. Was passiert, wenn ich ihn checke? Erwische ich ihn überhaupt? Und falls ja: Fallen dann alle über mich her? Überhaupt: Wie spielt man gegen den? Würde er mich mit seiner brillanten Technik nicht lässig stehenlassen?

Normalerweise, zumindest in meiner Karriere war es so, sind alle Handlungen auf dem Eis instinktiv, man tut einfach, was man tun muss. Doch in dieser Szene schossen mir Gedanken durch den Kopf, wie ich mich verhalten soll. Ich nahm Tempo raus, als ich Gretzky attackierte. Die Scheibe konnte ich dennoch zurückgewinnen. Erwartungsgemäß verloren wir gegen die kanadische Topauswahl, allerdings „nur" 1:4. Das brachte uns Respekt ein. Wir waren lediglich für dieses eine Spiel drüben, es war das Viertelfinale, danach waren wir ausgeschieden. Trotzdem war es ein großartiges Erlebnis.

1997 dann der Abwärtstrend. 1998, als das WM-Teilnehmerfeld von zwölf auf 16 Nationen erhöht worden war, schafften wir es nicht mehr, uns für die WM 1999 zu qualifizieren. In der Schweiz wurden wir Elfter, nur die ersten zehn schafften es. Man musste zu Beginn der kommenden Saison in ein Qualifikationsturnier – ich war da nicht mit von der Partie, weil ich meine dritte Saison in Nordamerika spielte –, auf dem wir uns nicht qualifizieren konnten. Wir waren endgültig abgestiegen.

Mit der WM 1998 in Zürich endete die Ära von George Kingston als Bundestrainer. Von außen wurde er angegriffen. Doch als Spieler hat man einen anderen Blickwinkel. Wir haben es so gesehen, dass wir mit Kingston an einem Projekt arbeiten. Wenn man ihre Ideen nicht schlecht findet und sich mit der Person versteht, dann fragt man nicht, wie lange die Person wohl noch da sein wird. Es war eben einfach eine schwierige Zeit: Die alten Spieler hatten aufgehört, die jungen Spieler bekamen in Folge des Bosman-Urteils viel weniger Eiszeit. In den DEL-Vereinen wurde kaum ein Deutscher noch im Über- und Unterzahlspiel eingesetzt, den Situationen, die viele Partien entscheiden.

Die Olympischen Spiele im Februar 1998 waren unter Kingston auch noch ein gemischtes Erlebnis gewesen. Der Modus des Turniers war ein wenig merkwürdig. Die sechs großen Nationen – Kanada, USA, Russland, Tschechien, Schweden und Finnland, die allesamt viele Stars in der NHL hatten – stiegen erst in der zweiten Woche ein. Das bedeutete, dass in der ersten Olympiawoche die NHL noch spielte. Für uns, doch auch für Weißrussland und die Slowakei, war das ein Handicap. Wir gehörten zu den acht Ländern, die zwei Plätze für die heiße Turnierphase mit den Großen ausspielten, mussten aber ohne NHL-Verstärkung anfangen. In unserem Fall ohne Olaf Kölzig, den Torwart aus Washington, ohne Stanley-Cup-Sieger Uwe Krupp aus Colorado in der Abwehr und ohne unseren jungen Stürmer Marco Sturm, der sich in seiner ersten NHL-Saison bei den San Jose Sharks gleich einen festen Platz erobert hatte. Sie flogen in Amerika los, sobald es möglich war, und landeten in Tokio, fünf Autostunden von Nagano entfernt, als wir unser zweites Gruppenspiel gegen Weißrussland bestritten. Wir verloren 2:8, dadurch war die Finalrunde schon unerreichbar. Die Weißrussen – und darüber ärgerte sich vor allem George Kingston – hatten ihren NHL-Mann Ruslan Salei sehr wohl dabei. Er hatte in der NHL beizeiten eine Schlägerei angezettelt, war von der Liga für fünf Spiele gesperrt worden und flog zu seiner Nationalmannschaft. Für die galt seine Sperre nicht.

Mit Kölzig, Krupp und Sturm veränderte sich unsere Mannschaft. Krupp war für die beiden verbleibenden Spiele gegen Frankreich und Slowakei, die wir mit 2:0 und 4:2 sicher gewannen, mein Verteidigungspartner. Toll, wenn man so jemanden neben sich hat. Krupp. Kölzig und Sturm hatten einen komplett anderen Mindset, sie kamen mit einer ganz anderen Haltung rein, sie waren NHL-Spieler, die unsere deutschen Probleme nach dem Bosman-Urteil überhaupt nicht kannten. Auch dass wir Spieler aus der DEL an ihren Beispielen sehen konnten, dass man es auch als Deutscher in der NHL zu etwas bringen kann, hat uns für den Rest dieses olympischen Turniers verändert.

Nachfolger von George Kingston als Bundestrainer wurde nach der WM 1998 Hans Zach. Er war die logische und nahe liegende Lösung. Als Trainer war er so leidenschaftlich wie schon als Spieler in den 70er-Jahren. Und er hatte sich als einer wenigen deutschen Coaches durchgebissen. Kennengelernt habe ich ihn erst bei der B-Weltmeisterschaft 2000 in Polen, zuvor hatte ich ja noch in Nordamerika gespielt und war 1999, bei der B-WM in Dänemark, nicht im Team gewesen.

Hans Zach hatte schon einen Namen, und man wusste über ihn, dass er speziell ist. Ich erkundigte mich über Zach bei Tino Boos, der ein Jahr älter als ich ist. Er spielte für die Kassel Huskies, die Zach im Hauptjob trainierte, Bundestrainer war er nur nebenbei. Ich fragte Tino, worauf bei Zach zu achten wäre. Tino sagte: „Zeig mal deinen Schläger her, wie aufgebogen oder wie kurz der ist. Da wirst du schon ein, zwei Sprüche zu hören bekommen." Hans Zach hatte auch beim Material seine ureigenen Ansichten. Was er gar nicht mochte: Cola trinken, Cap verkehrt herum aufsetzen, auf dem Eis beim Training den Helm nicht schließen, vielleicht noch Kaugummi im Mund haben. Ich konnte es verstehen. Sein Gebot war: Ihr könnt viel von den Kanadiern lernen, die zu uns nach Deutschland rüberkommen, doch ihr schaut euch den Schmarren ab.

Wenn man neu in die Mannschaft kam, kümmerte er sich sehr intensiv um einen – um es mal freundlich auszudrücken. Was ihn aber auch auszeichnete: Er prüfte die Leute immer gleich, um herauszufinden, welcher Charakter man ist, was man sportlich und als Typ mit in die Kabine brachte. Er war allerdings auch in der Lage, die Leute in Ruhe zu lassen, wenn sie sich zurückziehen wollten. Schwer hatten es bei ihm die Egoisten.

In all den Jahren hat er sicher auch Fehler begangen. Doch seine Art der Überzeichnung war eben auch das, was ihn ausmachte. Das hat einen zur Topleistungen gepusht. Das Image als Alpenvulkan hat er nach außen gepflegt, in der Mannschaft war er halt so, wie er war. Unverstellt. Und wenn er sich einmal entschlossen hatte, dich zu mögen, dann mochte er dich auch. Ich habe mich mit ihm stets gerne unterhalten. Weil er auch eine weiche Seite hatte.

Auf dem Eis arbeitete er oft an den Basics, ließ in aller Ausführlichkeit kurze Pässe trainieren, da konnte er stur sein. Doch ebenso gab es Momente der Geselligkeit, in denen er höchst unterhaltsam sein konnte. 2002 spielten wir unter ihm in Salt Lake City ein gutes Olympiaturnier. An den spielfreien Tagen ging es locker zu, da spielten wir im Training acht gegen acht oder neun gegen neun. Er mischte selbst mit und hängte sich ganz schön rein. Danach beteiligte er sich am Kabinentalk der Spieler und erzählte aus seiner Zeit. Sehr oft habe ich die Geschichten gehört, dass er zu Olympischen Spielen eingekleidet, aber nicht nominiert wurde. Das ist ihm zweimal passiert, im letzten Cut flog er beide Male raus. Beim dritten Mal, 1980, war er endlich dabei.

Aufgrund seiner Vorgeschichte war es für ihn auch schwer, Personalentscheidungen für die Olympischen Spiele 2002 zu treffen. Er fing mit seinen Überlegungen im Mai 2001 bei der Heim-WM an, das zog sich über den November, in dem wir den Deutschland Cup spielten, bis zum Februar. Es beschäftigte ihn, dass er einigen Spielern würde wehtun müssen.

Emotional konnte es schnell in eine Richtung gehen bei ihm. Es konnte passieren, dass er mit unserem Warm-up auf dem Eis nicht zufrieden war und uns in der Kabine zusammenstauchte. Mir war bis dahin nicht bewusst, dass Trainer das Aufwärmen überhaupt richtig anschauen und daraus Schlüsse ziehen. Hans aber konnte einem schon mal mitteilen, dass man gerade absolutes Chaos veranstaltet hatte und nicht bereit sei zu spielen. Wahrscheinlich hatte er sogar recht.

Es war üblich, dass Hans im Ärger zur Türe rausging und drei Sekunden später wieder hereinkam, weil er merkte, dass er noch nicht fertig war und noch was sagen musste. Wir warteten also immer, wenn er die Tür hinter sich zugeschlagen hatte, weil wir damit rechneten: Gleich geht sie wieder auf. Und wenn er das Sakko auszog und ins Eck legte, war das das Signal dafür, dass eine längere Ansprache folgen würde.

Einmal regte er sich nach einem missglückten Warm-up so sehr auf, dass er die Türklinke innen abriss. Dass er nicht mehr hinauskonnte, ließ ihn nur noch wütender werden, er schlug von innen gegen die Tür. Von außen traute sich niemand zu öffnen, weil Hans bei der Ansprache nur die Spieler im Raum haben wollte und alle anderen draußen warten mussten. Erst als er eine Zeit lang gegen die Tür schlug, wurde den Betreuern klar, dass sie eingreifen durften. In dieser Szene hatten wir den einen oder anderen Schmunzler in der Mannschaft, etliche Spieler hatten ihre Handtücher über den Köpfen. Situationskomik.

Wir Spieler und Zach waren eine Schicksalsgemeinschaft. Zu einer besonderen Zeit, in der deutsche Spieler in der Liga wenig Wertschätzung erfuhren. Er hat diese Ohnmacht jedoch in Antrieb umgewandelt. Wenn wir beim Deutschland Cup gegen eine zusammengewürfelte Truppe aus DEL-Kanadiern anzutreten hatten, appellierte er an unseren Stolz. Er wollte, dass die deutsche Mannschaft nicht untergeht gegen eine, die kein einziges Mal trainiert hat, aber glaubt, sie wäre besser.

Ein Glück für uns war die Heim-WM 2001. Wir hatten bei der B-WM 2000 den Wiederaufstieg geschafft, wären als Ausrichter der A-Gruppe aber ohnehin qualifiziert gewesen. Wir trugen die meisten Spiele in Köln aus. Die Kölnarena war damals noch relativ neu, sie fasste 18.500 Zuschauer, und war (und ist) damit die größte Halle Europas. Für das Auftaktspiel gegen die Schweiz gingen 80.000 Kartenwünsche ein. Damit hatten wir nicht gerechnet, die letzten Erfolge lagen schließlich schon einige Zeit zurück.

Man sagt ja oft: Die Stimmung ist so gut. Doch als Spieler kriegst du das im Detail nicht mit. Allenfalls, dass es maximal laut ist. In manchen Stadien so, dass du dein eigenes Wort nicht mehr verstehen kannst. Aber was außen herum stattfindet, bekommst du nicht mit. In Köln habe ich während des Spiels realisiert, dass die Fans oben in der Halle eine Polonaise liefen. Und immer wieder wurde dieser Song von Verna Mae Bentley-Krause eingespielt, den Stefan Raab zum Hit gemacht hatte: „Ich liebe deutsche Land". Das sangen wir sogar auf der Bank mit. Das war unser Lied. Im Bus fing auch immer einer an. Das sind so Sachen, die ergeben sich, wenn es gut läuft.

2001 war das Highlight. Ich selbst hatte eine andere Rolle, die Mannschaft war gewachsen, meine Kumpels aus den U-Teams bildeten nun das Gerüst. Zum ersten Mal nahm damals Form an, was Kingston schon an jungen Jahrgängen aufgebaut und Hans Zach fortgeführt hatte. Wir erreichten das Viertelfinale, wo wir an Finnland scheiterten. Im Jahr darauf in Schweden kamen wir genauso weit, verloren dann aber im Göteborger Scandinavium gegen die Gastgeber.

Top acht, das ist etwas, mit dem du heimfahren kannst. Da bekommst du auch Geld, weil der DEB Prämien vom Weltverband erhält. Bei der Heim-WM 2001 war die Prämie relativ hoch, ansonsten konnte man als Viertelfinalist mit 15.000 bis 20.000 Euro rechnen. Aber es ist alles inklusive, die ganze Vorbereitung ist damit abgegolten, auch die kleinen Turniere, die man im November und Februar bestreitet. Es ist brutto, man muss das versteuern. Für Olympia hat man gar nichts gekriegt, wurde aber vom Klub weiterbezahlt.

Aber wegen des Geldes spielte man nicht in der Nationalmannschaft. Ich habe mich immer auf den Deutschland Cup gefreut, unser Hausturnier, das jedes Jahr im November stattfand und bei dem meist die Schweiz, die Slowakei und ein spontan zusammengestelltes Team aus in Europa spielenden Amerikanern oder Kanadiern teilnahm. Der Cup war eine gute Abwechslung. Im Juli bist du irgendwo aufs Eis gegangen, um vorbereitet zu sein, ab 1. August hast du Training mit dem Verein, außerdem Freundschaftsspiele, die dir auf den Senkel gehen. Bis es Mitte September mit den Punktspielen losgeht. Egal ob es gut oder schlecht läuft in den ersten zwei Saisonmonaten, der November war perfekt für die Nationalmannschaft. Ein Break vom Ligabetrieb, der dich mental neu aufstellen kann.

Man kann es auch heute noch sehen: Viele Nationalspieler, die bis dahin im Klub keine gute Saison hatten, konnten sich Schwung holen für den Rest der Saison. Schon dass man dazugehörte, hat das Selbstbewusstsein gestärkt. Man wollte den alten Bekannten zeigen, wie gut man drauf ist. Das Turnier im Februar war der schwierigere Zeitpunkt, da denkt man bereits in Richtung der Play-offs.

Wenn man die mit seinem Verein verpasst, aber noch vorhat, die WM zu spielen, muss man drei Wochen irgendwie überbrücken, bis die Vorbereitungsphase Ende März, Anfang April losgeht. Drei, vier Tage kannst du mal weniger machen, dann treibt es dich aufs Eis. Ich musste mir manchmal Klubs suchen, die mich mittrainieren ließen. Zum Beispiel, nachdem ich mit Iserlohn die Play-offs nicht erreicht hatte. Da fand ich Ersatz in Duisburg, wo mein früherer Nationalmannschafts-Mitspieler Didi Hegen Trainer geworden war. Du kannst nur die normalen Übungen machen und dich auf dem Eis bewegen, bei den mannschaftstaktischen Sachen bist du außen vor.

2004 habe ich noch die WM gespielt. Gut, einen Teil davon. Hans Zach hatte Zweifel, ob er mich nach Prag mitnehmen sollte. Ich hatte nach meinem Empfinden eine gute Saison mit Iserlohn gespielt, aber er sagte, er hätte keinen Platz für mich. Die Rollen, wer in der Verteidigung Über- und Unterzahl spielte, waren in seinem Kopf schon vergeben. „Du bist nicht dabei, aber halt dich bereit", sagte er. Das ist leider das Mieseste, was du hören kannst. Du bist „auf Abruf", also nicht bei der Mannschaft dabei, kannst aber auch nicht in den Urlaub fahren. Die Mannschaft war bereits drei Tage in Tschechien, da rief Zach mich an: Ich sollte nachkommen.

Gespielt habe ich zunächst aber nicht. Man kann sich auch nicht reintrainieren, weil während des Turniers kaum noch trainiert wird.

Auf dem Niveau ein Spiel zu spielen, zumal dann, wenn man zehn Tage draußen war, ist wahnsinnig schwer. Gegen Kanada habe ich noch gespielt, aber ohne Rhythmus und Tempo. Wir verfehlten nach drei Jahren das Viertelfinale, Hans Zach trat nach dieser WM zurück. Ganz losgelassen hat er seine Nationalmannschaft nie. Er pflegt den privaten Kontakt zu seinen früheren Nationalspielern auch jetzt noch, wo er im Eishockey nur noch ein interessierter Beobachter ist. Rückblickend muss man sagen: Er hatte in so vielem, was er über das deutsche Eishockey sagte, recht. Und er hat sich – und tut das immer noch – für das deutsche Eishockey und seine Spieler eingesetzt.

Man setzte von nun an auf Greg Poss. Der neue Mann hatte Erfolg mit dem „Torpedo-System" gehabt, und man wollte mal was anders probieren, scheiterte aber, weil man feststellte, dass man nicht alles aus dem Klub auf die Nationalmannschaft übertragen kann. Ich fand die Kommunikation etwas schwierig und entschied mich letztlich dafür, meine Karriere als Nationalspieler zu beenden.

Wieder ging die Formkurve der Nationalmannschaft nach unten. 2005 stieg sie ab. Poss durfte bleiben, man stellte ihm in Uwe Krupp, der seine NHL-Karriere inzwischen beendet hatte, einen starken Assistenten zur Seite. Nach einigen Monaten wurde Krupp Bundestrainer, Poss nahm ein Angebot der Adler Mannheim an.

Uwe Krupp hat mich dann gefragt, ob ich wieder für die Nationalmannschaft spielen würde. Im November 2006 bin ich zum Deutschland Cup, das war aber der endgültige Abschied. An Weihnachten 2006 wurde mir klar: Ich werde aufhören.

Fünf Fragen an Toni Söderholm, seit 2019 Bundestrainer

Wie sehr unterscheidet sich die Tätigkeit des Bundes- von der des Klubtrainers?
Man hat viel mehr Zeit komplett alleine im Office und analysiert. Der Alltag ist nicht hektisch – bis es mit Spielen losgeht, dann wird es sehr hektisch. Auch die Spiele unterscheiden sich: Es passieren international zwar dieselben Fehler – aber bei höherem Tempo, und sie werden härter bestraft.

Wie viele deutsche Spieler haben die Klasse, um eine WM zu spielen?
Ungefähr 45 Spieler, also zwei Mannschaften.

Wenn ein Kader Stück für Stück reduziert wird – wie sagt man es einem Spieler, dass er nach Hause fahren muss?
Spieler heimzuschicken ist das, was am meisten weh tut. Ich versuche, so ehrlich zu sein wie möglich und sage dem Spieler, woran er am meisten arbeiten muss. Einige Spieler wollen mehr wissen, andere nicht so viel. Es ist für beide Seiten kein lustiges Gespräch.

Wie stellt man einen Trainerstab für ein Turnier zusammen?
Es muss menschlich passen, und mir ist wichtig, dass wir einen jungen Trainerstab haben, in dem alle neugierig und hungrig sind. Alle müssen eine Rolle haben und für etwas zuständig sein: Powerplay oder Unterzahlspiel, Videoanalyse, Torhüter.

Bekommt man als deutscher Bundestrainer auch Fanpost?
Ich habe nicht viel bekommen. Es ist wichtiger, dass die Spieler welche erhalten. Heute hinterlassen die Leute auf den Social-Media-Kanälen, ob sie mit uns glücklich sind oder nicht.

ZWEITES DRITTEL:
EISHOCKEY LEBEN

GEDRAFTET – MEINE ABENTEUER-JAHRE IN NORDAMERIKA

Meine Amerika-Geschichte begann 1996. Ich war zu Hause in Dingolfing im Garten, unser altes Wählscheibentelefon läutete. Meine Oma ging ran und rief aufgeregt: „Da ist George Kingston dran."

Kingston war seit zwei Jahren unser Bundestrainer. Unter ihm hatte ich meine ersten Länderspiele gemacht und vor ein paar Wochen meine erste Weltmeisterschaft gespielt. Kingston ist Kanadier, ein hagerer Typ mit einem gezwirbelten Schnurrbart. 1994 hatte er sein Heimatland erlöst, als es ihm gelang, das Nationalteam zum ersten WM-Titel seit 31 Jahren zu führen. George Kingston hatte auch NHL-Erfahrung, er war Anfang der 90er-Jahre Head Coach des neuen Klubs San Jose Sharks in Kalifornien gewesen.

Ich dachte mir: Was will George Kingston von mir mitten im Sommer? Er teilte mir mit: „Rick, du bist gedraftet worden." Ich wusste nicht, was das bedeutet, denn ich hatte mich damit nie auseinandergesetzt. Ich fragte: „Von wem bin ich überhaupt gedraftet worden? Was passiert jetzt? Kriege ich Geld?"

Gedraftet hatten mich die Ottawa Senators. Und auf einmal fügte sich bei mir einiges zu einem Bild zusammen. General Manager der Senators war ein gewisser Pierre Gauthier. Bei der WM im Mai 1996 in Wien hatte er dieselbe Funktion auch beim kanadischen Verband. Er hatte mich bei meiner ersten WM spielen sehen. Das Turnier war großartig für uns gelaufen, wir waren ins Viertelfinale gekommen, und hatten – was nur alle Jubeljahre vorkommt – die Kanadier geschlagen.

Es wurde noch ein zweiter Name genannt: Marshall Johnston. „Director of Player Personnel" in Ottawa. Auch den kannte ich.

Es war bei meiner ersten U20-Weltmeisterschaft in Tschechien gewesen. Wir trainierten, ich war noch auf dem Eis und schoss. Einer unserer Betreuer sagte: „Hey, Rick, drüben an der Bande, da sitzt einer, der will mit dir reden." Ich schaute hinüber: Ein dicker Mann, nie gesehen. Ich hatte keine Lust, mit ihm zu sprechen. Ich übte einfach weiter meine Schüsse und dachte: Der wird schon gehen. Doch er blieb, und irgendwann winkte er mir zu. Ich winkte keck zurück, doch weil ich nach wie vor mit ihm nichts zu tun haben wollte, drosch ich weiter auf die Pucks. Wahrscheinlich dachte sich der Typ: Wow, wie hart dieser junge Deutsche arbeitet!

Doch er hatte sich so clever postiert, dass ich an ihm vorbeigehen musste, als ich in die Kabine wollte. Ich war noch immer in Abwehrhaltung. Wie ein Kind, dem man beigebracht hatte, dass es nicht mit Fremden reden soll. Ich hatte ein unbehagliches Gefühl. Der dicke Mann sagte: „Setz dich doch mal her." Er kam gleich zur Sache: „Hättest du Lust, in Nordamerika in der NHL zu spielen?" Ich sagte: „Nö." Hatte ich wirklich nicht. Mit der Antwort hatte er nicht gerechnet. Ich weiß noch, wie ihm das Gesicht verrutschte unter seiner Brille, wie sie im Fernsehen Chefinspektor Derrick immer trug. „Ich muss nicht in der NHL spielen. Ich bleibe in Deutschland, verdiene Geld, und kann Nationalmannschaft spielen." Er sagte: „Überleg es dir. Wir sprechen die Tage noch mal." Er gab mir seine Karte, da war ein Klubemblem drauf. Ich schmiss die Karte in den Mülleimer. Zugegeben, ich war schon speziell.

Tatsächlich kam er nach ein paar Spielen wieder. Und im Gegensatz zum ersten Mal habe ich mich gefreut, dass ich ihn traf. Ich war nicht mehr so abweisend und meinte: „Ja, ist nicht mein oberstes Ziel, aber ich würde auch nicht Nein sagen, wenn es sich so ergeben würde." Wir gaben uns die Hand. Danach haben wir uns nie mehr gesehen.

Jedenfalls: Bei Ottawa arbeiteten sowohl Marshall Johnston als auch Pierre Gauthier. Beide trugen zusammen, was sie an Eindrücken von mir gewonnen hatten. Und so kam es, dass ich von den Ottawa Senators gedraftet wurde. Weit hinten zwar, in der achten Runde, an Position 212. Aber sie haben mich gezogen, weil sie ernsthaft wollten, dass ich rüberkomme. Richtig interessiert, so heißt es, seien NHL-Organisationen eigentlich nur an Spielern, deren Transferrechte sie in den ersten Runden erwerben. Auf diesen Talenten bauen sie ihre Zukunft.

Den Draft gibt es nur im nordamerikanischen Profisport. Die Idee dahinter ist: Die Teams teilen die Talente aus der ganzen Welt, die sie zuvor natürlich gescoutet haben, unter sich auf. Die zuletzt schwächeren Klubs kommen in dieser Ziehung (das ist die Übersetzung von Draft) zuerst dran, so haben sie eine realistische Chance, bessere Jahre folgen zu lassen. Die Liga soll dadurch ausgeglichen bleiben. Weil sie, wie im Eishockey die National Hockey League, die NHL, davon ausgeht, dass sie ohnehin die stärkste Liga der Welt ist, erlaubt sie sich dieses globale Agieren. Klar, niemand aus Europa muss in die NHL, doch für die allermeisten jungen Spieler ist sie das Ziel. Weil dort die Besten spielen und man sich mit ihnen messen will. Der Verein, der einen Spieler draftet, hält für den Bereich Nordamerika die Rechte an ihm. Nur über den Klub, der einen auserwählt hat, kann man in die NHL einsteigen.

Ich rief, nachdem ich also gedraftet worden war, Pierre Gauthier an. Er sagte: „Rick, komm rüber, schau dir mal Ottawa an. Trainiere ein bisschen mit uns." Ich flog also noch im Sommer hin und machte meine ersten Bekanntschaften: Wade Redden, Verteidiger wie ich, ein Jahr vor mir gedraftet, in der ersten Runde, an zweiter Stelle. Die Zukunftsinvestition der Senators. Dann Alexandre Daigle, 1993 die Nummer eins im gesamten Draft und ein potenzieller Superstar. Mit ihnen und mit Mike Bales, einem Torwart, der Jahre später zum Ausklang seiner Karriere noch in Ingolstadt und Straubing spielen sollte, hing ich in den vier, fünf Tagen im Trainingscamp ab.

Die Jungs waren überraschenderweise megaoffen, gingen mit mir essen und wollten mich zum endgültigen Schritt nach

Nordamerika ermuntern. Es war cool, aber es war nicht so, dass ich gesagt hätte: Wow, das ist es. Geflasht war ich nicht. Meine Reaktion ging eher in die Richtung: Okay, überlege ich mir. Ich versuchte, rational zu bleiben. Es war klar, dass ich nicht zu denen gehören würde, die gesetzt wären. Ich würde mir alles hart erarbeiten müssen. Die Senators hatten mir auch klar gesagt, dass ich an meinen schlittschuhläuferischen Fähigkeiten noch würde arbeiten müssen. Ich wusste, dass das mein Schwachpunkt war.

Wir verständigten uns darauf, dass ich in ein Sommereishockey-Trainingscamp gehe. Flug und Hotel bezahlte Ottawa, die Kosten für das Camp musste ich übernehmen. Es waren vor allem Spieler dort, die die Dallas Stars auf ihrer Liste hatten. Was ich dann dort erlebte, war krass, echt krass. Und zeigte mir, wie zweigleisig das Leben als Eishockeyprofi in Nordamerika sein kann.

Training war zweimal am Tag, dazu jeweils Off-Ice-Training. Am zweiten Tag im Camp konnte ich mich schon nicht mehr bewegen. Einmal bin ich über Mittag gar nicht aus der Kabine rausgegangen. Ich habe da geschlafen und war nicht der Einzige. Ich war wirklich fit, aber ich konnte nicht mehr.

Wir wurden geschunden wie Rocky von seinem Trainer in den berühmten Boxerfilmen. Bei uns lief es so: Wir auf dem Eis, vor uns ein Trainer, der mit dem Schläger die Richtung vorgab, in die wir zu laufen hatten: nach vorne, zurück, nach links, nach rechts. Irgendwann konnte der gute Mann den Schläger gar nicht mehr richtig hochhalten, so anstrengend war es für ihn. Und für uns erst. Nonstop, full speed, das ging bis kurz vor dem Erbrechen. Dazu dröhnend laute Musik aus extra aufgestellten Riesenlautsprechern, das Ganze in einer heruntergekommenen Eistrainingshalle.

Das war die Laufschule am Vormittag, aber nur ein Teil des Trainings. Als Nächstes mussten wir draußen im Sprint Sachen ziehen, mussten Leute huckepack tragen und Gewichte heben. Und erst am Nachmittag konntest du in einem Spielchen mal zeigen, was du überhaupt kannst.

Ich dachte: Nein, da musst du nicht hin. Aber ich hatte offensichtlich einen guten Eindruck hinterlassen. Denn nach diesem Camp machte Ottawa mir ein Angebot. In meinem Fall waren es zwei in einem, ein sogenannter *Two-way-contract*, ein Zwei-Wege-Vertrag: Einer für den Fall, dass ich in der National Hockey League spiele, für die Senators und gegen all die legendären Klubs: Montreal, Toronto, Edmonton, die New York Rangers. Der andere für die American Hockey League, die AHL, die Farmteamliga, in der die Vereins Namen tragen, die bei uns kaum einer kennt: Baltimore Bandits, Albany River Rats, Hershey Bears oder Springfield Falcons.

Das NHL-Gehalt bekommt man nur, wenn man auch in der NHL spielt. Das AHL-Gehalt gibt es, wenn es – vorerst – nur für die AHL reicht. Als ich die Zahlen las, dachte ich mir: Das ist verdammt wenig, das wird eng, wenn ich drüben vom AHL-Gehalt leben muss. Das war brutto, Auto und Wohnung musste man selbst zahlen. Das ging nur, wenn man den *Signing Bonus,* die Prämie für die Vertragsunterschrift bei den Ottawa Senators, auf drei Jahre umschlagen würde. Sonst wäre es für mich fast ein Draufzahlgeschäft gewesen.

Zum Schritt nach Kanada war ich erst ein Jahr später entschlossen. Ich war von Mannheim nach Kaufbeuren gewechselt und bekam mit, dass öfter Scouts aus Kanada da waren, um mich zu beobachten. In Deutschland zeichneten sich die Auswirkungen des Bosman-Urteils ab. Die Klubs in der Deutschen Eishockey-Liga verpflichteten ausländische Spieler ohne Ende, es gab keine Beschränkungen mehr. Der Stellenwert des deutschen Spielers ging gegen null. Ich war 21, Jungnationalspieler und wollte mich entwickeln. Da wurde mir klar: Okay, ich gehe!

Den Drang, NHL-Spieler zu werden, wie ihn heute fast alle Jungs in Deutschland verspüren, hatte es bei mir nicht gegeben. Die drastische Veränderung der Situation in Deutschland war der Antrieb für meinen Wechsel. Ich überlegte ganz kühl: Durchbeißen müsste ich mich auch in der DEL, dann versuche ich es doch gleich in der NHL. Beides war zu dem Zeitpunkt gleichermaßen unmöglich. Mein Motto lautete: Dann dort durchsetzen, wo es sich mehr lohnt, wenn du es schaffst. Also unterschrieb ich 1997 bei den Ottawa Senators.

Ich hatte mit Bundestrainer George Kingston über meine Perspektiven gesprochen. Darüber, ob ich wirklich eine Chance auf die NHL haben würde oder – ohne, dass das in dieser Deutlichkeit besprochen wird – für die AHL vorgesehen wäre. Kingston riet mir: „Mach dir darüber gar keine Gedanken. Geh ins Camp und zeige, wie gut du bist." Er war immer einer, der bei allem unheimlich positiv blieb. Die Presse, soweit ich das mitbekam, hat ihm diese Haltung immer vorgeworfen. Doch ich denke, in dieser Situation, in der sich das deutsche Eishockey in Zeiten des Zuflusses der EU-Ausländer befand, war das die einzige mögliche Einstellung, sogar der perfekte Umgang. Nur so konnten die deutschen Nationalspieler noch den Glauben an sich selbst behalten. Jeder andere hatte ihn zerstört.

„Denke Tag für Tag", sagte Kingston zu mir, „bestreite das Camp, und wohin du danach hingehst, das wird sich zeigen." Dieses eigentlich dumme „Tag für Tag", welches gerne in Interviews gesagt wird wie das „Von Spiel zu Spiel denken" habe ich damals zum ersten Mal gehört und im Camp tatsächlich gelebt.

Ich hatte ja schon die ersten Kontakte aus dem vorherigen Sommer. Wade Redden und Alexandre Daigle, die jungen Stars des Teams. Die anderen Neuen staunten, warum ich zu denen einen so guten Zugang hatte. Ich, der komische Deutsche. Einige im Camp wussten gar nicht, wo Deutschland liegt. Ich hatte mich auch gut vorbereitet und war in Deutschland schon einen Monat zuvor auf dem Eis gewesen, um in Kanada nicht gleich abzustürzen. Deshalb hatte ich im Camp kein Problem mit dem Tempo, das beim Eistraining vorgegeben wurde. Und alle meine Kraftwerte waren gut.

Ottawa hatte in seinem Staff einen Rothaarigen, zunächst konnte ich ihn gar nicht einordnen und wusste nicht, wofür genau der zuständig war. Wir hatten Off-Ice-Training, ich saß auf dem Fahrradergometer, er nahm das Rad neben mir. Ich dachte noch: Lustig, hier fahren auch die Betreuer Rad.

Wir radelten schweigend. Nach zehn Minuten sprach er mich an: „Hey, Rick, ich habe dich auf dem Eis gesehen." Er stellte sich vor: Er war der Mentaltrainer bei den Senators. Mentaltrainer? Was zum Teufel ist das, dachte ich. Das war meilenweit weg von mir. Er sagte: „Schau mal, Rick: Ich fahre die gleiche Wattzahl wie du, habe Puls 150, und wenn ich die Augen zumache, bringe ich ihn auf 140 oder sogar 135 runter." Ich wollte das nicht glauben: „Wenn du länger die gleiche Wattzahl fährst, wird dein Puls nach oben gehen." Doch er präsentierte es mir: Binnen 30 Sekunden brachte er seinen Puls um zehn Schläge nach unten.

Erst dachte ich, man spielt mir, dem dummen Deutschen, einen Streich. Da verarscht mich doch einer von den Spielern, da steht sicher einer mit seinem Pulsgurt in der Nähe, macht gar nichts, und seine Daten werden auf die Anzeige beim Rothaarigen übertragen. Aber der hatte den Pulsgurt um. „Wie machst du das?", wollte ich wissen.

Er erklärte es: „Ich gehe komplett in mich, fahre alles runter, versorge nur die Beine mit Energie." Es hörte sich *spooky* an, doch er forderte mich auf, es ebenfalls zu versuchen. Das klappte bei mir zwar nicht, aber ich verstand, was er meinte: Dass du mit dem Kopf arbeiten musst und dich beruhigen kannst, auch wenn du arbeitest. Dein Kopf hat die Kontrolle über deinen Körper. Das war es, was er mir sagen wollte. Er meinte: „Du kannst weit kommen in diesem Camp."

Doch wie sollte das gehen? Ottawa hatte sieben Verteidiger mit festen NHL-Verträgen, sie würden nicht mal einen achten Mann behalten, und wir waren zu diesem Zeitpunkt 14 Kollegen. Der Mentaltrainer meinte: „Du hast eine gute Einstellung. Und sie mögen dich hier. Gehe von Tag zu Tag. Denke nicht an die sieben Verteidiger mit dem *One-way-contract*. Das wissen die selber, dass das ein Problem ist, dass sie dadurch zu viel Geld ausgeben. Sie werden einen der Verteidiger traden, also wegtransferieren. Ob das jetzt ist, in zehn Spieltagen oder erst in einem Jahr, das weiß keiner. Aber zerbrich dir jetzt darüber nicht den Kopf, sonst wirst du nicht hinkommen." Ich verstand das nun mit diesem Tag für Tag: Versuche heute, der Beste zu sein, was morgen sein wird, kann dir keiner sagen.

So habe ich mein erstes offizielles Vorbereitungsspiel mit den Ottawa Senators gemacht. In der „Pre-Season" spielen die NHL-Klubs schon gegeneinander, nur nicht um Punkte. Es kam das zweite Spiel, ich war immer noch dabei. Fünf Tage vor Saisonbeginn waren wir noch neun Verteidiger im Kader. Ich hörte, sie würden mit acht Abwehrspielern anfangen, um eben einen in Reserve zu haben, falls sie einen weggeben. Ich war nur eine Position von der NHL entfernt.

Doch dann: Es war Nacht. Ich konnte ab 3 Uhr nicht mehr schlafen. In meinem Mund pochte etwas, in meinem Kiefer, es tat weh. Zahnschmerzen. Bis ich 18 war, hatte ich nicht einmal einen Zahn plombiert bekommen, erst kurz vor meiner Abreise nach Nordamerika hatte ich eine Geschichte mit einem Backenzahn.

Um 6 Uhr morgens ging ich zur Apotheke und fragte nach einem Schmerzmittel. Ich bekam eines, aber es half nicht. Ich ging trotzdem zum Training. Hinterher sprach mich einer der Trainer an: „Was ich mit dir los, Rick?" Ich erzählte von meinen Zahnschmerzen. Der Coach nickte: „Du hast furchtbar trainiert." Abends wäre das letzte Vorbereitungsspiel gewesen. Der Trainer sagte: „Du gehst zum Zahnarzt und wirst heute Abend aussetzen."

Der Zahnarzt schnitt auf, wo es mich schmerzte, es war Eiter drin ohne Ende. Es war die ganze Zeit wohl schon eine heftige Infektion dagewesen, die ich in meinem Irrsinn gar nicht wahrgenommen hatte. Die Wunde blieb offen, ich durfte die nächsten zwei Tage nicht trainieren und musste Tylenol 3 nehmen, ein opiathaltiges Medikament, das drüben in Amerika ziemlich viele Leute abhängig gemacht hat. Von den Nebenwirkungen wusste ich nichts. Ich warf das Zeug aus der Riesenpackung, die man mir gegeben hatte, ein und war die ganze Zeit wie benebelt.

Man sagte mir: „Pack deine Tasche, geh für ein paar Tage runter in die AHL, bis du wieder fit wirst. Es kann ganz schnell passieren, dass du wieder hoch zu uns kommst. Hier ist dein Flugticket, wir sehen uns." Das war mein Abschied aus Ottawa.

Ich war gar nicht enttäuscht. Gut, ich war auch benebelt. Ich dachte, okay, ich gehe für ein paar Tage zu einem kleineren Team, den Worcester Ice Cats, kuriere mich aus und komme dann wieder hoch. Ich haute mir weiter Tylenol 3 rein, schlief zwei Tage nahezu durch, bis sich der Trainer meldete und fragte: „Willst du überhaupt mal zum Training kommen?" Ich erklärte: „Ich habe Probleme mit meinem Zahn." Er: „Ist mir egal, was du hast. Du bewegst deinen Arsch sofort in die Halle." Ich warf vorsorglich noch eine weitere Pille ein. Der Trainer war wenig begeistert von meiner schläfrigen Performance: „Mir hat man gesagt, da käme einer, der wäre super." Ich sagte: „Ach, ich bleibe doch eh nur ein paar Tage." Das war es nicht, was er hören wollte. Das war natürlich alles andere als der perfekte Start.

Die Saison in der American Hockey League fing an. Ich spielte nicht. Die Lage war schwierig. Ottawa hatte damals kein eigenes Farmteam, es verteilte seine Spieler überall in der AHL oder der International Hockey League (IHL), einer seinerzeit parallel existierenden weiteren Minor League. Der Trainer in Worcester, welches das Farmteam von St. Louis war und 17 Spieler von den Blues hatte, wusste nichts über mich und darüber, dass ich bis zur Sache mit dem entzündeten Zahn in Ottawa einen guten Eindruck hinterlassen hatte.

Die Ottawa Senators hatten in der Zwischenzeit tatsächlich den Verteidiger-Trade gemacht, die Stelle für mich wäre frei gewesen.

Doch weil ich in der AHL nicht spielte, kam ich natürlich nicht mehr in Frage. Obwohl ich das vielleicht beste Trainingscamp meines Lebens gemacht hatte, obwohl nur ein paar Tage fehlten und ich für die Sache mit dem Zahn doch nichts konnte. So nah dran an der NHL wie in den ersten Wochen war ich danach und für lange nicht mehr.

In meinem ersten Jahr ging es also darum, in ein AHL-Team reinzukommen, das vor allem ein Interesse hatte, die Spieler aus St. Louis zu entwickeln. Ich musste für ein paar Spiele sogar noch eine Klasse tiefer gehen. In die East Coast Hockey League, zu einem Team namens Dayton Bombers. Aber wenigstens konnte ich an den Olympischen Spielen 1998 in Nagano teilnehmen und am Ende der Saison die Weltmeisterschaft in der Schweiz spielen. Das war mir wichtiger als die AHL.

Auch im zweiten Jahr war ich weit weg von der NHL, komplett aus dem Fokus geraten. Ottawa hatte weiter kein eigenes Farmteam. Die Tür war 1997 offen gewesen, ich hätte nur noch einzutreten brauchen. Doch ein Jahr später stand ich nicht mal mehr vor der Tür. Aus dem Camp war ich schnell wieder draußen. Ich wurde hin- und hergeschoben: Hershey Bears (AHL), Cincinnati Cyclones (IHL), Cincinnati Mighty Ducks (AHL). Nach dieser zweiten Saison stellte ich mir selbst die Frage: Willst du überhaupt noch einmal rüberkommen, ergibt das Sinn?

Im Sommer daheim in Deutschland überlegte ich: Sollen die zwei Jahre und die Umzüge umsonst gewesen sein? Nein. Ich setzte mir ein Ziel. Ich schrieb es mir auf, ich schloss einen Vertrag mit mir selbst: Ich, Rick Goldmann, werde ein NHL-Spiel bestreiten.

Im Nachhinein habe ich mich geärgert: Ich hätte mehr hinschreiben sollen als nur „ein NHL-Spiel".

Ottawa hatte nun ein Farmteam, die Grand Rapids Griffins in der AHL. Trainer in Grand Rapids war Guy Charron, ein ehemaliger NHL-Spieler, der auch schon Trainer beim EV Landshut gewesen war und wusste, dass das deutsche Eishockey gar nicht so übel ist. Bei ihm bestritt ich das Camp und hatte in ihm auch einen direkten Ansprechpartner für die NHL. Es war alles fair geregelt. Wer in der AHL gut spielte und auf den größten Anteil an Eiszeit kam, der hatte auch die Chance, den Call-up in die NHL zu erhalten.

Im Oktober 1999 erhielt ich den ersten Call-up von Ottawa, spielte aber nicht. Einerseits schade, doch finanziell war es angenehm. Obwohl die Saison länger dauert, ist sie in 180 Zahltage strukturiert. Für jeden Tag, den man oben zubringt, bekommt man ein Hundertachtzigstel des NHL-Jahressalärs. Die Senators waren großzügig, ich durfte ohne Spiel drei Tage bleiben, und an einem Golfturnier teilnehmen, erst dann wurde ich zurückgeschickt. Die Auszahlung übrigens erfolgte alle zwei Wochen. Per Scheck, der einem vom Klub zugesandt wurde. Überhaupt hat man vieles mit Scheck bezahlt, auch die Miete. Von *wire transfer* hatten die Amerikaner und Kanadier damals noch nicht viel gehört. Die waren in dieser Hinsicht 20 Jahre zurück.

Im November folgte dann der nächste Call-up. Ich sollte Sachen für eine etwas längere Zeit mit nach Ottawa nehmen. Einer der Verteidiger hatte sich schwerer verletzt, der Klub überlegte, ob er einen Trade machen oder ich oben bleiben würde. Ich fragte begierig: „Was bedeutet länger?" Normal geht man in der NHL mit solchen Informationen sparsam um, doch diesmal hieß es: „Wir schauen dich länger an. Geh von drei bis fünf Spielen aus. Du musst nicht gleich zurück."

Ich packte. Die Chance war da. Ich kam in Ottawa an, wurde am Flughafen abgeholt, ins Suite Hotel gebracht und wollte mich gerade hinlegen, da rief der Betreuer an: „Goldi, wo sind deine Schläger?" Ich hatte sie am Flughafen liegen gelassen. Zum Glück ist Ottawa eine Eishockeystadt: Die Polizei brachte sie ins Stadion.

Die Materialfrage war erledigt. Ich fragte den Betreuer: Wo treffen wir uns zum Spiel? „Direkt an der Halle. Komm im Anzug."

Verdammt, stimmt, in der NHL muss man im Anzug zum Spiel. Aber den hatte ich auch vergessen. Ich ging zur Mall und kleidete mich im Hugo-Boss-Laden ein: Anzug, dunkelblaues Hemd, Krawatte mit blauen Streifen.

In der Halle zog ich mich um, ging mit den anderen raus zum Warm-up. Und was vergaß ich: den Schläger. Noch einmal. In der Kabine. Ich stand vor der Eisfläche. Ohne Schläger. Mein wichtigstes Handwerkszeug. Da stellte ich zum ersten Mal fest: Hey Alter, du musst ganz schön nervös sein!

Vielleicht lag es auch am Datum: Es war der 11.11.1999. Karnevalsauftakt.

Es ging gegen die Nashville Predators. Ich kam gut rein ins Spiel, hatte 14 Wechsel und 9:44 Minuten Eiszeit, das war in Ordnung für einen sechsten Verteidiger und das erste Spiel. Neun Minuten vor Schluss dann diese Situation: Ein Icing, ich fuhr Richtung Bande, um die Scheibe zu berühren, bremste etwas ab, um ausgleiten zu lassen, einen Bogen zu fahren und den Puck sicher annehmen zu können. Das sah ein bisschen nach Laissez-faire aus. Der Spieler von Nashville hinter mir meinte, ich würde langsamer, er wollte mir mit dem Stock zwischen den Beinen hindurchstechen, um doch noch vor mir an die Scheibe zu kommen. Das geschah in dem Moment, als ich meinen Bogen einleitete. Mit dem Stock haute er mir die Schlittschuhe weg, das war einen Meter vor der Bande, full speed. Ich riss noch die Beine hoch, rummste in die Bande und riss mir alle Bänder im Fußgelenk ab. Das war mein erstes und letztes Spiel in der NHL. Ich wurde am nächsten Tag nach Montreal zur MRT-Untersuchung nach Quebec geflogen, eine andere kanadische Provinz. Ottawa gehört zu Ontario, und dort gab es eine gesetzliche Regelung, dass Profisportler bei der medizinischen Behandlung nicht bevorzugt werden sollten. Bei der Untersuchung in Montreal bestätigte sich die Diagnose. Operiert werden musste nicht, das Bein wurde geschient, ich bekam Krücken.

Saublöd, eine echte Enttäuschung. Und mir war klar: Das war's, eine solche Chance kommt nicht wieder. Es tat weh: So gleichgültig ich ins erste Amerika-Jahr gegangen war, so versessen war ich vor dem dritten Jahr darauf, in der NHL zu spielen, weil ich nicht scheitern wollte. Ein Spiel in der NHL habe ich erreicht. Auch wenn ich nah dran war an mehr, muss ich klar sagen: Wenn man in drei Jahren letztlich nur zu einem Spiel kommt, war man insgesamt eben auch nicht gut genug für mehr.

Wenigstens bekam ich für die fünf Wochen, in denen ich nicht spielen konnte und auf der *Injured reserve*-Liste stand, das NHL-Gehalt. 37 Tage insgesamt. Man bot mir auch noch an, die Reha in Ottawa zu machen. Doch ich war allein in der Stadt, im Hotel, und mit meinem eingeschienten Fuß unbeweglich, darum ging ich lieber nach Grand Rapids. Weil ich aber eineinhalb Monate weg war, hatten die Griffins auch einen neuen Verteidiger für mich geholt.

Es zeichnete sich ab, dass ich keinen neuen Vertrag bekommen würde, für mich war klar, dass ich wieder in Deutschland spielen wollte. Also gab ich Bescheid, dass ich bereit wäre, die Weltmeisterschaft 2000 zu spielen.

Die drei Jahre Amerika waren vorbei.

Fünf Fragen an Moritz Seider, 2019 Nummer sechs beim NHL-Draft

Hast Du es mitbekommen, wenn bei Deinen Spielen mit Mannheim NHL-Scouts anwesend waren – und wie gehst Du damit um?
Das war eigentlich ganz leicht, wenn man mit so viel Qualität auf dem Eis steht. Es zählt nur der Wechsel und das Spiel, den Rest kann ich immer ganz gut ausblenden. Meine Position in den Draft-Rankings habe ich nicht wirklich verfolgt. Es war nur wichtig, in der ersten Runde gezogen zu werden.

Wie ging der Tag des Drafts vor sich?
Um 7.30 Uhr gab es ein gemeinsames Frühstück mit allen *Prospects* und deren Eltern, eine sehr angenehme Veranstaltung. Danach ging es zum Essen mit meiner Agentur und anschließend noch mal kurz aufs Zimmer, frisch machen und dann in die Arena. Voller Vorfreude und Aufregung sitzt man auf seinem Platz und wartet, bis sein Name aufgerufen wird. Danach läuft man läuft zwei Stunden von Interview zu Interview und Fotostation zu Fotostation.

Du hast mit 29 NHL-Klubs gesprochen vor dem Draft. Worum geht es in den Gesprächen? War für Dich absehbar, wer Dich auswählen würde?
Absehbar war überhaupt nichts, es geht für den Klub einfach darum, ein Gespür für den Spieler zu bekommen. Man erzählt voneinander und lernt sich kennen.

Spielt es eine Rolle, welche Lebensqualität die Stadt Deines künftigen Arbeitgebers in Nordamerika bietet?
Ich denke, es wird überall schöne Ecken geben, auch in Detroit. Aber vor allem soll es um Eishockey gehen.

Hast Du Dich nach der Wahl durch die Detroit Red Wings in die Klubgeschichte eingelesen, sodass Du die Vereinslegenden und die größten Erfolge benennen könntest?
Ja, ich glaube, jeder Eishockeyspieler kennt die Geschichte des Klubs und seine Legenden. Einen Klub mit mehr Tradition gibt es wohl nicht.

WIE MAN MIT STATISTIK UMGEHT

Gespräche über Eishockey und Eishockeyspieler kommen selten ohne Zahlen aus. Ist Eishockey Mathematik? Man kann das nicht abstreiten: Statistik hat auch in Deutschland immer größere Ausmaße angenommen und mehr Einfluss bekommen.

Die Eishockeycracks selbst spielen das Thema herunter, denn grundsätzlich gilt, dass man nicht für die persönlichen Scorerpunkte spielt, sondern das Team über allem steht. Das klingt sehr idealistisch, und geglaubt habe ich das lange auch, aber Tatsache ist nun mal, dass Verträge auch eine Auszahlung nach Punkten vorsehen. Eishockeyspieler achten also schon auf das Zahlenwerk, das hinter ihrem Namen entsteht.

Statistik ist ein Kriterium bei der Verpflichtung von Spielern. Nicht mehr so sehr wie vor 30 Jahren, als es noch kein Internet gab und selten aussagekräftige Videos von Spielern verfügbar waren. Doch bevor heute ein Spieler geholt wird, sichert man die Eindrücke, die man von ihm bei ein, zwei Livebeobachtungen gewonnen hat, über statistische Werte ab. Vor allem bei Importspielern ist das so, wenn sie aus Nordamerika neu in die Liga kommen.

Bei Toren gibt es nichts zu tricksen. Die sind selbst erzielt, die kann ein Spieler sich nicht einfach eintragen lassen. Ein Tor ist verbürgt und werthaltiger als ein Assist, den man in früheren Zeiten auch bekommen hat, wenn man den Schiedsrichter glauben machen konnte, man habe eine der Vorlagen zum Treffer der Kollegen gegeben. Da gibt es Spezialisten, die sich ihre Karrieren regelrecht erschwindelt haben. Die beim Torerfolg des Teams aufs Eis stürmten und dem Schiedsrichter ihre Rückennummer entgegenhielten. Als Mitspieler dachte man da oft: Wo hat der Typ nur seine Punkte her? Wenn man sich pro Saison sieben bis neun Assistpunkte ergaunert, steht man in der Statistik schon ein gutes

Stück weiter vorne. Bei Weltmeisterschaften und in der NHL wird alles noch einmal per Video überprüft, im Ligabetrieb normalerweise nicht.

Schon lange geführt wird auch die eishockeyspezifische Plus-Minus-Bilanz. Ein Plus bekommt man, wenn man bei einem Tor seiner Mannschaft auf dem Eis steht, ein Minus, wenn es bei einem Gegentreffer passiert – und zwar jeweils bei numerischer Gleichheit der Teams auf dem Eis, bei fünf gegen fünf, vier gegen vier, drei gegen drei. Es wird ein Minus fällig, wenn man bei eigener Überzahl ein Gegentor hinnehmen muss. Oder im umgekehrten Fall ein Plus: Wenn man einer oder zwei weniger ist, aber zu einem Tor kommt. *Shorthanded goal* heißt das.

Man kann bei der Plus-Minus-Statistik Pech haben, es ist durchaus möglich, dass man sich ein Minus einfängt, ohne mit einem Gegentor groß was zu tun zu haben. Wenn man gerade im Wechselvorgang ist und von den Statistikern als bereits am Spiel teilnehmend gewertet wird. Oder wenn man in einer schlechten Mannschaft gefangen ist. Es kam schon vor, dass Spieler sich mit einem Vereinswechsel von minus 20 auf plus 20 verbessert haben, ohne dass ihre individuelle Leistung eine gravierend andere gewesen wäre.

Trotzdem hat der Plus-Minus-Wert Aussagekraft. Er gibt eine Idee davon, wie ein Spieler eingestellt ist. Hat einer 60 Scorerpunkte, aber minus 35, dann ist klar, dass man ihn bei der Defensivarbeit nicht oft antreffen wird. Der hängt vorne am liebsten zwischen roter Linie und gegnerischem Torwart rum und kennt im Zweifel nicht mal den Namen des eigenen Goalies. Drüben in Nordamerika wird die Plus-Minus-Bilanz hoch bewertet. Man glaubt, mit ihr ein kompletteres Bild von einem Spieler und seinem Charakter zu bekommen.

Ein statistischer Urwert sind die Strafzeiten. Früher sagten sie tatsächlich viel über die Härte aus, inzwischen hat sich das relativiert. Eine Spieldauerdisziplinarstrafe bringt auf einen Schlag

25 Minuten auf die Uhr, da rauscht man schnell hoch im Ranking der schlimmen Jungs, hat vielleicht aber nur zwei ungeschickte Checks von hinten angebracht, die rigoros geahndet wurden.

Man muss die Strafzeiten bei einem Spieler über den gesamten Karriereweg verfolgen, dann kann man sehen: Ist er der Typ, der mehr über den Kampf und die Härte kommt, der keine Angst hat? Ist die Zahl ungerade, weiß man auch, dass er fighten kann, weil er eine große Strafe über fünf Minuten bekommen hat. In Nordamerika waren sehr viele Spieler darauf bedacht, dass die Hauptrunde mit einer ungeraden Zahl zu Ende geht, damit sie einem interessierten Klub zeigen konnten, dass sie sich für ihn auch schlagen würden. Bei manchen war es so, dass sie sich nur einmal in der Saison auf einen Faustkampf einließen, dann aber gegen Ende, um die ungerade Zahl zu erhalten.

Auch für Defensivarbeit gibt es Zahlen. Zu den Hits, die man setzt, den Schüssen, die man blockt. Wenn ein Trainer einen Spieler mit hohem defensivem Verantwortungsbewusstsein sucht, den er immer bringen kann, weil er selbstlosen Einsatz garantiert, findet er ihn mit Hilfe dieser Daten. Die Mannschaften haben sie lange Zeit selbst erfasst. Früher saß der Ersatztorwart mit dem Klemmbrett da, auf dem er notierte, was dem Trainer wichtig war. Oder der Manager führte Buch.

Inzwischen geht das über Systeme. Eines der gängigen, üblich in der NHL und in Deutschland etwa in Mannheim im Einsatz, arbeitet mit drei Kameras, die auf das Spielfeld geeicht werden, die Spieler anhand ihrer Trikot- und Ärmelnummern identifizieren und ihre Aktionen live berechnen. Im Kommen ist auch die Erfindung eines Münchner Start-up-Unternehmens, das den Spielern einen nur 14 Gramm schweren Chip in den Brustschutz einsetzt. Der Chip sendet permanent Funksignale an in der Halle angebrachte Empfangssatelliten.

Welche Geschwindigkeit erreichen Spieler auf dem Eis? Wie lange halten sie die Scheibe? Wie hart schießen sie die Scheibe?

Wie gut ist der Antritt eines Spielers? Diese Statistiken werden nicht öffentlich, die Teams verfügen aber über sie.

Veröffentlicht werden die *Time on Ice*-Statistiken. Die DEL stellt sie seit der Saison 2018/19 zur Verfügung. Interessanter Lesestoff in der Nachbetrachtung eines Spiels. Man erkennt die Rollen, die die Spieler einnehmen. Kommen sie in Über- und Unterzahl zum Einsatz, dürfen sie 20- bis 25-mal aufs Eis oder haben sie nur ein paar *Shifts?* In einer Mannschaft mit 19 Feldspielern gibt es den Topverteidiger, der an die 25 Minuten auf dem Eis steht, und den jungen Viertreihen-Stürmer, bei dem es in der Endabrechnung vier, fünf Minuten sind. Wenn von einem Spieler keine Aktionen in Erinnerung bleiben, dann womöglich, weil er dazu viel zu wenig Gelegenheit hatte. Der Blick in die Statistik hilft bei der gerechteren Beurteilung von Einzelleistungen. *Time on Ice*, in der NHL seit Jahrzehnten erfasst, ist auch in Europa zu einer Schlüsselstatistik geworden.

Ebenfalls relevant ist die Anzahl der Schüsse, die ein Spieler abgibt. Daraus lassen sich Rückschlüsse ziehen: Neigt er dazu, selbst abzuschließen? Oder ist er eher einer, der die Möglichkeit des Passes zum Nebenmann sucht? Zu viele Spieler der uneigennützigen Sorte bringen dir als Manager auch nichts. Der geradlinigere Spieler ist vielleicht auch egoistischer. Man muss eben die Mischung finden. Die Entscheidungsgrundlagen sind: Was man hört über einen Spieler, was man von ihm sieht, der Charakter, den man bei ihm eruiert, und die Statistik.

In der NHL ist der Statistikfaktor noch viel ausgeprägter als bei uns. Marco Sturm, unser ehemaliger Bundestrainer und Olympia-Silberschmied, der nun als Co-Trainer bei den Los Angeles Kings in der NHL arbeitet, zeigte mir die Scouting Reports, die er vor jeder Partie bekommt. Zig Seiten, die er für den Cheftrainer auf ein bis zwei komprimieren muss, und der entscheidet, was er als relevante Information erachtet und in die Spielvorbereitung einbaut.

Überraschend oft in der NHL ist das Thema der *streak,* die Serie. Sie sagen drüben auch *trending.* Über die letzten fünf oder zehn Spieltage. Wenn ein Spieler beständig scort, hat er Schwung, ist heiß. Das ist das Wichtigste, was ein Team wissen muss: Da kommt einer auf uns zu, der in den vergangenen 10 Spielen 18 Punkte gemacht hat, darum ist die Wahrscheinlichkeit groß, dass er auch gegen uns erfolgreich sein wird.

Man kann bei den *streaks* noch weitergehen. Trifft ein Team dauerhaft in Überzahl? Ist dem so, besorgt man sich die Videoaufzeichnung und stellt vielleicht fest, dass dieses Team immer mit dem gleichen Spielzug zum Erfolg kommt. Dann kann der Trainer überlegen: Wie verteidige ich dagegen, muss ich meine Spieler anders positionieren, damit sie letztlich die Schussbahn des Gegners blockieren?

Bei meiner Arbeit fürs Fernsehen achte ich auch sehr darauf. Ich will den Zuschauer so auf das Spiel vorbereiten, wie ich zu meiner Spielerzeit eingestellt wurde – nur verständlicher, weniger komplex.

Ergänzende Statistiken sind Powerplay-Tore und -Punkte eines Spielers oder seine *game winning goals.* Hat er auch entscheidende Tore beigetragen, die den Unterschied zugunsten seiner Mannschaft ausmachten, oder erzielte er nur Treffer, auf die es in der Endabrechnung nicht ankam?

Bei der Bewertung von Mittelstürmern kommt die Bullystatistik ins Spiel. Sie besagt: Einen wie hohen prozentualen Anteil seiner Anspiele gewinnt der Center? Er sichert damit seiner Mannschaft erst einmal die Scheibe und eröffnet in der Offensive die Möglichkeit, den Gegner unter Druck zu setzen. Der Bullygewinn in der Defensive ist die Grundlage, um Gefahr fürs eigene Tor abzuwenden. Jedes Team sollte mindestens einen Spezialisten haben, den es in besonders heiklen Phasen aufs Eis schicken kann. Beispiel: Es sind nur noch ein paar Sekunden zu spielen, der Gegner hat seinen Torwart herausgenommen, es ist Bully vor deinem

Kasten. Wie froh ist da der Trainer, wenn er einen Stürmer hat, der sich mit über 60-prozentiger Wahrscheinlichkeit den Puck auf seine Seite holt!

Beim Torhüter werden Fangquote und Gegentorschnitt errechnet. Auch das wird durch das Spiel der Vorderleute beeinflusst. Kann sein, dass die bewusst viele Schüsse gestatten, die jedoch von den Außenpositionen und der blauen Linie kommen – dann sollte der Torwart eine gute Fangstatistik haben. Er könnte jedoch auch eine schlechte haben, wenn er schwache Verteidiger hat, die für ihre Gegenspieler eine aussichtsreiche Position vor dem Tor, im *Slot,* freilassen.

Ein Richtwert für die Fangquote: Wenn der Goalie über 91,5 Prozent der Schüsse hält oder abwehrt, ist das gut, über 92 Prozent sind eine Spitzenstatistik in der DEL. Bei Turnieren wie der WM gehen diese Werte noch einmal deutlich nach oben, wenn in kürzester Zeit die Topteams heiß laufen. Da kann ein Torwart auf über 94 Prozent kommen.

Gearbeitet wird im Eishockey auch mit den Statistiken der *special teams,* also dem Spiel in Über- und Unterzahl. Früher hielt man eine Unterzahleffektivität von 80 Prozent für zufriedenstellend, heute orientiert man sich in Richtung 85, gar 90 Prozent. In den Play-offs und bei den Spitzenmannschaften geht es dorthin.

Beim Powerplay ist alles über 20 Prozent gut, die besten Mannschaften kommen meist nicht dauerhaft, aber in ihren besten Phasen der Saison an die 30 Prozent heran. Aus fast jedem dritten Überzahlspiel entsteht also ein Tor für sie.

Die Werte für Unter- und Überzahlspiel addiert man. Eine einfache Rechnung. Wer in ihr bei über 100 Prozent steht, macht seinen Job bei den *special teams,* die über den Ausgang vieler Partien entscheiden, gut. Man kann auch die Tore, die man im Powerplay erzielt hat, denen gegenüberstellen, die man im *Penalty Killing,* dem Unterzahlspiel gefressen hat. Erreicht eine Mannschaft in einer DEL-Hauptrunde dabei ein Plus von mehr als 20, ist offensichtlich, dass im Spiel der *special teams* eine wesentliche Stärke liegt. Setzt man als Gegner dort an und nimmt dieser Mannschaft diese Stärke, bleibt nicht viel.

Der Elfmeter des Eishockeys ist der Penalty. Der berühmteste Spezialist der jüngeren Geschichte ist der US-Amerikaner T. J. Oshie. Bei den Olympischen Spielen 2014 in Sotschi schoss er die USA zum wegweisenden Sieg gegen Gastgeber Russland, eine Sensation. Ich habe das kommentiert, weil Sport1 von den Öffentlich-Rechtlichen eine Sublizenz für die Eishockeyübertragungen gekauft hatte. Die Regeln gaben es damals her, dass ein Spieler wiederholt zum Penalty antreten durfte. Oshie verwandelte vier seiner sechs Schüsse. Um seine Gefährlichkeit bei diesen Anlässen hätten die Russen wissen müssen. In der NHL hatte er zu diesem Zeitpunkt 25 von 46 Penaltys verwandelt, das sind 54,3 Prozent.

Beim Fußball ist klar der Schütze im Vorteil, im Eishockey ist es der Torhüter. Ich habe mich dazu in nordamerikanische Fachliteratur vertieft, dabei bin ich überrascht worden. Von 1935 bis 2015 wurden in der NHL in der *regular season* 1601 Penaltys geschossen, 530 wurden verwandelt, das sind 33 Prozent. Jeder dritte. Mehr als man denkt. Im Fußball sitzen vier von fünf Elfmetern, was allerdings den Erfolgsdruck erhöht. Ein Fußballer, der mit einem Strafstoß gescheitert ist, wird beim nächsten Mal womöglich nicht mehr nominiert. Im Eishockey, wo für ein Penaltyschießen grundsätzlich drei Spieler in der Liga und international fünf gebraucht werden, spielt gelegentliches Scheitern keine so große Rolle.

Eine häufige Spielsituation ist, dass das zurückliegende Team in den letzten Minuten, um noch heranzukommen, den Torwart vom Eis nimmt und einen zusätzlichen Feldspieler einsetzt. Sagt uns die Statistik, wie die Erfolgsaussichten dabei sind? Es gibt eine nordamerikanische Statistik, für die vier Spielzeiten ausgewertet wurden. Erstaunlich ist: Die Szene, dass der Torwart gezogen wurde, kam in 64 Prozent aller Spiele vor. In 34 Prozent dieser Spiele fiel ein Tor. Allerdings nur in 30 Prozent der Fälle durch die Mannschaft, die alles nach vorne geworfen hatte, weil sie noch einen Treffer erzielen musste. Die 70 Prozent dagegen waren *Empty-net-goals,* also erfolgreiche Schüsse des verteidigenden Teams ins verlassene Gehäuse des Angreifers. Fazit: Meistens passiert nichts, wenn der Torhüter runtergenommen wird. Und wenn was passiert, dann das Falsche. Aber wenn es klappt, ist es eine triumphale Geschichte, die ein Spiel wieder spannend macht.

Ein Eishockeyspiel produziert enorme Datenmengen. Und auch sie erzählen Geschichten.

Fünf Fragen an Michael Wolf, langjähriger DEL-Toptorjäger

Kann man Torjäger lernen – oder ist es Talent und Glück?
Ein wenig lernen kann man es, indem man im Training an seinem Schuss arbeitet und Routine in den Schuss bringt. Übung macht den Meister – das würde ich unterschreiben.

Gab es einen Torhüter, gegen den Du ungern gespielt hast?
Nein. Ich habe mir zwar Gedanken gemacht, wer beim Gegner im Tor steht, und habe gelegentlich auch mit Torhütertrainern gesprochen, um mich darauf einzustellen. Geklappt hat es deswegen noch lange nicht immer.

Hand aufs Herz: Tore sind die Währung des Stürmers, nicht wahr?
Das ist immer wichtig, denn als Stürmer wird man letztlich daran gemessen. Aber es ist auch genauso wichtig, im entscheidenden Moment einen Schuss zu blocken, damit man das Spiel gewinnt.

Ist ein Tor in Unterzahl, Deine Spezialität, noch erfüllender als ein normales?
Ach, ich wollte immer Tore schießen, egal wie. Ob es nun ein schönes oder ein dreckiges Tor war, war mir egal.

Dauert die Entwicklung zur Spitzenkraft bei Stürmern länger als bei Verteidigern?
Ich bin der festen Überzeugung, dass man Erfolg hat, wenn die Arbeitseinstellung stimmt und man mehr Ehrgeiz hat als die anderen. Ganz unabhängig von der Position.

WIE EINE MANNSCHAFT GEBAUT WIRD

Auch der Sommer ist Eishockeyzeit. Für die Manager, die ihre Teams für die neue Saison fertigbasteln, und für die Fans, die sich ausmalen, wie ihre Mannschaft wohl auftreten wird. In den Köpfen entstehen neue Sturmformationen und Überzahlblöcke und die Spielzüge, die sie aufs Eis zaubern werden. Der Sommer ist im Eishockey die Zeit der Träume.

Einen Kader so zusammenzustellen, dass aus ihm eine funktionierende Mannschaft entsteht, ist eine Kunst. Man braucht über 20 Spieler mit unterschiedlichen Profilen und Fähigkeiten. Sie müssen ehrgeizig sein und an sich den Anspruch stellen, der Beste im Team zu sein, sich aber gleichzeitig unterordnen und in der Lage sein, ihre Rolle zu finden. Eine Mannschaft ist ein hierarchisches Gebilde. Auch wenn in der Kommunikation versucht wird, keine Wertungen vorzunehmen.

Als ich vor fast 40 Jahren angefangen habe, war es üblich, von der ersten, zweiten, dritten und vierten Reihe zu sprechen. Bis man feststellte, dass sich das nicht so motivierend anhört für die, die nicht in der ersten Reihe spielen dürfen. Deshalb ist es im Kindereishockey üblich, die Reihen nach Farben zu benennen. Das ist neutral und nicht wertend. Im Profi-Eishockey wird eine Reihe intern nach ihrem Mittelstürmer benannt. Oder es heißt „You guys go", und du kriegst einen Klaps auf den Rücken. Auf dem Spielberichtsbogen werden die Reihen als 1., 2., 3., 4. ausgewiesen – doch als Spieler siehst du dieses Dokument nicht. Die Nummerierungen haben oft taktische Gründe und geben nicht zwingend die Stärke der einzelnen Reihen wieder. Für dich als Spieler darf nur zählen, wo du intern stehst.

Eine Mannschaft wird nach Positionen zusammengestellt. Kein Klubverantwortlicher wird heutzutage noch so dumm sein, sich für den Sturm zwölf Topscorer zu holen, die alle einen eigenen Puck bräuchten und Überzahl spielen wollen. Damit würde man sich vor allem Probleme einkaufen.

Du brauchst ein paar Scorer, die bewiesen haben, dass sie einen sehr guten Schuss haben, im Überzahlspiel direkt abziehen können und torgefährlich sind. Gleichzeitig aber auch Leute, die die zweite Überzahlformation füllen können, für die ich als Manager nicht so viel Geld ausgeben muss, von denen ich aber weiß, dass sie gut genug gut sind, um auf die Spieler der ersten Reihe Druck auszuüben. Und so sollte man auch in der dritten Reihe jemanden haben, der in Konkurrenz zu dem aus der zweiten Reihe steht. Im Eishockey, bei uns in Deutschland zumindest, wird man als Spieler selten fürchten müssen, gar nicht zum Einsatz zu kommen, denn aus finanziellen Gründen leisten sich die meisten Klubs nur die Anzahl an Profis, die sie brauchen. Rivalität wird durch den internen Kampf um die Rolle geschürt. In Nordamerika, wo das Angebot an Spielern ein weitaus größeres ist, kann es in den Trainingscamps schon mal zu handfesten Auseinandersetzungen um Kaderplätze und Rollen kommen. Man hat viele Zweikämpfe zu überstehen und geht sich auf den Senkel, da kann es durchaus mal was auf die Nuss geben. Doch wenn eine Mannschaft intakt ist, finden die Verdrängungskämpfe oder Überholvorgänge auf dem Eis statt. Durch Leistung. Dann sind die Spieler auch in der Lage, zu reflektieren und anzuerkennen, dass ein Konkurrent dem Team vielleicht mehr zu geben hat als man selbst.

Konkurrenzkampf stört nicht zwingend das Mannschaftsgefüge, wenn die Verantwortlichen bei der Zusammenstellung auf den Charakter der Spieler achten und keine Egoisten verpflichten. Um Fehler bei den Transfers zu vermeiden, muss man sich auskennen in der Branche. Es hilft einem Team nichts, wenn es einen Spieler hat, der 60 Scorerpunkte produziert, aber ein Stinkstiefel ist, mit dem keiner was zu tun haben will. Dann verzichtest du besser auf diese Punkte.

Die ersten beiden Reihen sind die offensiven Reihen, in der man die Stars platziert, die auch die Hauptakteure im Überzahlspiel sind. Sie sind meist technisch gut ausgebildet, Torjäger oder klassischer Spielmacher, häufig ist auch der Kapitän einer der auserwählten Spieler. Die dritte Reihe sollte alles können: Checks fahren (daher der Begriff *checking line*), aber auch scoren. Oft bekommen diese Spieler die Unterzahl, werden aber auch in Überzahl mal eingesetzt, wenn die mit den etablierteren Akteuren aus erstem und zweitem Sturm nicht so läuft. Die vierte Reihe nannte man früher oft *energy line*, sie wurde rausgeschickt, um Energie zu bringen, Entlastung für die Topreihen zu schaffen. Oft ist sie ein Tummelplatz für junge Spieler. Ich bin kein Freund davon, sie dort aufzufangen, denn mit deutlich weniger Eiszeit kann man ihre Entwicklung nicht vorantreiben. Erst recht nicht, wenn sie technisch hochveranlagt sind, aber rumpeln müssten.

Es ist natürlich die Frage, wie tief man einen Kader besetzen kann. Etatstarke Teams in der Deutschen Eishockey-Liga wie München und Mannheim können sich auch für die vierte Reihe Nationalspieler leisten, diese müssen halt bereit sein, ihre Rolle anzunehmen.

Definiert wird die Hierarchie unter den Reihen durch die Verteilung der Eiszeiten. In der ersten Reihe dürfte man auf 18 bis 21 Minuten pro Partie bekommen, in der vierten auf etwa zwölf, ich habe in der nordamerikanischen Literatur auch schon von lediglich sechs bis elf Minuten gelesen. Die beiden anderen Reihen wären bei 15 bis 18 Minuten *Time on Ice*.

Dass die erste Reihe über den anderen steht, erklärt sich auch dadurch, dass im Eishockey, zunächst in der NHL, dann auch in Europa, der *Powerbreak* eingeführt wurde. Eine Unterbrechung von 90 Sekunden pro Drittel (in der NHL sogar zwei pro Drittel), die für das Einspielen von Werbung genützt werden kann. Die Sache hat freilich auch einen sportlichen Nebeneffekt: Die Pause gibt den Besten die Gelegenheit, durchzuatmen und wieder zu Kräften zu kommen. In der NHL kann man beobachten, dass nach den Powerbreaks immer die Topformation anfängt. Man kann die Paradereihe, die der Zuschauer in der Regel auch am liebsten sieht, also öfter bringen.

Bei den Verteidigern hast du drei Pärchen und unter Umständen noch einen siebten Spieler. Im ersten Pärchen wird der Nummer-eins-Abwehrspieler stehen, dem auch im Überzahlspiel eine tragende Rolle zukommt. Dazu würde ein topfitter, eher defensiv orientierter Typ passen – je nachdem, wie gut dein offensiver Verteidiger in der Defensivarbeit ist. Das erste Pärchen wird normal auf über 20 Minuten Eiszeit kommen, weil der eine definitiv Über- und der andere definitiv Unterzahl spielt. Zwischen dem zweiten und dritten Verteidigerpaar wird bezüglich der Eiszeitverteilung kein großes Gefälle sein.

Um den siebten Verteidiger einzusetzen, gibt es diverse Varianten. Etwa die: Links spielen drei Verteidiger, rechts vier und im nächsten Drittel umgekehrt. Oder – bei jüngeren Spielern handhabt man es öfter so – dass zwei Spieler sich auf einer Position abwechseln. Ebenfalls ein gängiges Modell ist es, die ersten beiden Abwehrpaare unangetastet zu lassen und für das dritte Pärchen eine Rotation unter drei Kandidaten auszurufen. Kommt darauf an, wie der Trainer seine Leute einstuft. Und es kann ja auch ein taktisches Mittel sein, dass er seine vierte Reihe, wenn sie läuferisch auf dem Niveau mit den besten Spielern sind, gegen den Topsturm des Gegners bringt. *Matchen* nennt man das.

Der Erfolg hängt oft daran, wie gut die *special teams* funktionieren, die Formationen, die der Trainer fürs Spiel in numerischer Über- oder Unterlegenheit auswählt. Klappt das Überzahlspiel, klappt es nicht? Diese Frage beschäftigt eine Mannschaft permanent, und eine jede wird da im Laufe einer Saison ihre Aufs und Abs erleben.

Es kommt nicht so sehr auf das System, sondern vor allem auf die Spieler an. Sie wissen grundsätzlich, was sie machen wollen. Oft ohne Variation. Bestes Beispiel dürften die Washington Capitals, der Stanley-Cup-Sieger von 2018, sein. Ihr Superstar ist der Russe Alexander Ovechkin. Er macht im Überzahlspiel nichts anderes, als auf seiner Position auf der Seite zu stehen und auf das Zuspiel zu warten. Manchmal steht er da sogar bis zu 30 Sekunden, stützt sich mit dem Schläger auf den Knien ab, was fast schon überheblich wirkt, und lauert auf die eine Direktschussmöglichkeit. Alle wissen, dass er abzieht, wenn die Scheibe zu ihm rüber geht. Möglich, dass er sie zweimal gar nicht trifft, doch dann nagelt er sie eben beim dritten Mal ins Tor. Die Qualität eines Ausnahmespielers erhebt sich über das System. Der Gegner weiß, was geschehen wird und kann es doch nicht verhindern.

Beim Überzahlspiel geht es darum, dass man das Verteidigungsviereck des Gegners bewegt und aus seiner Position bringt, damit man einen Pass durch die Box spielen und fix zum Abschluss kommen kann. Die Scheibe muss das Spiel schnell machen. Bei Unterzahl versucht man, vereinfacht gesagt, die Scheibe an die Bande zu drängen, von wo der Gegner nicht viele Möglichkeiten hat, sie herauszuspielen. Seine Passoptionen zur Mitte möchte man vermeiden.

Nicht jedes Tor ist wunderschön herausgespielt. Es gibt auch sogenannte „schmutzige" Tore, bei denen der Schuss abgefälscht wurde. Doch sind das keine Zufallsprodukte, sondern die Werke von Spezialisten. Natürlich ist es von Vorteil, wenn du einen in der Mannschaft hast, der das beherrscht.

Abfälschen musst du tatsächlich richtig erlernen. Du brauchst einen guten Stand, denn du wirst vom Verteidiger vor dem Tor bearbeitet. Du brauchst Mut, wenn die Scheibe mit 140 Stundenkilometern angeflogen kommt. Du musst reaktionsschnell sein und den Puck nicht nur irgendwie berühren, sondern ihm eine klare und durchdachte Richtungsänderung geben. Das geht nur, wenn man den Winkel versteht – es ist Geometrie on Ice. Man braucht ein wenig Abstand zum Torwart, man fälscht von oben nach unten oder von unten nach oben ab oder ist so weit weg, dass man die Bahn des Pucks nach links oder rechts verändert.

Weil das Eishockey irgendwann entschieden hat, das Unentschieden abzuschaffen und in jedem Spiel einen Sieger zu finden – in der Hauptrunde der Liga nach einer torlosen fünfminütigen Verlängerung mit Penaltyschießen – tun einem Team auch ein, zwei Spezialisten dafür ganz gut. Sie entwickeln eine spezielle Stärke, wenn sie Zeit und niemandem im Nacken haben. Oder durch ein, zwei *signature moves,* also für sie charakteristische und perfektionierte Bewegungsabläufe.

An Dienstagen im Vereinstraining wird öfter ein Penaltyschießen ausgetragen. Die, die diese Wettbewerbe gewinnen, sind mehrheitlich auch jene, die das auch wirklich beherrschen. Trotzdem werden sie von ihren Trainern nicht so alternativlos eingesetzt wie der Elfmeterschütze im Fußball. Im Eishockey zählt auch: Wer hat an diesem Tag schon ein Tor geschossen? Wer befindet sich gerade in Hochform? Wer kommt mit der Drucksituation eines solchen Duells klar? Es gibt tatsächlich Spieler, die sich, wenn sie während des Spiels bedrängt von den Verteidigern aufs Tor zulaufen, keine großen Gedanken machen – sich aber, wenn es ein Penalty ist, den Kopf zerbrechen und unwohl fühlen. Für den Trainer ist das dann die Möglichkeit, auch mal anderen die Möglichkeit zu geben, sich zu bewähren.

Wie man einen Penalty schießt? Als Verteidiger kann ich aus meiner Praxis wenig dazu beitragen, damit hatte ich in meiner Karriere nichts zu tun. Das eine Erfolgsrezept gibt es nicht. Manche laufen weitschweifig und langsam an, bewegen sich erst einmal Richtung Bande, und auf einmal explodieren ihre Hände und sie zeigen einen Super-Move, legen sich die Scheibe auf die Rückhand – das ist der Klassiker. Andere starten vom Punkt weg dynamisch und geradlinig aufs Tor zu. Was der gemeinsame

Nenner der unterschiedlichen Herangehensweisen ist: Man will den Torhüter bewegen. Geht der Penaltyschütze von der Seite zur Mitte, wird der Torhüter einen kleinen Sidestep machen, denn er muss die Scheibe spiegeln, ihr den Winkel wegnehmen. In diesem Moment hat er die Beine kurz offen. Man sehe sich mal die Skills-Wettbewerbe rund um das All-Star-Game der NHL an, was da mittlerweile alles an Tricks geboten wird. Das ist schon wahnsinnig gut. Ohne Druck, klar, aber das technische Vermögen muss man erst mal haben.

Gleichzeitig wissen Torhüter darüber Bescheid, welche Spieler welche Moves bevorzugt anwenden und führen, mitunter mit Hilfe der Torhütertrainer, darüber sogar Statistiken. Apropos Torhüter – auch so ein Kapitel für sich.

Fünf Fragen an Marco Sturm, ehemaliger Bundestrainer und jetzt Assistant Coach in der NHL

Muss man in eine Saison oder in ein Turnier mit einem klar definierten Ziel gehen?
Klar definiert: nein. Ein Ziel: ja.

Was ist wichtiger: Talent oder Charakter?
Man braucht beides. Der junge Spieler braucht vor allem Talent, der Charakter spielt später, im Profibereich, eine wichtige Rolle.

Muss man älteren und verdienten Spielern Sonderrechte zugestehen?
Eigentlich nein. Aber wenn man zu 100 Prozent weiß, dass ältere Spieler der Mannschaft noch helfen – und das kann ja auch abseits der Eisfläche sein –, dann auf jeden Fall ja.

Sollte man die Mannschaft ihren Kapitän wählen lassen oder ihn selbst bestimmen?
Im Nachwuchsbereich kann ihn ruhig die Mannschaft bestimmen, im Profibereich ist es sinnvoller, dass dem Trainer alleine zu überlassen, weil der Kapitän seine rechte Hand sein sollte.

Merkt man als Trainer, wenn eine Mannschaft oder Teile von ihr gegen einen sind?
Absolut. Man ist mit den Jungs täglich zusammen, kennt sie in- und auswendig. Ist einer enttäuscht, merke ich das an seiner Körpersprache sofort. Dieses Gefühl für seine Leute muss man als Trainer haben. Einen Konflikt sollte man sofort klären.

DER VERRÜCKTE SPIELER – UNSER TORHÜTER

Torhüter also. Sie sind speziell, allein schon, aber nicht nur, durch ihre Ausrüstung. Als Nachwuchsspieler bekommt man das noch nicht so mit, im Profibereich dann aber schon. Torhüter ticken anders, sie sind der Einzelsportler im Mannschaftssport. Torhüter sind allein in ihrer Rolle, haben andere Fähigkeiten, sie bleiben in ihrem Bereich, laufen nicht mit. Sie müssen bereit sein, sich den Puck mit 160 Stundenkilometern auf die Birne knallen zu lassen. Und wo in der Kabine vor einem Spiel oft noch die Lockerheit zu spüren ist bei uns Skatern, ist der Goalie längst in seinem Konzentrationstunnel. In dem bleibt er auch während des Spiels, wohingegen der Verteidiger oder Stürmer auf der Bank oder dem Eis auch mal einen Witz reißen und danach in den Spielmodus zurückkehren kann.

Was die Spielweise des Torhüters betrifft: Ich mochte immer Torhüter, die verlässlich das Gleiche machen. Ob das nun die Richtung war, wohin der Schuss in der Regel abgeblockt wurde, oder wie sich der Keeper verhielt, wenn die gegnerische Mannschaft mit zwei Leuten auf mich als letztem Mann vor dem Torhüter zulief. Diese Sicherheit half mir in meinem Spiel. Schlimm für einen Verteidiger ist ein Torwart, der wild herumspringt und nicht wirklich weiß, was er da eigentlich macht. Das mag für die Zuschauer spektakulär sein, wenn einer seine Fanghand hochreißt und sich feiern lässt – als Mitspieler denkst du eher: Was macht der denn da?

Man unterscheidet bei Torhütern grundsätzlich zwischen Stand-up- und Butterfly-Goalies. Selbstverständlich gibt es auch Hybridtorhüter, die die beiden Stile vermengen.

Gehen wir dafür ein wenig zurück. Früher lebten Torhüter von ihren Reflexen, sie standen auf der Linie und versuchten, die

Scheiben herauszuholen. Oft stellte man die Kleinsten und Unsportlichsten in den Kasten. Dann entwickelte sich das Torhüterspiel weiter. Die Keeper sollten nun mitspielen, die Winkel kleiner machen – das war schon Aufgabe des Stand-up-Goalies. Danach entstand zum gängigen Typus als Alternative der Butterfly-Goalie. Bekannt wurde er durch Torhüter aus dem französischsprachigen Teil Kanadas. Die dortige Torwartschule hat viele exzellente Keeper hervorgebracht. Ab Mitte der 90er-Jahre setzte sich ihr Stil auch bei uns durch. Butterfly-Goalie, das klingt ja schon fast poetisch, und das Bild des Schmetterlings erläutert die Spielweise ganz gut. Er agiert auf den Knien, arbeitet mit den Beinschienen, macht unten und in der Mitte des Tores alles zu. Je größer er sich macht, umso mehr verdeckt er das Tor. Er geht bereits dann runter, wenn er den Schuss erwartet. Die Butterflies spielen das, was man das *Percentage play* nennt. Sie gehen davon aus, dass sie mit ihrer Körperpositionierung so viel wie nur möglich von der Torfläche abdecken können. Der perfekte Schuss wird oben ins Eck hineinsausen, wenn der Butterfly-Goalie nicht schnell genug seine Arme hochbekommt. Doch die Wahrscheinlichkeit, dass solche Tore fallen, ist eben relativ gering.

Ich bin mit einigen Torhütern befreundet und wollte wissen, wie weh es tut, wenn man den Puck abbekommt. Wenn man richtig steht, ist es offenbar überhaupt nicht schmerzhaft. Und wenn man nicht richtig steht, kann es an den weniger gut geschützten Stellen wehtun, vorrangig an den Waden oder am Rücken. Und es gab einige Fälle, wo ein Torhüter unglücklich im Halsbereich von der Scheibe getroffen wurde, obwohl da eine Schutzvorrichtung baumelt – sofern er nicht aus Komfortgründen darauf verzichtet.

Wenn man zu Torhütern sagt: Ihr seid doch nicht ganz sauber, euch einen mit 160 km/h auf die Mütze pfeffern zu lassen, bekommt man als Antwort: „Schau mal meine Ausrüstung an und deine. Mein Gitter und dein Halbvisier. Eure Verletzungen und die von Torhütern. Wer ist hier nicht ganz sauber?" Ich muss zugeben, diese Argumentationskette ist ein Punkt für die Torhüter.

Früher, als es in der Bundesliga oder DEL noch weniger Spiele gab, hatte man im Tor eine klare Nummer eins und eine klare Nummer zwei. In Nordamerika, wo der Kalender immer schon üppiger war, neigte man eher dazu, sich die Position zu teilen, wobei das nicht immer fifty-fifty sein muss. Ich halte jedenfalls ein Jobsharing für sinnvoll.

Ein Torhüter hat heutzutage immens viel zu tun. Es ist harte Arbeit, sein Tor sauber zu halten. Wie oft muss man mit einem harten Push 50 Zentimeter nach vorne gehen, runter aufs Eis, rüber auf die andere Seite und wieder stehen, muss die Winkel an den Pfosten perfekt schließen – das Hoch und Runter, das Vor und Zurück in kürzester Zeit ist unheimlich intensive Arbeit. Wenn der Torhüter in eine Druckphase von etwa 30 Sekunden gerät und er vier Schüsse kriegt, muss er ständig die Positionen wechseln.

Dazu kommt: In den modernen Arenen ist es sehr warm. Der Torhüter trägt eine Ausrüstung, die bis zu 20 Kilo schwer ist und kaum Luft durchlässt. Sobald der Puck das gegnerische Drittel verlässt, ist der Torhüter bereits in Habachtstellung und wartet auf den Angriff. Im Gegensatz zu uns Feldspielern ist er das ganze Spiel auf dem Eis. Ich habe mich nach Spielen mit Torhütern gewogen. Obwohl wir beide während der Partie regelmäßig Flüssigkeit zuführen, betrug mein maximaler Gewichtsverlust an die drei Kilo, beim Torhüter waren es knapp sechs.

Die Athletik der Torhüter hat sich enorm entwickelt. Als ich jung war, mussten sie die Tests mit der Mannschaft gar nicht mitmachen. Manche hatten keine sichtbaren Muskeln, und man fragte sich, wie sie ein Spiel überhaupt durchhalten konnten. Durch das moderne Spiel brauchen sie wahnsinnig viel Kraft in den Oberschenkeln, ihre Position ist mit die aggressivste, die man spielen kann. Inzwischen sind Torhüter richtig fit, bei Kniebeugen brauchst du gegen sie nicht anzutreten. Torhüter brauchen die Power, um die Spieler wegzuschieben, die ihnen im Torraum die Sicht nehmen. Das sind richtige Positionskämpfe.

Der Torhüterkörper braucht also auch mal Pausen. Zumindest in der *regular season,* bei uns in der DEL sind das 52 Spiele. In den Play-offs spielt der mentale Aspekt eine wesentliche Rolle. Da ist es dann schon besser, eine klare Nummer eins zu haben und nur in Notfällen noch zu wechseln.

Wichtig beim Torhüter ist immer, wie Management, Trainer und Mannschaft mit ihm umgehen. Ein Torhüter, der kein Selbstvertrauen mehr hat, ist unbrauchbar.

In meiner Eishockeykarriere habe ich es vielleicht dreimal erlebt, dass ein Trainer seinen Torhüter vor der Mannschaft angegangen hat. Als Feldspieler bekommt man viel öfter was ab, wenn der Trainer sauer ist. Aber mit der Kritik am Goalie macht der Trainer womöglich ein Fass auf, das er nicht mehr schließen kann.

Als die Trainer merkten, dass es nicht so einfach ist, mit Torhütern umzugehen, schafften sie sich Spezialisten für diese Arbeit an und es entstand ein Markt für Torwarttrainer. Im Grunde ist er ein Trainer für die individuellen Skills, viel mehr aber noch eine Art Dolmetscher, der zwischen Cheftrainer und Torhüter vermittelt. Torwarttrainer und Torwart kommunizieren auf einer eigenen Ebene, sie betreiben ihr eigenes Videostudium, oft sind sie gemeinsam in ihrer Nische zu finden.

Ab und zu müssen sich Torhüter auf Änderungen im Regelwerk einstellen, die ihre Ausrüstung betreffen. Vor der Saison 2018/19 zum Beispiel hat die NHL veranlasst, dass die Schulterkappen um ein Inch, also 2,54 Zentimeter, schrumpfen mussten. Torhüter, die 2017/18 noch sehr gut waren, aber nicht bereit waren, sich auf die neuen Begebenheiten einzustellen, also wieder mehr zu stehen, mit Reflexen und den Armen zu arbeiten, statt auf den Knien zu agieren, hatten 2018/19 schlechtere Statistiken. Denn gute Schützen zielen genau dorthin, wo ein Hoch mehr Platz ist. Merke: Ein Torhüter muss sich permanent auf neue Trends einstellen.

Torhüter waren mir immer ein Rätsel. Manche sprechen mit sich selbst oder mit der Scheibe. Da fährst du dann vorbei, hörst ihn reden und denkst: Was ist denn mit dem los?

Viele Torhüter liegen vor den Spielen in der Kabine, haben Kopfhörer auf den Ohren und hören Musik. Ein anderer Keeper, der in der Liga jahrelang überaus erfolgreich war, tickte aus, wenn man vor dem Match seine Schläger auch nur anzuschauen wagte. Oder wenn seine Schläger umfielen, weil beim beliebten Aufwärmspiel, dem Ballhochhalten, mal einer versprang.

Privat sind Torhüter total umgänglich, doch sobald sie das Eisstadion betreten, geschieht etwas. Dann verändert sich ihre Persönlichkeit.

Fünf Fragen an Dimitri Kotschnew, ehemaliger DEL- und Nationaltorhüter

Feldspieler halten Torhüter für merkwürdige Typen. Was denkt man als Torhüter über Feldspieler?
Ich finde es auch verrückt, sich ohne Gesichtsschutz in Schüsse zu werfen oder sich zu prügeln, wenn der Spielstand nicht passt. Es gibt auf jeder Position merkwürdige Typen.

Was muss der Torhüter von Taktik wissen?
Torhüter nehmen immer an Teambesprechungen teil und sind dadurch informiert. Das Spiel im eigenen Drittel betrifft den Torwart besonders, da ist es von Vorteil, die Stärken des Gegners in der offensiven Ausrichtung zu kennen. Und wir sprechen uns mit unseren Verteidigern ab und nehmen Einfluss auf deren Spielweise.

Wenn man merkt, dass man keinen guten Tag hat – im Tor bleiben oder auswechseln lassen?
Es gehört zum guten Ton, nicht zum Trainer zu gehen und um eine Auswechslung zu bitten; das macht man nur bei einer Verletzung. Im Profibereich sieht der Trainer, wann es besser ist, jemanden rauszunehmen. Und manchmal setzt er durch einen Torhüterwechsel einen Impuls.

Wie sehr ärgert es einen *Goalie*, wenn ihm kurz vor Schluss noch der *Shut-out* verhagelt wird?
Ein *Shut-out* ist ein netter Nebeneffekt, vergleichbar mit dem Tor für den Stürmer. Aber nach einem guten und gewonnenen Spiel hat es mich nie beschäftigt, wenn da keine Null stand.

Klare Nummer-eins-und-zwei-Regelung oder Jobsharing?
Ich wollte immer viel spielen. Als Verantwortlicher würde ich immer die beste Mannschaft auf dem Eis haben wollen und einen Großteil der Spiele dem stärkeren *Goalie* geben.

WENN DIE WORTE FLIEGEN – MIT SCHIEDSRICHTERN IM DIALOG

Wie bereits erwähnt hatte ich 1996 die Ehre, mit der deutschen Nationalmannschaft beim World Cup of Hockey mitzuspielen. Wir hatten uns für die Endrunde qualifiziert und durften in Montreal gegen Kanada antreten. Die Startruppe um Wayne Gretzky. Doch auch die Schiedsrichter waren Berühmtheiten in diesem Land, das Eishockey atmete und lebte.

Einer von ihnen: Ray Scapinello. Zwar nur einer der Linienrichter, aber eine Legende. Markenzeichen: der Glatzkopf. Den sah man, weil er der Offizielle war, der als Letzter in der NHL noch ohne Helm pfiff. In 21 Stanley-Cup-Finals stand er auf dem Eis und war auch Teil des Teams, das die Rendezvous-Serie von 1987 – drei spektakuläre Spiele zwischen den besten kanadischen Profis und sowjetischen Staatsamateuren – leitete.

Im besagten Spiel gegen Kanada passierte nun Folgendes: Ich wollte einen Pass spielen, der Puck stellte sich auf, und ich drosch ihn übers Plexiglas. Was mir vor knapp 20.000 fachkundigen Zuschauern doch sehr peinlich war. Und dann fuhr Ray Scapinello an mir vorbei und sagte: „Great hands, Goldi."

Ich war baff. Zum einen über den kessen Spruch. Mehr aber noch darüber, dass so einer mit mir redet. Dass er überhaupt meinen Namen kennt. Ich war ja nur ein deutscher Spieler, ein junger noch dazu, und er pfiff gerade mal dieses eine Spiel von uns, nicht eine ganze Serie, in deren Verlauf man sich kennenlernen würde. Und dann haut er so einen raus. „Great hands, Goldi." Meine eigenen Mitspieler hörten es und lachten.

Oder: Eine Szene aus Deutschland, aus der DEL, ebenfalls aus meinen jungen Jahren, während meiner Saison bei den Adlern Mannheim, 1995/96. Schiedsrichter in diesem Spiel war Peter Slapke.

Slakpe war einer der größten Spieler in der DDR gewesen, wo das Eishockey darunter litt, dass es mangels Medaillenchancen aus der staatlichen Sportförderung fiel und nur an zwei Standorten, Berlin und Weißwasser, ambitioniert betrieben werden konnte. Peter Slapke war ein Eishockey-Verrückter, nach seiner aktiven Zeit wurde er Schiedsrichter und Trainer im Nachwuchs von Weißwasser. Er kannte mich, war zur gleichen Zeit wie ich bei Jugendturnieren. Nun pfiff er also dieses DEL-Spiel. Als wir zur ersten Drittelpause rausfuhren, sagte er zu mir: „Was ist eigentlich mit dir los? Was spielst du heute für einen Schrott zusammen?" Ich konterte: „Was geht das dich an? Einen Scheißdreck! Was erlaubst du dir?" Er blieb cool. Und im Nachhinein muss man sagen: Er hatte absolut recht gehabt, im Grunde war er fürsorglich.

Was ich mit diesen beiden Anekdoten sagen will: Die Kommunikation auf dem Eis zwischen Schiedsrichtern und Spielern ist eine spezielle.

Dass ich als junger Spieler, der ich damals war, den um Jahrzehnte älteren Schiedsrichter geduzt habe, ist aus meiner Sicht völlig normal. Ich habe noch nie jemanden im Eishockey gesiezt. Wenn Menschen die Werte des Eishockeys und die Leidenschaft dafür teilen, haben sie eine große Gemeinsamkeit und sollten keine Barriere über ein förmliches „Sie" aufbauen. Ein „Sie, Herr Trottel" käme ja auch blöd rüber. Klar, es fallen durchaus Schimpfwörter. Du kannst letztlich alles zum Schiedsrichter sagen, wenn es passt, denn er sagt es auch zu dir. Manchmal kommt das amerikanische F-Wort sogar vom Schiedsrichter zuerst. Sicher, wenn du ihn „Arschloch" nennst und es nicht in den Kontext passt, musst du damit rechnen, dass du für zehn Minuten Disziplinarstrafe rausgehst. Ist mir auch schon passiert. Man muss dann nach dem Spiel die Größe haben, sich zu entschuldigen. Ich: „Ist mir rausgerutscht." – Er: „Okay, aber du weißt, dass ich dir da zehn Minuten geben muss." – „Ja, aber gewonnen haben wir trotzdem, du Vogel." Beide lachen. So ähnlich lief es damals ab.

Ein bisschen Necken gehört dazu. Spieler erlauben sich auch eine gewissen Jux mit den Linienrichtern, die oft nah an der Bande und vor den Spielerbänken agieren. Dass man ihm mal einen Spritzer aus der Wasserflasche verpasst und mit dem Schläger entgegengeht, wenn der Linesman vor dir auf die Bande hochspringt, und man damit verhindert, dass er für einen Moment sitzen kann und abrutscht, ist eine Gaudi. Macht man natürlich nicht, wenn es gefährlich wäre. In der Regel dreht sich der Linienrichter nach einem solchen Stupser um, weiß sofort, von wem der gekommen ist und lacht. Es ist auch normal, wenn ein Spieler, der den Linesman schon länger kennt, flachst: „Siehst du heute die blaue Linie wieder nicht?" Da gibt es halt einen Spruch zurück. Wie unter Mannschaftskameraden, auf Augenhöhe. Es ist nicht despektierlich gemeint.

Um das aber klarzustellen: Ich bringe Schiedsrichtern jede Menge Respekt entgegen. Da ich in meinen Mannschaften oft Kapitän oder Assistent des Kapitäns war, hatte ich sehr viele Gelegenheiten, mit Schiedsrichtern zu sprechen. Außerhalb des Eises sind sie feine Kerle. Ich mochte sie. Auf dem Eis ist die Gesprächsebene halt eine andere. Eine hochemotionale. Meistens ist es in diesem Dialog der Spieler, der laut und fordernd wird.

Der Schiedsrichter hat, das dürfen wir nie außer Acht lassen, den undankbarsten Job. Er ist an allem schuld. Er hat die Scheibe falsch eingeworfen, wenn du das Bully nicht gewinnst. Er steht dir an der Bande im Weg. Er gibt dir Strafzeiten, die keine sind. Er hat grundsätzlich die falsche Einstellung zu deiner Mannschaft und zum Sport überhaupt. Er kommt nie gut weg. Bei beiden Mannschaften.

Wie in allen Bereichen des Eishockeys hat auch bei den Schiedsrichtern eine Entwicklung stattgefunden. Die meisten Referees haben selbst, zumindest im Nachwuchs, Eishockey gespielt. Sie müssen heute Fitnesstests bestehen, das Tempo mitgehen können, agil auf den Schlittschuhen und in der Lage sein, das Spiel zu lesen, damit sie nicht im Weg stehen und nicht vom Puck getroffen werden. Das Vier-Mann-System mit zwei Haupt- und zwei Linienschiedsrichtern hat vieles zum Guten verändert. Die Linesmen sind in dieses Team eingebunden, sie erfahren viel mehr Respekt. Von den Hauptschiedsrichtern und auch den Spielern.

Und noch mehr von ehemaligen Spielern, die wie ich dem Eishockey verbunden bleiben. Wenn man sich in neuer Funktion mal mit dem Regelbuch beschäftigt, wird man staunen, wie wenig man bislang selbst über Eishockeyregeln wusste und wie viel dagegen der Schiedsrichter.

Als Spieler war man weit davon entfernt, sich in all diesen Paragraphen und Artikeln einzulesen. Ich kenne keinen, der darin mal geschmökert hätte. Vor der Saison bekommen die Mannschaften von einem Schiedsrichter, der durch die Gegend tourt, die neuesten Regeln erklärt. Doch die Finessen kennt man nicht. Alle ehemaligen Spieler, die Schiedsrichter geworden sind, bestätigen: „Wir dachten früher, wir kennen die Regeln und haben uns über viele Entscheidungen aufgeregt." Zu Unrecht.

Denn – schlechte Nachricht für alle reklamierenden Spieler und die oft aufgebrachten Zuschauer – die Schiedsrichter liegen mit 95 Prozent ihrer Entscheidungen richtig. Da kann zwar mal ein Arm zu früh oder zu spät hochgehen. Doch was die Regelauslegung betrifft, würde ich sogar sagen: Die Trefferquote beträgt 99 Prozent. Man sieht das auch ein, wenn man sich die Szene in der Nachbetrachtung in Ruhe zu Gemüte führt. Aber der Schiedsrichter bekommt keinen Credit dafür, keine Anerkennung, dass er richtig lag. Er ist immer der Depp, der eine Woche lang durch die Zeitungen und monatelang durch ein Stadion getrieben wird, weil er einmal einen Fehler begangen hat, der zu 99 Prozent keiner war. Richtiggestellt wird das aber nie. Die Liga müsste da von sich aus eingreifen und manche Szene erklären. Sie sollte es auch als ihre Aufgabe verstehen, die Fans in Regelkunde zu erziehen, sonst ändert sich nichts.

Der vieldiskutierte Maulkorberlass für die Trainer durch die Liga, dass sie sich in den ersten 24 Stunden nach dem Spiel nicht zum Schiedsrichter äußern dürfen, soll die Emotionalität rausnehmen, dem Trainer die Möglichkeit geben, sich alles nochmals auf Video anzusehen und zu informieren. Beschweren kann er sich intern trotzdem. Diese Möglichkeit wird auch genutzt.

Ein Fehler der Schiedsrichter ist allerdings auch, dass sie sich abschotten. Oder von Ligen und Verbänden abgeschottet werden. Sie sind wie das hässliche Kind, das die Großfamilie nicht herzeigt. Eine, wie ich finde, nicht förderliche Einstellung. Schiedsrichter sollten sich der Kritik stellen, wenn sie sachlich ist. Doch wenn man nie an die Schiedsrichter rankommt, sie in einer Parallelwelt leben und es keinen Austausch gibt, wird es emotional. Wäre es denn ein Problem, wenn einer unserer mittlerweile sieben Profi-Schiedsrichter in der DEL ein paar Standorte abfährt und den Fanszenen, die in der Regel Meinungsmultiplikatoren sind, vor der neuen Saison die Regeln erklärt und sich einer Podiumsdiskussion stellt?

Gute Schiedsrichter kennen auch einzelne Spielertypen und wissen, worauf sie achten müssen. Ob einer den Stock öfter hoch hat oder sich gerne fallen lässt. Profi-Schiedsrichter haben nicht nur ihre zwei, drei Spiele in der Woche zu pfeifen, sondern auch die Zeit und die Aufgabe, sich wie ein Trainer mit Videostudium auf ihre Einsätze vorzubereiten. Sie werden beobachtet und bekommen ein Feedback und sind vielleicht auch selbst noch Beobachter von jüngeren Schiedsrichtern.

Der Nichtprofi, der für ein paar hundert Euro in der DEL pfeift, muss das alles in seiner Freizeit machen – er hat bis Freitag um 12 Uhr in seinem normalen Job gearbeitet. Siebeneinhalb Stunden später steht er Hunderte von Kilometern entfernt auf dem Eis, hat von vornherein ein ganzes Stadion gegen sich, muss dabei die Ruhe bewahren und es abhaken, wenn er mal eine falsche Entscheidung getroffen hat. Er kann sie nicht wiedergutmachen, denn dann würde er die Regeln beugen. Bei Linien- und Hauptschiedsrichtern, die sich am Anfang ihrer Karriere befinden und noch berufstätig sind, steht dabei ganz sicher die Leidenschaft im Vordergrund, die Liebe zum Eishockey. Davor kann man nur Respekt haben.

Was allen hilft: Wenn der Schiedsrichter wie Peter Slapke oder Ray Scapinello, der Glatzkopf aus der NHL, ein guter Kommunikator ist. Mit ihrer Art, mit ihren *soft skills*, können sie für eine gute Atmosphäre sorgen. Lockerheit und Humor tun definitiv allen auf dem Eis gut.

Es kommt öfter vor, als man glaubt, dass Sprüche ausgetauscht werden. Auch mal mit einem Gegenspieler, wenn man den gut kennt. Es passiert auch auf der Bank, dass mitten im Spiel gelacht wird. Durch die Sportart wird man dazu erzogen, über sich selbst zu lachen, und manchmal lacht auch der Schiri mit, selbst wenn alles professioneller wird und es um immer mehr geht. Diese phasenweise Gelassenheit haben wir dem Fußball voraus. Und ja, ich glaube auch, dass trotz der rauen Ansprache die Schiedsrichter bei uns im Eishockey mehr Respekt genießen als im Fußball.

Was im Eishockey mittlerweile öfter vorkommt, ist, dass ein Spieler auf einen Schiedsrichter trifft, mit dem oder gegen den er noch gespielt hat. Schiedsrichter zu werden ist für einige Spieler eine Option für die zweite Karriere im Eishockey geworden. Ich habe in meiner Laufbahn häufig mit Lars Brüggemann zusammengespielt. Er wurde ein Spitzenschiedsrichter und danach sogar Leiter des gesamten Schiedsrichterwesens in der DEL. Mit Lasse Kopitz stieg ein weiterer Ex-Nationalspieler als Referee schnell in die höchste Liga auf. In den unteren Ligen findet man nun immer häufiger bekannte Spielernamen – in der Rubrik Schiedsrichter.

Der Trend kommt natürlich auch aus Nordamerika. Die NHL hat angefangen, Stellen, auf denen man sich mit der Entwicklung des Spiels befasst, mit ehemaligen Spielern zu besetzen. Das Schlimmste, was passieren kann, ist nämlich, dass Leute, die die Regeln schreiben,

Auf dem Weiher unweit von unserem Haus
im zarten Alter von vier Jahren. © privat

Fünf Jahre alt, Nachwuchsspieler beim
EV Landshut – und sichtlich stolz. © privat

Ein Blick in die Umkleidekabine: Es geht reichlich beengt zu, mit dem vielen Equipment.
© privat

Düsseldorf an der Brehmstraße: Nach dem Endturnier um die deutsche Meisterschaft im Nachwuchs nehme ich den Pokal entgegen – vor ausverkauftem Haus, denn im Anschluss hatte die Profimannschaft ein Playoffspiel.
© privat

Vorbereitungsspiel bei den Ottawa Senators (NHL) im Jahr 1997. © privat

Oben: Beim Spiel gegen die Slowakei bei den Olympischen Winterspielen in Nagano 1998, das wir übrigens mit 3:2 gewannen, gerate ich mit Peter Bondra aneinander.
© gettyimages/Bongarts/Frank Peters

Rechts oben: Leonardo Soccio, Marco Sturm und ich freuen uns über den 3:1-Auftaktsieg in der KölnArena gegen die Schweiz (April 2001).   © dpa - Sportreport

Rechts: Beim Deutschland-Cup 2000 in Hannover gegen Kanada – wir verloren 2:5.
© gettyimages/Bongarts/Jana Lange

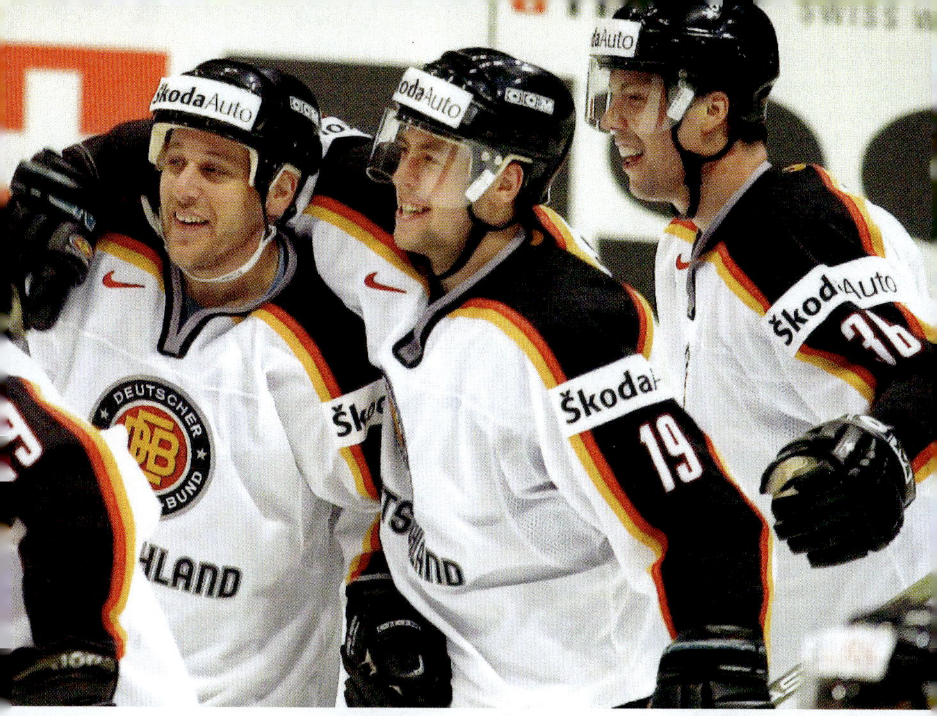
ŠkodaAuto
CCM
DEUTSCHER
BUND
19
36

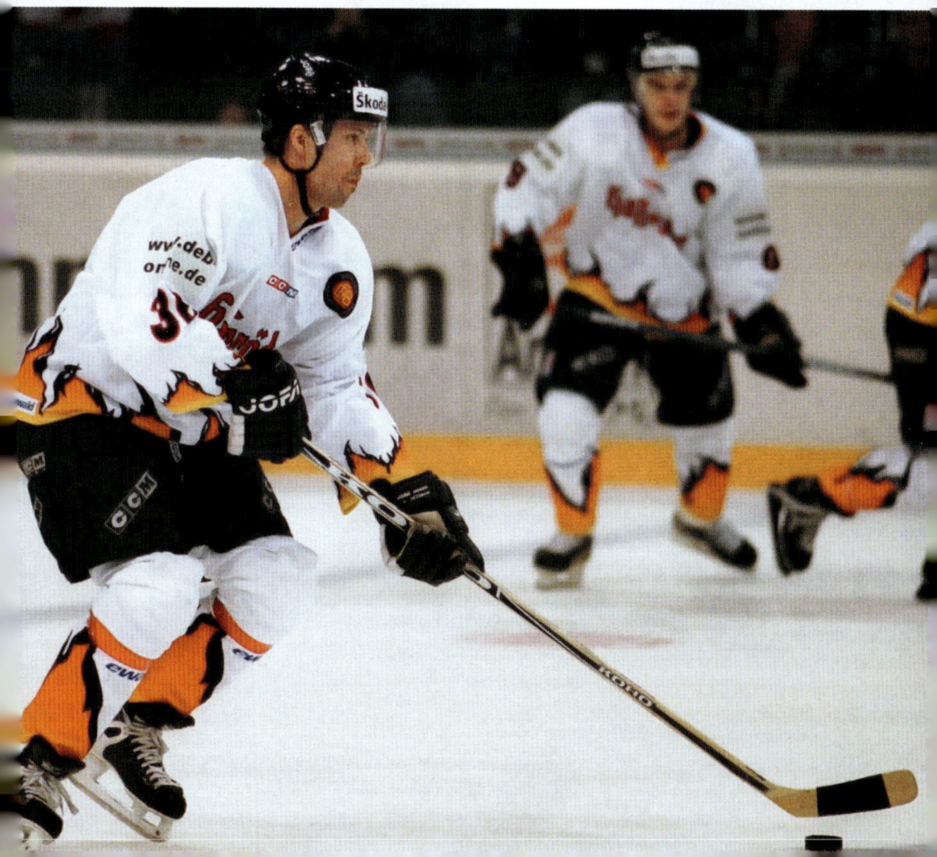
Škoda
CCM
JOFA
KOHO

Wunderschöner Check des Hamburgers Brad Smyth, wie ich als Leidtragender einräumen muss.
© imago images/Fishing 4

Oben: Der Schiedsrichter muss wieder einmal schlichten (Harlan Pratt, Augsburg).
© imago images/ActionPictures

Unten: Ich kreuze die Schläger mit Paul Deniset (Schwenningen).
© imago images/Fishing 4

Saison 2006/07: Abwehrarbeit im Dienst der Iserlohn Roosters gegen den Frankfurter Jeff Ulmer (links). Mein Torhüter ist Dimitri Kotschnew.
© imago images/Jan Huebner

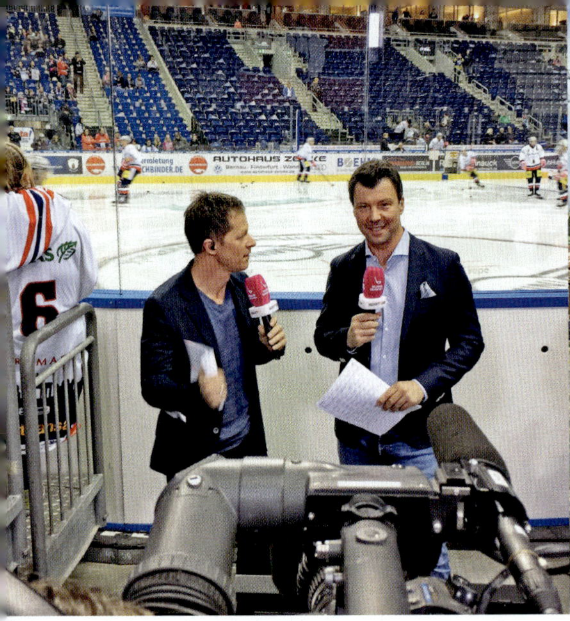
AUTOHAUS

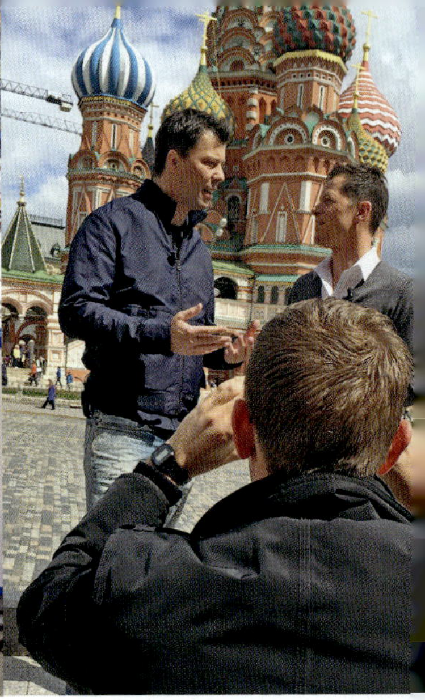

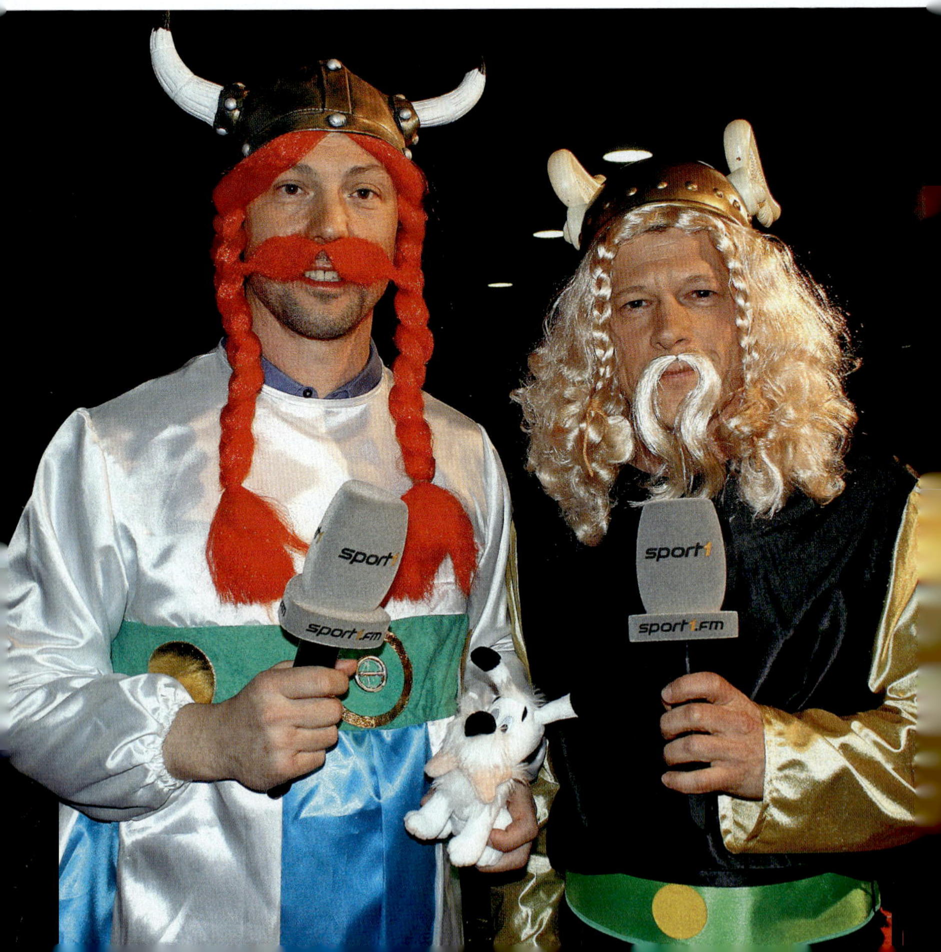
sport1
sport1.FM
sport1
sport1.FM

Oben Links: Eine typische Arbeitsszene (Ligaspiel in Berlin 2016 mit Sascha Bandermann).
© privat

Oben Links mitte: Während der WM 2016 in Russland zeichnen Sascha und ich vor dem Finale unsere Anmoderation am Roten Platz in Moskau auf – ohne Drehgenehmigung.
© privat

Links: Sascha Bandermann und ich in den Kostümen der WM-Maskottchen 2017 – wir sind Asterix und Obelix.
© Dirk Unverferth

Oben: Mit Sascha Bandermann und Hans Zach bei der Heim-WM 2017 im Studio in Köln. © privat

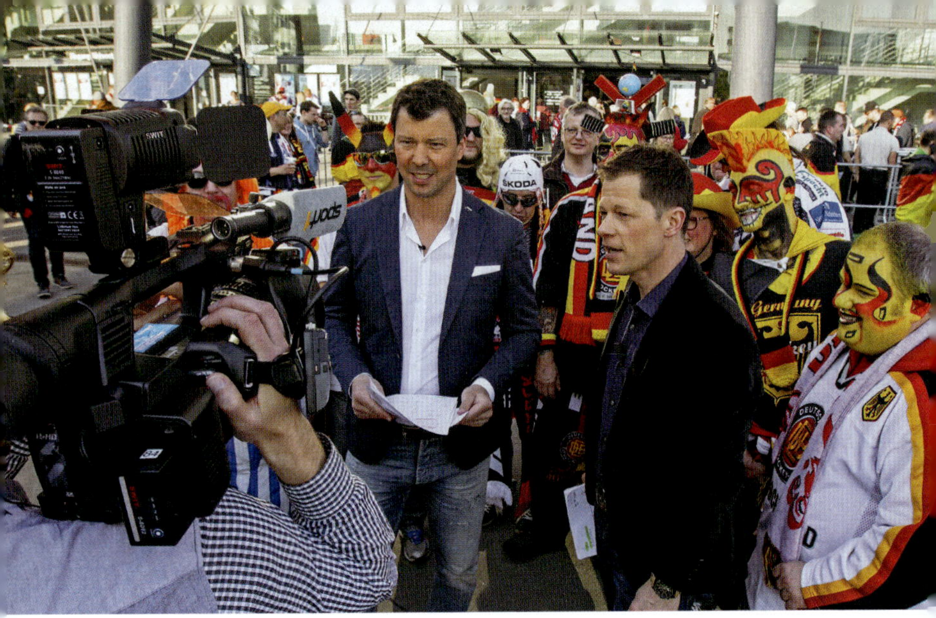
SKODA
Germany

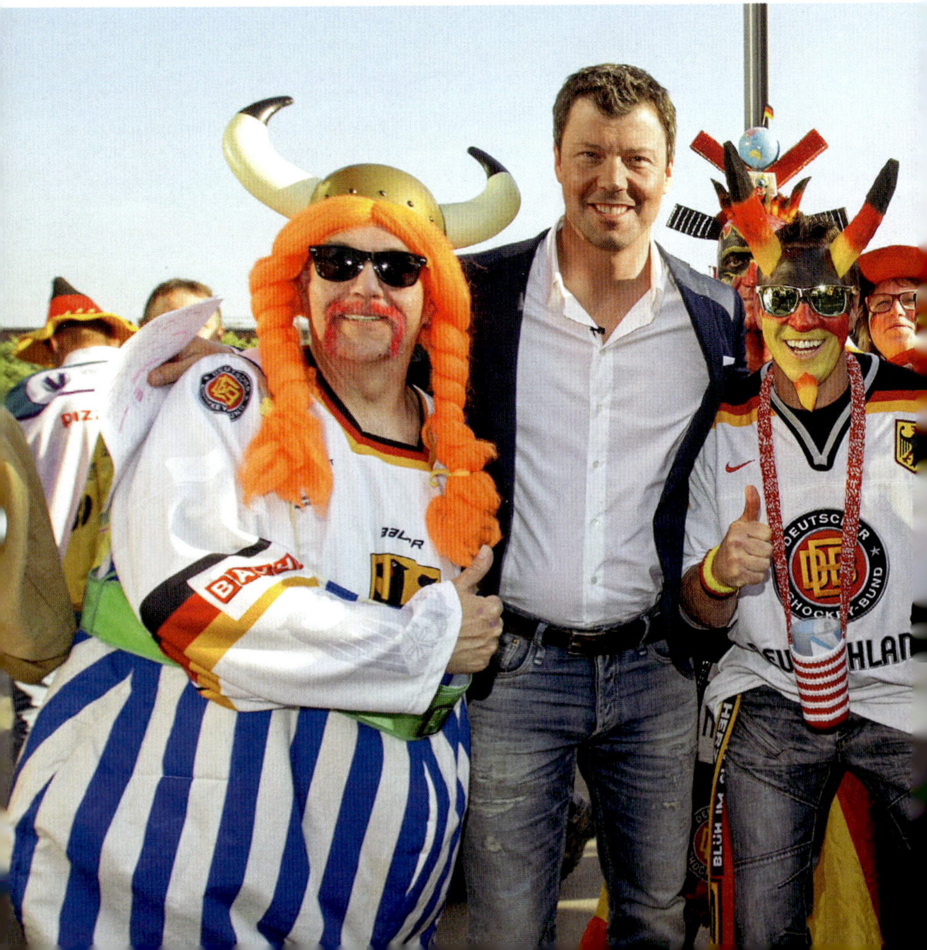
DEUTSCHER

Beide Bilder: IIHF Eishockey WM. Lanxess Arena Köln Mai 2017: Immer nah dran an den Fans.
© imago images/Eduard Bopp

Die deutsche Eishockey-Nationalmannschaft nach dem sensationellen Gewinn der Silbermedaille gegen die hoch favorisierten Russen bei den Olympischen Winterspielen in Südkorea am 25. Februar 2018. Endergebnis 4:3. © Gettyimages/Harry How

Leon Draisaitl von den Edmonton Oilers, Rückennummer 29, der beste deutsche Eishockeyspieler ever. Ich freue mich, seine Karriere als TV-Experte begleiten zu dürfen. © gettyimages/NHLI/Andy Devlin

Ausflug in den Fußball: Mit Dirk Nowitzki 2019 beim Benefizspiel von Michael Schumachers Stiftung in Leverkusen. © imago images/Sven Simon

die Sportart nie ausgeübt haben, und ausgerechnet Schiedsrichter das Spiel nicht verstehen.

Leider ist die Regelauslegung eine eigene Welt geworden, die dem normalen Zuschauer oft nicht mehr zu erklären ist. Das Problem des Eishockeys ist – wieder verglichen mit dem Fußball –, dass die Regeln ohnehin schon komplex sind, und es wurde immer noch diffiziler. Ein Beispiel dafür ist die Klärung der Frage, wann ein mit dem Schlittschuh erzieltes Tor gelten sollte und wann es irregulär ist. Minutenlang kann man Videos auseinandernehmen, um herauszufinden, ob der Spieler mit dem Schlittschuh eine bewusste Kickbewegung vollführte oder er einfach nur auf seinem logischen Weg war. Und das wiederum wird in der nationalen Liga, in der Champions Hockey League, der NHL und bei der Weltmeisterschaft jeweils anders bewertet. Wer soll da noch durchblicken? Wir brauchen klare Auslegungen. Entweder ist ein Tor ein Tor oder eben nicht. Praktiker können helfen, zu schlüssigen Antworten zu finden. Man muss sie aber vor der Gehirnwäsche durch die Theoretiker verschonen.

Der Spieler, der sich entschließt, Schiedsrichter zu werden, kann sein Eishockeyleben in einem Punkt übrigens weiterleben. Er wird nach wie vor eine große Tasche zu schultern haben. Denn auch der Unparteiische trägt eine komplette Ausrüstung. Er braucht Schlittschuhe, Schienbeinschützer, Tiefschutz und eine spezielle Hose. Kleiner als beim Spieler sind Ellbogen- und Schulterschoner, denn Schiedsrichter werden nicht gecheckt. Die Hände sind ungeschützt, Handschuhe für Schiris gibt es keine. Er tapt sich aber zumindest den Finger, an dem er die Pfeife trägt, damit bei einem Zusammenprall keine Schnitte durch das Metall entstehen.

Ein körperloses Spiel ist Eishockey für Schiedsrichter aber nicht. Die Linesmen müssen bei Fights zwischen Spielern eingreifen und sich dabei klug verhalten. Zunächst natürlich, damit sie selber nichts abkriegen. Vor allem aber, damit sie es fair ablaufen lassen. Sie sollten ein Gespür dafür haben, wann man in einen Tumult hineingeht oder wie lange man sich aus ihm heraushält. Sie dürfen, wenn sie eingreifen, dann auch nicht nur einem der Kämpfer die Hände runterziehen, denn sonst bekommt der vom Gegner auf die Glocke. Sie müssen gleichzeitig rein und synchron agieren. Aber als ehemalige Spieler werden sie höchstwahrscheinlich wissen, wie das so ist mit den Schlägereien im Eishockey.

Fünf Fragen an Daniel Piechaczek, Profischiedsrichter

Wie wird man Eishockeyschiedsrichter?
Eigentlich kann jeder Schiedsrichter werden, der körperlich fit ist, Schlittschuh laufen kann, ein gewisses Maß an Gerechtigkeitssinn, mentale Stärke und starke Nerven mitbringt. Der erste Schritt: den Mut aufbringen, sich bei einem Landeseisportverband zum Lehrgang anzumelden.

Wie viele Spiele hat ein Profischiedsrichter im Jahr, was macht er, wenn er nicht pfeift?
80 bis 90. Mit WMs und Austauschprogrammen in den europäischen Topligen auch schon über 100 Spiele. Wenn ich nicht pfeife, mache ich Videoanalysen, beschäftige mich mit dem Regelwerk und Situationen aus aktuellen Spielen. Ich mache sehr gerne Fitnesssport wie Crossfit.

Haben Sie schon mal gebeten, bei einem Spiel nicht eingesetzt zu werden?
Das habe ich nicht, denn als Profischiedsrichter muss ich in der Lage sein, alle mir übertragenen Spiele leiten zu können.

Warum funktioniert der Videobeweis im Eishockey besser als im Fußball?
Wir haben die Regelung, dass im Zweifelsfall beim Videobeweis die ursprüngliche Entscheidung auf dem Eis zu bestätigen ist. Erst wenn der Videobeweis eindeutig aufschlüsselt, dass der Schiedsrichter mit seiner „On-Ice-Entscheidung" falsch lag, wird nach dem Videobeweis die ursprüngliche Entscheidung revidiert. Bei den Fußballschiedsrichtern werden grenzwertige Situationen nach dem Videobeweis entschieden. Das passiert bei uns nicht, und deswegen gibt es im Nachgang auch weniger Diskussionen.

Bringen Schiedsrichter ihre Verpflegung selbst mit – oder sind die Vereine so nett, Essen und Getränke in die Kabine zu stellen?
Seit einigen Jahren werden wir, wie auch die Gastmannschaften, sehr gut verpflegt. Eine super Regelung, da man spät am Abend sonst nur noch im Fast-Food-Restaurant was zu essen bekommt.

WARUM ICH NICHT TRAINER WURDE

Es war mal mein Traum, Eishockeytrainer zu werden. Zwischen 10 und 16 Jahren, als ich kapiert habe, was der Sinn der Übungen auf dem Eis ist, begann ich mir selber welche auszudenken und stellte mir vor, wie es wäre, Spielern etwas beizubringen. Doch nach ein paar Jahren als Profi war mir klar: Ich möchte alles werden, nur nicht Trainer. Ich dachte mir: Der Trainer ist eine arme Sau, die jeden Tag mit 20 Leuten kämpfen muss. Es geht oft drunter und drüber. Was für ein Kindergarten!

Dass ich nicht zwingend Nerven fürs Erklären habe, wurde mir zudem bewusst, als ich dann doch, Jahre später, für einen Abend Eishockeytrainer war. In Iserlohn, meiner letzten Station in der DEL, sollte ich eine Fanauswahl auf ein Spiel vorbereiten. Wahrscheinlich ging ich mit zu hohem Anspruch an die Aufgabe heran. Danach war mir jedenfalls klar: Trainer muss jetzt nicht sein. Obwohl ich ja sehr viele Trainer hatte, die unterschiedlichsten Typen – und daher viele Lernbeispiele.

Wie viele Trainer erlebt man in seiner Karriere? Es ist schon schwer, sie zu zählen, an manche ist die Erinnerung geschwunden, bei einigen muss ich intensiv nachdenken, um auf ihre Namen zu kommen.

Wenn ich also rechne: Im Nachwuchs in Landshut hatte ich alle zwei Jahre einen anderen Trainer. Das ist so wegen der Altersstufen, die man durchläuft. Das waren schon mal fünf. Als Nächstes lernte man die Trainer beim Bayerischen Eissport-Verband, dem BEV, und dem DEB kennen. Bayerischer Verbandstrainer war Franz Fritzmeier aus Bad Tölz, der zu meiner Zeit viele neue Sachen ins Training eingebrachte. Als Co-Trainer beim BEV, dann auch beim DEB in der U18-Nationalmannschaft unter Jim Setters und der U20 unter Erich Kühnhackl stießen immer Trainer aus anderen Vereinen dazu. Sie kannten mich aus den Nachwuchsligaspielen als Gegner und sprachen bei den DEB-Lehrgängen mit mir anders als mit ihren eigenen Spielern. Sie konnten uns durchaus neue Inhalte vermitteln. Für mich war das interessant.

Im Profibereich können Trainer schnell wechseln. In Iserlohn habe ich erlebt, dass ein Trainer – ein sympathischer, lustiger Engländer mit Namen David Whistle – schon sehr kurz nach der Vorbereitung gefeuert wurde. Den Frankokanadier Paulin Bordeleau habe ich als Übungsleiter in Nordamerika und in Essen erlebt. Die Namen und Köpfe ziehen an einem vorbei, manchmal begegnet man ihnen zufällig wieder bei einer Weltmeisterschaft oder beim Stöbern im Internet. Und denkt sich bei manchen Fällen echt: Junge, du musst gute Kontakte und zuverlässige Freunde haben, um wieder einen Job gefunden zu haben in der weiten Welt des internationalen Eishockeys.

Was muss ein Trainer können? Gibt es überhaupt den idealen Trainer? Ich würde hier erst mal sagen: Trainer ist nicht gleich Trainer. Denn die Einsatzgebiete sind doch sehr verschieden.

Fangen wir mit dem Nachwuchstrainer an. Der muss den Kindern vor allem Spaß vermitteln, bevor er etwas von ihnen einfordert. Früher übernahmen diese Jobs vor allem ehemalige oder noch aktive Profis, es gibt aber auch Spezialisten, die mit Spielern in einem gewissen Alter besser umgehen können als andere, die gerne Schlittschuhlaufen unterrichten und denen es nichts ausmacht, wenn sie jahrzehntelang Kindern beim Anlegen der Ausrüstung helfen müssen. Später geht es um mehr als um die Gaudi. Dann muss es ein Trainer auch hinbekommen, dass er seine 20 Spieler bei Laune hält, aber die zwei besonders talentierten noch mehr fördert als die anderen. Du musst als Trainer im Nachwuchs Breite ausbilden und mitnehmen, darfst sie nicht separieren, musst in erster Linie aber Spitze generieren.

Breite ist wichtig, weil man auch andere Ligen als nur die DEL versorgen muss. Nicht damit es heißt: Wir haben doch keine Spieler in Deutschland – was manche Funktionäre beklagen. Um Eishockey insgesamt erfolgreich zu machen, geht es nicht nur darum, aus einem Jahrgang zwei, drei Spieler für die DEL herauszubringen und vielleicht sogar einen, der es in die NHL schafft. Auch DEL2, die Oberligen, die Amateurligen brauchen Spieler, damit das Eishockey lebt. Und wir unabhängiger werden von Saisonarbeitern, die wir zum Eishockeyspielen aus Nordamerika holen wie der Obstbauer im Mai und Juni seine Erntehelfer zum Erdbeerpflücken.

Ein Profitrainer muss anders sein als ein Nachwuchstrainer. Vorstellen wird man ihn sich so: Eine große Führungspersönlichkeit mit klaren Vorstellungen von dem, was er taktisch spielen lassen möchte, und ein hervorragender Kommunikator, der alle in der Kabine gleich behandelt. Die Wirklichkeit ist leider oft anders.

In der NHL gibt es Trainer mit grandiosem Ruf und großen Erfolgen, doch manche dieser Trainerstars haben während der Saison nur mit zwei, drei Führungsspielern und sonst keinem aus der Mannschaft gesprochen. Weder auf der Bank noch in der Kabine und schon gar nicht privat. Manche NHL-Trainer gehen, wenn die Übungseinheiten anstehen, gar nicht mit aufs Eis, sie lassen ihre Co-Trainer die Arbeit machen. Sie führen über ihre Führungspersönlichkeiten, die sie haben, das gesamte Gefüge. Und wenn sie mal sprechen in der Kabine, dann sehr laut. Zu mir hat ein Trainer mal gesagt: Entscheidend sind drei Grundsätze. Du musst wissen, wann du einen Spieler in den Arsch trittst, wann du ihn in Ruhe lässt und wann du ihm auf die Schulter klopfst.

Als Spieler wünscht man sich einen Trainer, der versucht, viel über Taktik zu machen, und einem dabei Freiraum belässt, der ein abwechslungsreiches Training bietet, innovativ ist und die Mannschaft spielerisch auf den nächsten Gegner vorbereitet, ohne dass sie es eigentlich bemerkt. Spieler haben ein Interesse daran, dass der Trainer mit ihnen kommuniziert. Er sollte nicht nur ein Chef sein, der irgendwas vorgibt, was dann halt gemacht werden muss, sondern eine Führungsperson, die Ideen in die Mannschaft trägt, Ziele vorgibt und sich gemeinsam mit dem Team auf den Weg dorthin begibt.

Modernes Leadership ist gefragt. Darüber habe ich auch mit Toni Söderholm gesprochen, dem Bundestrainer. Er sagt, früher habe es genügt, wenn ein Trainer in der Kabine stand und mit Lautstärke aus jedem noch ein paar Prozent mehr herauskitzelte. Heute ist das nicht mehr angesagt. Die Charaktere, die nur über Druck, negative Emotionen und Schimpfen kommen, also nach dem Zuckerbrot-und-Peitsche-Prinzip verfahren, haben keine Chance mehr. Man muss klare Vorstellungen mitbringen, was die Mannschaft mit und ohne Puck spielen soll. Die taktischen Anforderungen sind gestiegen, ein Trainer kann sich nicht mehr durchmogeln wie noch vor zehn Jahren, als man als Spieler über manchen Boss dachte: „So viel Sachverstand ist da nicht." Ein moderner Trainer muss facettenreich sein. Eine Person allein bekommt das nicht hin. Und der Trainer muss mehr sagen können als Klassiker wie „Wir wollen unser eigenes Spiel durchbringen", was ja vor allem darauf schließen lässt, dass er vom kommenden Gegner nicht viel Ahnung hat.

In der NHL schart ein Cheftrainer vier, fünf Assistenten um sich, die klare Zuständigkeiten für Teilbereiche haben. Für Aspekte des gegnerischen und des eigenen Spiels. Wie legt der Gegner seine Überzahl an, welche Forecheck-Varianten hat er? Wie antwortet man darauf?

Es gab immer schon Trainer, die diesen akribischen Ansatz hatten. Pavel Volek in Landshut, der erste Trainer im Profieishockey in Landshut, bei dem ich mit 16 reinschnuppern durfte, war zum Beispiel so einer. Er hatte gefühlt Hunderte von Übungen im Repertoire, ein richtiger Eishockeylehrer. Danach hatte ich eher den Gegenentwurf, einen kanadischen Trainer namens Bernie Johnston, der kam eine halbe Stunde vor Trainingsbeginn und hatte bis dahin wenig Ideen, was er gleich machen würde. Das Training ging dann eben, solange die Spieler Lust hatten. Wenn man heimfuhr, hatte man nicht den Eindruck, etwas gelernt zu haben. Heute hätten solche Trainertypen wenig Chancen. Es gibt sie auch nicht mehr.

Ein moderner Trainer zum Beispiel ist Pavel Gross, Meistercoach der Adler Mannheim 2019. Er war zuvor viele Jahre in Wolfsburg tätig, dort hat er angefangen, wie ein Forscher zu studieren: Wie wird in anderen Ländern gearbeitet? Welche Spielertypen brauche ich konkret für meinen Kader? Wie kann ich meine Spieler verbessern? Wie bekomme ich es hin, dass sie in den Play-offs die höchste Belastbarkeit und die größte Schnelligkeit erreichen? Moderne Trainer haben auch sportwissenschaftlich was drauf.

An den Mannheimern von Pavel Gross 2018/19 hat man gesehen, wie man sogar in einer fast makellosen Saison am Ende noch eine Steigerung hinbekommen kann. Die Adler hatten schon die nach Punkten beste Saison aller Zeiten gespielt und die Hauptrunde gewonnen. Dennoch waren da noch Spiele dabei, in denen nicht alle Spieler das gleiche Eishockey gezeigt hatten. In den Play-offs gab es kaum eine Partie, in der das nicht so gewesen wäre. Da war es letztlich egal, wer die Schüsse blockte und das Tor schoss. Es machte einfach jeder alles. Oder siehe Finnland kurz danach bei der WM 2019: Ein Außenseiter, dem die großen Namen aus der NHL fehlten, der dafür aber Teamspieler hatte und bei dem am Ende auch Kaapo Kakko, das Supertalent, andere Aufgabe hatte, als für spielerischen Glanz zu sorgen. Das Werk eines stark führenden Trainers, Jukka Jalonen.

Wenn Fans einen Trainer beurteilen ist für sie oft das Hauptkriterium, ob er an der Bande aktiv ist. Meiner Ansicht nach ist das eine falsche Sichtweise. Ein Trainer sollte antizyklisch agieren. Wenn keine Stimmung herrscht, dann kann der Coach sich aufregen und einen Reizpunkt setzen. Aber wenn in einem Spiel eh alles drunter und drüber geht, liegt es an ihm, auf die Mannschaft beruhigend einzuwirken. Mit seinem Verhalten soll er für die Spieler als Vorbild wirken. Weil das auch viel besser zu dem passt, wie die Sportart geworden ist. Sie wird heutzutage viel mehr mit Geduld und Logik gespielt. Es ist nicht mehr so, dass der Trainer derjenige ist, der seine blutrünstigen Bestien aus dem Käfig lässt, damit sie den Gegner zerfleischen. Produktiv ist klare und ruhige Kommunikation, bei der auch mal Lob für einen guten Wechsel eingestreut wird. Die Ansprache in der Kabine vor dem Spiel ist auch wichtig: Sie soll nicht zu lange sein, nicht selbstverliebt, sie muss auf den Punkt kommen. Gute Taktikbesprechung ist ebenfalls wichtig. Damit man als Spieler auch bemerkt, dass der Trainer versteht, was er uns zeigt.

Spielt es eine Rolle für einen Trainer, wie gut er als Spieler war? Es gibt Trainer, die als Spieler einen klangvollen Namen hatten, aber eigentlich das Spiel nicht verstanden und nicht kommunizieren konnten. Das kommt in allen Sportarten vor. Oft ist es so, dass große Talente das Spiel nicht so begreifen wie ein anderer. Was ein großer Spieler aus Intuition richtig gemacht hat, kann er später nicht erklären.

Ein Name hilft also, ist letztendlich aber nicht entscheidend. Der Spieler erkennt schnell, ob der Trainer wirklich ein Trainer geworden ist – oder ob er noch von seinem Spielerdasein lebt.

Ein Spezialfall ist der Bundestrainer. War er zu Zeiten von Dr. Ludek Bukac (1991 bis 94), George Kingston (1994 bis 98) und Hans Zach (1998 bis 2004) der Allein-Trainer, der als Assistenten die Nachwuchs- und Torwarttrainer beschäftigte, die ohnehin beim Verband angestellt waren, so wird die Arbeit inzwischen von einer ganzen Riege an Mitarbeitern erledigt. Bei Weltmeisterschaften sieht man bei den führenden Nationen ganze Trainerstäbe, die sogar noch einen General Manager und einen Assistant General Manager dabeihaben.

Das Coaching in der Nationalmannschaft ist ein anderes als im Klub. Da kann man neun Monate lang eingreifen. Der

Bundestrainer schaut acht Monate zu, nur in einem hat er die Möglichkeit, selbst tätig zu werden. Alles dreht sich um die 17 Tage, die ein WM-Turnier im Idealfall dauert.

Seinen Trainerstab sucht er sich selber aus. Das war Marco Sturm das Wichtigste, als er beim DEB 2015 anfing. Er wollte keine Leute reingedrückt bekommen, die mit Posten versorgt werden mussten, sondern die Leute seines Vertrauens um sich haben. Der Bundestrainer braucht zudem die Akzeptanz der Spieler, die in Deutschland spielen. Er muss den Kontakt zu den Spielern in Nordamerika halten und durch sein Charisma oder seine eigene Karriere den Spielern in der NHL auf Augenhöhe begegnen können.

Marco Sturms Nachfolger Toni Söderholm sagte mir zwei Tage vor WM-Beginn 2019 auf meine Frage, ob er sich den Job so vorgestellt habe, dass es ihn überrasche, wie viel Zeit die Arbeit mit den Medien erfordert. Der Trainer muss was zu erzählen haben und seine Sportart darstellen können. Er muss für die Medien interessant sein, denn er ist das Aushängeschild. Darum gehört zum Anforderungsprofil eines Bundestrainers auch, dass er Deutsch spricht. Wen würde es sonst interessieren, einen Eishockeybundestrainer im *Aktuellen Sportstudio* zu sehen, dessen Namen man nicht kennt und dessen Ausführungen minutenlang übersetzt werden müssen?

Schon wegen der Medienanfragen brauchte der WM-Trainerdebütant Söderholm starke Assistenten, die ihm viel abnahmen, damit nichts liegen blieb, was bei einem großen Turnier ansteht: Videocoaching, Vorbereitung auf den Gegner, Vorbereitung des eigenen Spiels.

Wenn ich auf meine Spielerkarriere zurückblicke, muss ich sagen: Der Trainer ist selten entscheidend dafür, ob die Mannschaft oder der einzelne Spieler Erfolg hat. Viele Spieler schieben es auf den Trainer, wenn sie glauben, nicht alles erreicht zu haben. Doch richtig schlechte Trainer erlebt man nicht häufig. Fatal ist es, wenn man sie im Nachwuchs hat. Wenn ein Trainer es wirklich nicht draufhat, Cheftrainer in einer professionellen Liga zu sein, ist er spätestens nach einem halben Jahr weg.

Habe ich einem Trainer besonders viel zu verdanken? Wahrscheinlich George Kingston und meinen Landshuter Nachwuchstrainern, die mich als spezielles Kind richtig forderten, mir aber auch Freiheiten ließen. Dass ich schon mit 16 mit der ersten Mannschaft trainieren durfte, was meine Juniorentrainer Michael Eibl und Wolfgang Dylla mit Manager Max Fedra initiierten, hat mir wahnsinnig viel gegeben, weil es mich auf ein ganz anderes Level brachte. Das war die Zeit, in der ich mich gefühlt am schnellsten entwickelte.

Oft ist es nicht nur ein Trainer, der wichtig für einen ist, sondern eine gesamte Organisation. Die Adler Mannheim, wohin ich im zweiten Profijahr ging, waren die richtige Wahl für mich. Ihr Trainer Lance Nethery kannte mich schon, weil er zuvor in Landshut Co-Trainer gewesen war. Marcus Kuhl, der Manager, wollte junge deutsche Spieler in der Mannschaft haben, es entstand eine Aufbruchstimmung, und ich passte rein. Du brauchst immer einen, der die Tür öffnet und dir Vertrauen gibt.

Von Trainern habe ich oft auf der menschlichen Seite profitiert. Eine charismatische Person wie Bundestrainer Hans Zach hat in einer Zeit, in der es für deutsche Spieler auf dem Markt schwer war, nicht zugelassen, dass wir uns in die Opferrolle fügten, sondern uns angestachelt. So etwas nimmt man mit ins Leben. Bei Uwe Krupp hat mich beeindruckt, wie prägnant er Sachverhalte erklären konnte. Bei anderen Trainern habe ich bewundert, wie sie mit Ansprachen eine Mannschaft einstellten, sodass die Emotion perfekt dosiert war.

Das Wichtigste, was ich von einem Trainer gelernt habe, ist Eigenverantwortung. Mit welcher Leidenschaft man den Sport betreibt, wie fleißig man ist, das liegt an einem selbst. Zum Erfolg gibt es keine Abkürzung.

Da mir früh bewusst war, dass ich mein Geld nach der Spielerkarriere sicher nicht als Trainer im Eishockey verdienen würde, habe ich Medizinmanagement studiert. Ergebnis: Inzwischen betreibe ich zwei Physiotherapie-Praxen mit insgesamt über 20 Angestellten. Heute stelle ich fest: Es macht keinen Unterschied, ob du Eishockeyspieler oder normale Angestellte führen musst, du hast dich einfach um Charaktere zu kümmern.

Und wenn ich darüber nachdenke: Eigentlich hätte ich doch den Trainerschein machen sollen.

Fünf Fragen an Doug Mason, langjähriger DEL-Trainer

Was ist die Sprache in der Kabine?
Englisch wird allmählich zur Nummer eins. Ich weiß, dass sogar schwedische Trainer in Schweden ihre Sitzungen auf Englisch abhalten. Die meisten Spieler in Europa verfügen über solide Englischkenntnisse. Trotzdem glaube ich, dass ein Trainer die Sprache des Landes, in dem er arbeitet, erlernen sollte.

Man konnte in der DEL bislang nicht absteigen – nimmt das den Druck vom Trainer?
Glaube ich nicht. Die Coaches werden alle an der kurzen Leine gehalten, die Entscheidungen über ihre Zukunft oft auf der Basis von Sieg oder Niederlage und von emotionalen Menschen getroffen.

Wie begegnet man als Trainer dem Starspieler, der mehr verdient als man selbst?
Bei mir gründet keine Entscheidung auf Gehalt oder Nationalität eines Spielers. Ich versuche, alle mit dem gleichen Respekt zu behandeln.

Ist ein Trainer immer auch Scout, dem während eines Spiels gegnerische Akteure auffallen?
Wir erkennen gute Leistungen gegnerischer Spieler an, aber das wäre keine angemessene Art zu scouten. Man lernt einen Spieler besser kennen, wenn man ihn von der Tribüne aus beobachtet oder mehrere seiner Vorstellungen auf Video sieht. Zu oft achtet man auf die offensive Produktivität, ich will aber auch sehen, wie ein Spieler sich verhält, wenn er die Scheibe nicht hat.

Wie ist es, wenn man sich trennt?
Zweimal habe ich erlebt, dass wir uns von Spielern trennen mussten, weil sie in ihrer Unzufriedenheit über zu wenig Eiszeit gegen

das Team gearbeitet haben. Bei meiner ersten Entlassung war ich auf alle sauer. Heute weiß ich: Es war nicht persönlich gemeint. Man geht dann auch nicht mehr zu den Spielen seiner Ex-Mannschaft – und auch nicht zu Spielen eines Klubs, bei dem der Trainerkollege unter Druck steht.

SICH PRÜGELN?
MANCHMAL MUSS ES SEIN

Zwischen den Fingerknöcheln meiner rechten Hand habe ich eine Narbe. Sie stammt von einer Wunde, die mit drei Stichen genäht werden musste. Ein Andenken an meine erste Schlägerei in Nordamerika. Zeige ich Leuten die Stelle, glauben sie, ich hätte meinem Gegner in der tätlichen Auseinandersetzung ordentlich die Zahnleiste poliert.

So war es nicht. Meine erste Schlägerei war keine Helden- und keine Siegesgeschichte. Ich verlor sie sehr eindeutig.

Als großem Spieler, der gerne Checks setzte, war mir bewusst, dass ein Eishockeyfight irgendwann zwangsläufig auf mich zukommen würde. 1997 ging ich nach Nordamerika und stand vor der Wahl: Entweder mache ich mir schnell einen Namen, indem ich die Gelegenheit zum Fight suche; dafür muss man es allerdings auch können. Da ich es nicht beherrschte, ich die Boxerei nicht mochte und in Deutschland nicht praktiziert hatte, sagte ich: Abwarten, bis es passiert. Das Problem: Die *tough guys* der anderen Mannschaft warteten nur darauf, mich herauszufordern.

Mein erster Fight passierte im zwölften Spiel. Bis dahin hatte ich hart gespielt, gecheckt, mit dem Schläger gearbeitet. Dann kam es zur Situation, dass ich im Eck einen der *tough guys* des gegnerischen Teams checkte, einen mit dreistelligem Strafzeitenkonto pro Saison. Da konnte ich nicht zurückziehen, im Gegenteil: da musste ich vor den Augen meiner Mannschaft den Check schon durchziehen. Als Antwort bekam ich einen Stockschlag. Einen zweiten wollte ich mir nicht gefallen lassen, dann kam das Kommando: „Let's go." Die Handschuhe fielen.

Meine Taktik war: Ich wollte verhindern, gleich ausgeknockt werden. Ich merkte schnell: Eishockeykämpfe haben viel mit

Technik zu tun. Man steht sich nicht offen gegenüber wie Boxer im Ring, vielmehr hält man sich am anderen fest. Kommt der erste Schlag auf einen zu, sollte man abtauchen, damit die Faust des Kontrahenten auf den Helm geht – wenn man ihn in diesem Moment noch aufhat. Der Schmerz ist auszuhalten. Man darf aber nicht zu lange unten bleiben, sonst kommt der Schwinger ans Kinn, der einen umhauen würde. Wichtig also: Nicht unten ankommen, wenn der Schlag von unten geführt wird, nicht am höchsten Punkt angelangen, wenn die Faust aus dieser Richtung herniederfährt. Beide Szenarien würden zum klassischen K. o. führen.

Zurück zu meinem amerikanischen Fight-Debüt. Der andere traf mich zunächst tatsächlich am Helm. Ich begann schon, mich innerlich zu feiern: Das habe ich aber gut gemacht! Jetzt wollte ich es auch mal versuchen und holte aus. Ich staunte, wie gut ich rüberkam mit meinem Arm. Bis ich merkte: Der Kerl hielt mich hinten an meinem Trikot, riss am Schulterschutz. Er brauchte nicht mal abzutauchen, denn meine Hand stoppte gefühlt einen Zentimeter vor seinem Gesicht. Starke Technik – von der ich leider noch nie gehört hatte.

Nun holte er aus, und ich versuchte, was ich gerade erfahren hatte, bei ihm anzuwenden. Klappte leider nicht so gut, seine Faust schrammte leicht über mein Auge drüber. Mein nächster Konter stoppte schon fünf Zentimeter vor seinem Kopf, und jetzt ging es dahin. Sein nächster Schlag saß, ich verlor den Halt und fiel – mit der Hand auf die Zacke seines Schlittschuhs, riss sie mir zwischen den Knöcheln auf. Die Wunde wurde schließlich mit drei Stichen genäht. Also von wegen dem anderen schön auf die Fresse gehauen und mir seinen Zahnabdruck als Trophäe geholt.

Ich war kein Fighter. Ich hatte dafür weder die Technik noch die Schnelligkeit. Für mich war es, um ehrlich zu sein, okay, wenn es fifty-fifty ausging. Gewonnen habe ich drüben überhaupt nur einen Fight. Da bin ich auf den anderen losgegangen, weil er mich mies gefoult hatte. Da habe ich auch nicht mehr gewartet, bis er bereit war. Ich habe ihn einfach vermöbelt, bis ich von den Linesmen weggezerrt wurde.

Wie bereits erwähnt habe ich das Fighten nicht erlernt. Im deutschen Nachwuchs war das einfach kein großes Thema. In Kanada ist es das schon. Viele nehmen schon in frühen Jahren Boxtraining. Allerdings tun sie das auch deshalb, weil es generell ein gutes Training ist. Das Zuschlagen ist dabei der kürzeste Part, segensreich für die Kondition und Beweglichkeit sind das Aufwärmen, das Seilspringen, die Übungen. Was man mit Boxtraining auch erreichen kann: Dass die Angst schwindet, die man vor einem Kampf haben könnte.

Wobei, wenn es richtig zur Sache geht, Angst dann gar kein Thema ist. Denn du denkst in diesem Moment nicht mehr. Der letzte Moment von Rationalität findet Sekundenbruchteile vor dem Ausbruch statt. Ich schätze, dass etwa 75 Prozent noch kurz kalkulieren: Ist der andere etwa gleich groß, kann ich mit dem überhaupt fighten? Doch kommt man an diesem Punkt überhaupt nicht an gegen diese Überemotionalität, die sich aus einer konkreten Situation ergibt. Etwa, dass man übel gefoult wurde, oder sie sich übers ganze Spiel aufgebaut hat. Der Körper ist voller Adrenalin, da stehen sich zwei gegenüber und schauen sich in die Augen, sagen vielleicht noch kurz „Let's go" oder „Komm". Es zählt nur der Fight. Was sein kann: Dass man in den fünf Minuten danach noch den Flattermann hat und vor Erregung zittert. Kein Wunder nach Pulsschlag 200.

Kann man sich als Spieler einem Fight entziehen? Ja, kann man. Wenn zu erkennen ist, dass nur eine Seite daraus einen Vorteil ziehen würde. Oder es keinen Grund gibt, weil der Gegner klar zurückliegt, längst verloren hat und nur Frustabbau betreiben und stänkern will. Dann muss man sich nicht darauf einlassen. Oder wird ein technisch versierter Spieler von einem harten Spieler angegangen, erwartet keiner, dass er diese Aufforderung zum Kampf annimmt. Doch begegnen sich zwei auf

Augenhöhe – beide harte Spieler, beide Techniker, beide Torjäger, beide Torhüter – wird es schwer, einem Kampf aus dem Weg zu gehen. Man muss dann einfach seinen Mann stehen, sonst ist man für die anderen ein Weichei. In diesem Punkt ist Eishockey – bei allem fortschrittlichen Denken junger Spieler, die heutzutage ein viel liberaleres Welt- und Geschlechterbild haben – immer noch ein Macho-Sport.

Das Boxen war einmal ein Showelement des Eishockeys. Manchmal, vor allem in der NHL, schien es, als würden die Zuschauer nur darauf warten, dass sich zwei Spieler in die Wolle kriegen. Von dieser Folklore hat sich das Eishockey aber wegentwickelt, die NHL hat die Abkehr von den Schlägereien auch deshalb forciert, weil es zu Langzeitschäden gekommen war bei Spielern, die sich besonders oft beteiligt hatten. Wo hauen sich auch sonst noch Leute mit der bloßen Faust aufs Maul? Das machen ja nicht mal Profiboxer. Selbst die fragen uns: Seid ihr noch ganz sauber? Wisst ihr, was da passieren kann? Selbst wir, die nichts anderes tun und wissen, wie man sich auf einen Schlag vorbereitet und ihn kommen sehen, kämpfen ja nur mit dicken Handschuhen! Eishockeyspieler hingegen setzen sich dem Einprasseln schwerer Schläge im Sekundentakt aus. Das hält man höchstens eine halbe Minute aus. Die Nehmerqualitäten sind endlich.

Trotz aller Bedenken hat der Fight auch heute noch seine Berechtigung: Er ist das letzte Mittel, um jemandem klarzumachen, dass er eine Linie übertreten hat: etwa mit dem Versuch, seinem Kontrahenten mit Absicht eine Verletzung zuzufügen. Dann kommt man um diese „Erziehungsmaßnahme" nicht herum. Und auch wenn man selbst kein guter Fighter ist: In diesem Moment muss man für seinen Teamkameraden und seine Mannschaft einstehen. Das war auch die Ursprungsmotivation dafür, dass es auf dem Eis zu Kämpfen kam: Um den Gegner von linken Aktionen abzuhalten. Ein archaisches Relikt, zugegeben. Es ist noch ein Bestandteil des Eishockeys, was ich auch per se nicht schlimm finde. Wichtig ist: Die Anzahl der Schlägereien hat sich aber deutlich reduziert. Die Zuschauer wollen lieber die Stars zaubern sehen.

Die klassischen „Goons" gab es drüben in der NHL bis in die 80er-/90er-Jahre hinein, sie waren Schwergewichte, die mit einem Schlag allerhand anrichten konnten. Aber oft auch so schlechte Schlittschuhläufer, dass man als Team gar keine vierte Reihe mehr haben konnte. Die Goons gingen nur aufs Eis, wenn abgerechnet wurde. Auf dem neuen und schnellen Niveau wurden sie einfach überflüssig. Spielerisch haben sie nämlich nichts gebracht.

Jetzt hat man *Enforcer*. Das sind Typen, die wie „Pest" auf dem Eis sind, die sich unter die Haut spielen, die nerven, ohne dass ihr Tun auf eine Schlägerei hinausläuft. Sie müssen nicht zwingend groß sein – wie z. B. Brad Marchand von den Boston Bruins, der nur 1,75 Meter misst. Er ist ein begabter Stürmer, der in der Saison 2018/19 auf über 100 Scorerpunkte kam. Marchand steht eigentlich für spielerische Klasse und Effizienz, doch er hat auch eine Schattenseite: 96 Strafminuten und eine unappetitliche Besonderheit. Gegenspielern fuhr er, wenn man sich nahekam, mit der Zunge über die Wange, schleckte sie also ab. Marchand ist also ein Spieler, der seine Gegner doppelt beschäftigt. Als Typ und als Spieler.

Auf dem Eis wird auch viel gesprochen. *Trash Talk* ist der Fachbegriff. Nennen wir es „blöd daherreden". Es fallen Schimpfwörter, in die Tiraden werden die Frau, die Familie miteinbezogen. Es soll verletzend sein, ist aber oft so plump, dass man es nicht ernst nehmen kann. Zu einem krachenden Faustkampf wird diese Anmache selten führen.

Und wenn es knallt, dann knallt es eben. Doch selbst dann wird man noch den Ehrenkodex wahren: Wenn der Gegner am Boden ist, bedeutet das das Ende des Kampfes. Kein weiteres Nachsetzen.

Dass die Beteiligten danach für fünf Minuten und länger rausgehen müssen, eventuell sogar für den Rest des Spiels, finde ich vollkommen richtig. Auch aus Gründen des Selbstschutzes ergibt das Sinn. Nicht, dass die Streithähne noch einmal aneinandergeraten. Man muss es mit dem Gladiatorentum ja auch nicht übertreiben.

DIE WOCHE, DIE SAISON – DER RHYTHMUS DES EISHOCKEYS

Eishockeyspieler sind heute hier, morgen dort. Jedes Spiel ist eine neue Herausforderung, ein neues Abenteuer. Jede Sekunde kann gravierende Veränderungen bedeuten. Unser Leben erscheint wild, dennoch ist es auch sehr geordnet. Man muss ja keinem Bürojob nachgehen, um einen festen Rhythmus zu leben. Unserer sieht vielleicht etwas anders aus als beim normalen Arbeitnehmer. Und Weihnachten ist bei uns in der Regel etwas kürzer.

Gehen wir doch mal eine Eishockeywoche in Deutschland durch, wie sie typisch ist und sich zwischen Mitte September und März eigentlich ständig und verlässlich wiederholt. Spiele haben wir am Freitag und Sonntag. Wochenendarbeit also. Unser Wochenende ist der Montag. Da haben wir frei, das ist der große Relax-Tag, Zeit für die Familie. Wenn man da sportlich unbedingt was machen will, reicht eine halbe Stunde Joggen völlig aus. Denn am Dienstag, das weiß man, wird man ausreichend beansprucht werden.

Dienstag ist der harte Tag. Mit Videobesprechung zum vorangegangenen Wochenende, gefolgt von einem harten Eistraining mit weiten Wegen und Zweikämpfen. Danach noch Kraft- und Ausdauerübungen außerhalb des Eises, individuell gestaltet. Der Dienstag ist weit weg vom Freitag, da kann man sich auch auf den Muskelaufbau und die grundsätzlichen Sachen konzentrieren. Er hat von seinem Schrecken nichts verloren, auch wenn es früher gang und gäbe war, dass er zwei Eiseinheiten bis zu je zwei Stunden hatte und damals auch schon ein kerniges Off-Ice-Training dazukam. Nur geht man heutzutage im Training über die Intensität, statt über die Distanz. Die Trainingsphilosophie hat sich gewandelt: Während der Saison wird man kaum noch zweimal an einem Tag aufs Eis gebeten, das Training ist immer vormittags, und selbst an den Dienstagen ist nach einer guten Stunde Schluss.

Wofür der Dienstag auch da ist: ein Kabinenfest. Wichtig für den Zusammenhalt in der Mannschaft. In der Saisonvorbereitung ist das Kabinenfest ideal, um die neuen Spieler willkommen zu heißen und zu integrieren. Sie können da gleich ihren Einstand zahlen. Und durch die Festchen während der Saison bleibt man im Gespräch. Ein, zwei Bierchen müssen zwischendurch erlaubt sein.

Am Mittwoch widmet man sich mehr der Taktik: Spielaufbau, ein bisschen Überzahl. Die Intensität nimmt ab. Im Krafttraining geht man nicht mehr so hart oder lang. Der Donnerstag ist ähnlich, ein wenig reduzierter noch.

Nehmen wir einen Freitag, an dem das Team ein Heimspiel hat. Vormittags ist Training, oft freiwillig, Anschwitzen, das sind nur fünfzehn Minuten, um für sich selbst ein gutes Gefühl zu bekommen, die Klamotten schon mal anzuhaben, ein paar Schüsse zu machen, auf dem Eis zu lachen. Und in dieser Lockerheit beginnt man, die Spannung aufzubauen. Wenn er es nicht schon am Donnerstag getan hat, wird der Trainer dann auch noch per Videoanalyse den Gegner vorstellen.

Üblich bei Heimspielen am Freitag ist es, dass das Team gemeinsam zu Mittag isst. Entweder in der – das gibt's inzwischen – eigenen Küche oder im Restaurant. Anschließend kann man nach Hause fahren. Dort ist *Nap Time*. Wir Eishockeyleute sind richtig gute Schläfer! Wir trainieren uns das regelrecht an, weil wir – zugegeben – ja auch jede Menge Tagesfreizeit haben. Manche schaffen bis zu zwei Stunden Mittagsschlaf. Er ist wie eine Reset-Taste. Lediglich fünf bis maximal zehn Prozent der Spieler, so meine Erfahrung, legen sich am Nachmittag vor dem Spiel nicht hin. Ich gehörte zur Mehrheit der 90 bis 95 Prozent.

Wenn das Spiel um 19.30 Uhr losgeht – in der DEL die feste Freitagszeit – muss man spätestens um 17.30 Uhr da sein. Man kann vorher zu Hause noch einen Kaffee trinken und einen trockenen Kuchen essen. Im Stadion wird die Spielvorbereitung dann sehr individuell. Jeder hat seinen Ablauf, bis es zum Warm-up aufs Eis geht. Es gibt Spieler, die sich ihrem Schläger widmen, an ihm rumschnitzen, ihn tapen. Andere machen sich eine halbe Stunde im Kraftraum warm, ehe sie zum eigentlichen Warmmachen raus müssen. Einige Klubs bieten sogar einen kleinen Zirkel mit ihrem Fitnesscoach an. Die meisten Spieler treffen sich zu einer Runde Fußball im Kreis. Ball hochhalten, *one touch,* das ist auch gut für die Stimmung. Und dann spielst du Eishockey.

Was ist, wenn das Spiel vorbei ist? Keiner zieht sich aus und geht einfach nach Hause. In der NHL kann es vorkommen, dass der Konditionstrainer sich die Mannschaft sofort nach der Schlusssirene greift, sie für eine Viertelstunde in den Trainingsraum holt und erst danach zu den Interviews mit den Medien schickt. Bei uns gehen manche radeln, joggen, oder sie machen tatsächlich eine Einheit Krafttraining – auch und gerade, wenn sie angefressen sind, weil es im Spiel nicht so gut gelaufen ist. Es gibt auch welche, die sich ins Kühlbecken setzen. Es kommt natürlich auch darauf an, wie hoch die Belastung im Spiel war. Der Stürmer, der nur zwölf Minuten Einsatzzeit hatte, wird eher noch was machen und seinen Puls auf dem Fahrradergometer noch einmal hochbringen als der Kollege, der 22 Minuten auf dem Eis gestanden hat.

Solch ein Programm kann man auch nach Auswärtsspielen durchziehen. Es ist in der DEL vorgeschrieben, dass dem Gästeteam ein paar Fahrräder zur Verfügung gestellt werden müssen, einige Klubs bringen noch eigene Spinningräder mit. Aber man braucht gar nicht viel an Gerätschaften, sondern kann auch mit dem eigenen Körpergewicht trainieren.

Der Samstag: Man trifft sich zunächst zur Besprechung des Freitagsspiels und blickt voraus auf den Gegner am Sonntag. Das Training auf dem Eis dauert meist nur 30 Minuten, ist aber durchaus intensiv.

Und dann? Haben wir den Rest des Tages frei? Nein. Wenn am Sonntag ein Auswärtsspiel stattfindet und die Wegstrecke mehr als drei, vier Stunden beträgt, macht man sich schon am Samstagmittag auf. Am Sonntag beginnen einige Spiele bereits um 14 Uhr, andere um 16.30 Uhr, um 17 Uhr und nur eines um 19 Uhr. Lieber einen Tag vorher da sein und nicht den Stress riskieren, am Spieltag in einen Stau zu geraten. Auch wenn man fliegt, darf man nicht zu knapp kalkulieren. Was, wenn ein Flug ausfällt? Zumindest in der Früh des Spieltages sollte man abheben.

Wie wir wohnen? Nicht in den Fünf-Sterne-Häusern. Aber in ansprechenden Hotels, meist aus der Vier-Sterne-Kategorie. Die Liga hat oft Sponsoring-Beziehungen, sodass in bestimmten Städten die DEL-Teams in der Regel im selben Hotel untergebracht sind.

Nach dem Auswärtsspiel hat man mindestens 45 Minuten, oft eine Stunde Zeit bis zur Abfahrt des Busses. Auf dem Parkplatz hinter den Kabinen warten Fans – bei uns im Eishockey ist, anders als im Fußball, dieser Bereich nicht abgesperrt. Sie wollen Autogramme oder über das Spiel sprechen. Oft kennt man sich. Respekt vor allen, die ihr Team zu Auswärtsspielen begleiten. Wir kommen erst im Morgengrauen zurück. Am Ende unserer Woche.

Auch die Saison hat einen Rhythmus. Eine Mannschaft trifft sich Ende Juli zu Leistungstests, medizinischen Untersuchungen, die Spieler, die neu in die Stadt kommen, beziehen ihre Wohnungen, die in der Regel vom Verein gestellt werden, und bekommen ihre Autos, an die sie sich gewöhnen müssen. Da gibt es Geschichten von Pannen, die verlässlich immer wieder passieren, wenn ein Importspieler erstmals nach Europa kommt. Dass er beim ersten Tanken statt Diesel Benzin einfüllt und seinen Wagen erst mal kaputt auf der Autobahn stehen lassen muss. Auch die Gangschaltung kann ein Problem sein, wenn einer in Amerika bislang nur Automatikgetriebe kannte. Jedenfalls: Bevor man zum ersten Mal richtig zum Mannschaftstraining aufs Eis geht, empfiehlt es sich, eine Woche davor schon in der Stadt zu sein. Einige müssen auch ihren Jetlag loswerden.

Dann wird die Ausrüstung verteilt. Man muss sie einspielen, besonders die Handschuhe erscheinen einem hart und steif, pro Jahr braucht man zwei, drei Paar. Das klingt nach Luxus, aber allein von der Schutzfunktion her ist es angebracht. Ein Schienbeinschoner, auf den dreihundert Mal draufgeschlagen wurde, wird spröde, auch der Helm wird in einer Saison mit 70, 80 Spielen und noch viel mehr Trainingseinheiten in Mitleidenschaft gezogen. Natürlich gibt es auch Spezialisten, die ihre ganze Karriere mit einem Schulterschutz spielen und die sich das Teil immer wieder zurechtbasteln. Manchmal fragst du dich: Wie überlebt der Kollege noch einen Check?

Schlittschuhe einzuspielen ist mit Schmerzen verbunden. Früher hat man sie vor dem Anziehen in den Ofen gestellt und erwärmt. Das sollte den Effekt haben, dass der harte Schuh sich an die individuelle Fußform anpasst. Ich habe auch von Spielern gehört, die in ihren Schuh vor dem Erstgebrauch reingepinkelt haben – den wissenschaftlichen Hintergrund kenne ich nicht. Und zum Glück musste ich das nie live miterleben. Der Geruch allein ist schon streng genug.

Um den 1. August herum bist du dann regelmäßig auf dem Eis. Ab dem zweiten, dritten Tag wird es richtig hart. Dann wird Kondition gebolzt. Mit vielen Sprints, um dich an die Intervalle von 30, 40 Sekunden zu gewöhnen, und mit Zweikämpfen. Du kannst im Sommer viel gemacht, dich geschunden haben und richtig fit fühlen – ab dem fünften, sechsten Tag der Saisonvorbereitung wirst du Momente erleben, in denen du zu Hause vor lauter Muskelkater nicht mehr von der Toilette hochkommst. Vom Rücken bis in die Knie runter fühlt sich alles wie ein einziger übersäuerter Muskel an.

Die ersten vier Wochen der Vorbereitung sind sehr hart, die folgenden zwei Wochen geht die Intensität zurück. Man nimmt allmählich den Rhythmus an, der die Saison bestimmen wird. Er wird allenfalls mal unterbrochen, wenn der Trainer sauer auf die Mannschaft ist und sie mal eine Stunde laufen lässt, ohne dass sie einen Puck zu sehen bekommt. Als Spieler zweifelst du eine solche Maßnahme an, erstaunlicherweise funktioniert sie zwischendurch aber immer wieder.

Um Vorbereitungsspiele kommt man nicht herum. Aufs erste freut man sich wahnsinnig, und ebenso aufs letzte. Du willst wissen, wo du stehst, willst deinen Rhythmus finden, und die Aggressivität sollte nicht nur im Training ihr Ventil finden. Doch ab einem gewissen Zeitpunkt nerven dich diese Testspiele, du willst, dass das echte Eishockey beginnt.

Was im August und der ersten Septemberhälfte stattfindet, erzählt wenig über das, was kommen wird. Wenn einer in sieben Testspielen zehn Scorerpunkte macht, heißt das nicht, dass es in den ernsten Spielen so weitergeht. Kann sein, dass zehn Punkte dann seine Ausbeute für die 52 Saisonspiele sein werden. Umgekehrt habe ich Mitspieler erlebt, die in der Vorbereitung kein Tor geschossen haben und über die hinter vorgehaltener Hand bereits als Fehleinkauf gesprochen wurde. Und mit dem ersten Punktspiel legten sie den Schalter um und spielten ein Paradejahr.

Von Fans hört man öfter, dass die Eishockeysaison für sie erst beginnt, wenn es sich draußen nach Winter anfühlt, wenn der Sommer, in den unser Saisonstart kalendarisch fällt, vorbei ist und es im Herbst spürbar kälter wird. Die Perspektive von uns Spielern darf das nicht sein. Wir sind den Fans ja auch Wochen voraus. Wenn wir schon täglich auf dem Eis trainieren im August, beschäftigt sich der Fan mit seinem Garten und hat es schön. Dass es draußen behaglich warm ist, bekommst du als Spieler gar nicht mit, denn dein Arbeitsplatz ist eine kalte Eishalle. Du nimmst keine Jahreszeiten wahr, für dich gibt es nur eine, und sie ist kalt. Stört das? Nein, denn man kennt es nicht anders.

Ähnliche Geschichte: Weihnachten. Da herrscht im Eishockey Vollbeschäftigung. Der Fußball pausiert, über die Feiertage, zwischen den Jahren, lieferst du das beste Sportangebot, die Leute haben Zeit, die Hallen sind voll, die Vereine nehmen diese attraktiven Spieltage gerne mit: am Vorabend von Heiligabend, am zweiten Weihnachtsfeiertag, am 28. und 30. Dezember, dann gleich wieder nach Neujahr, Dreikönig. Spieler mögen es auch, viele Partien zu haben. Man trainiert dann halt weniger. Wir sind Spieler, keine Trainierer. Darum hat die Weihnachtszeit für den Eishockeyspieler nicht den Stellenwert wie für normale Menschen. Man weiß: Ein Tag ist frei, in der Regel der Heiligabend. Am 25. Dezember, für die Importspieler eigentlich der Weihnachtstag, den sie aus ihrer Kultur kennen, ist schon wieder Training. Klar, auf Auswärtsfahrt für ein Spiel am 26. Dezember geht man nicht gerne. Gleiches gilt für Neujahr, wenn – durchaus üblich – für den 2. Januar ein Spieltag angesetzt ist.

Weihnachten hat für dich nicht die zeitliche Größe, solange du spielst. Es ist dir bewusst, dass du in diesem Beruf eben nicht vom 27. Dezember bis 6. Januar in Urlaub fahren kannst. Zeit haben die anderen. Die Fans. Sie können in die Hallen kommen. Und auf diese besondere Stimmung hast du als Spieler Bock.

Unsere richtige Jahreszeit aber sind die Play-offs. Für sie arbeitest du das ganze Jahr. Es geht um die Meisterschaft. Oft ist es der Zeitpunkt, zu dem die Importspieler ihre Familien nach Hause schicken, weil sie ihre Ruhe haben wollen, keine Ablenkung, nur Konzentration. Die Taktung des Spielplans ist so, dass es Schlag auf Schlag geht: alle zwei, drei Tage ist ein Spiel.

Und irgendwann ist die Saison vorbei für dich und dein Team. Entweder du bist Meister geworden und feierst eine Woche. Oder du bist ausgeschieden – und machst ebenfalls was Gemeinschaftliches: Skifahren mit der Mannschaft, oder du bist in der Stadt unterwegs für ein paar Tage, bevor es für die deutschen Nationalspieler in die WM-Vorbereitung oder für die Importspieler zurück nach Nordamerika geht.

Eine Mannschaft wird nie sofort auseinandergehen, wenn sie ausgeschieden ist oder die Play-offs gar nicht erst erreicht hat und es Ende Februar, Anfang März für sie nichts mehr zu tun gibt. Sie wird einige Abende weggehen, Sachen, die liegen geblieben sind, aufarbeiten, bis dato Unausgesprochenes besprechen. Dies geschieht mit Kneipenkultur.

Diese Geselligkeit ist die Klammer um die Saison. Zu Beginn ist es von den Trainern gewollt, dass die Mannschaft abends mal rausgeht, um sich kennenzulernen, um auf diese Art Teambuilding zu betreiben, und am Ende ergibt sich das von selbst, ohne dass man es explizit ausmachen würde.

Fünf Fragen an Tom Hieble, Verkaufsleiter der Create-Sports Handels GmbH, Ausrüstungsexperte

Was kann ein Carbonschläger, was die Holzschläger von früher nicht konnten?
Mit dem Carbonschläger hat man definitiv einen Vorteil. Er hat einen Kickpoint, der dem Spieler eine Verstärkung der Schussgeschwindigkeit erlaubt. Auch das Stickhandling ist viel einfacher geworden, da die Schläger mit 400 Gramm sehr leicht sind. Beim Holzschläger war noch Muskelkraft angesagt, der kräftigere Spieler hatte den besseren Schuss.

Skatet man heute dank Technologie schneller als vor 30 Jahren?
Die Kraftübertragung durch die neuen Skates ist viel direkter und explosiver. Heute wird mit 3D-Scannern die perfekte Größe und das perfekte Modell für jeden Spieler gefertigt. Die Härte des Schuhs ist auch ein Garant dafür, dass keine Kraft zwischen Skate und Eis verpufft.

Wie werden Schläger und Ausrüstungsgegenstände entwickelt?
Hier haben alle Topanbieter ein sehr großes Entwicklungsteam aus Fachmännern für Produkte, Materialbeschaffung und Produktionsarten. Jeder Anbieter hat ein eigenes Labor, wo sehr aufwendig getestet wird. Die Entwicklung für ein Produkt dauert mindestens 12 bis 18 Monate.

Zählen auch die Meinungen der Topspieler?
Natürlich werden die Erfahrungen von Topspielern in die Entwicklung eingebunden.

Warum brechen manche Schläger so schnell, andere jedoch gefühlt nie?
Der Bruch eines Carbonschlägers ist von vielen Faktoren abhängig. Alleine der Temperaturunterschied in verschiedenen Eishallen beeinflusst

die Haltbarkeit massiv. Manche Spieler wie Alexander Ovechkin spielen sehr weiche Schläger und haben dadurch einen sehr hohen Verbrauch. Generell ist die Haltbarkeit der Schläger im Vergleich zu vor zehn Jahren viel besser geworden, hier hat sich die Technik auch sehr stark weiterentwickelt.

LEBEN IM BUS – WENN TEAMS REISEN

Man hat im Eishockey pro Wochenende in der Regel ein Auswärtsspiel, und nicht jedes liegt in der Nachbarschaft. Die DEL kann eine Liga der weiten Wege sein. Von Straubing nach Bremerhaven, von Schwenningen nach Berlin, manchmal geht es kreuz und quer durch die Republik. Mit dem Flieger? Die Klubs mit dem größeren Budget im zweistelligen Millionenbereich versuchen, Reisestrapazen zu minimieren. Was allerdings auch nur funktioniert, wenn in der Nähe des Zielorts auch ein Flughafen ist. Und die eigene Stadt sollte auch eine Anbindung an den Flugverkehr haben. Die immer noch weitverbreitete Realität ist: Eishockey ist eine Sportart, für die man sehr viel Bus fährt.

So etwas wie Truckerromantik entwickelt sich auf diesen Reisen nicht. Die langen Trips findet keiner schön, sie nerven. Wenn du mit Iserlohn am Sonntagabend in München gespielt hast, erwarten dich eben sechs Stunden im Bus, bis du irgendwann zwischen ausklingender Nacht und beginnendem Morgen zu Hause bist.

Schläft man in dieser Heimfahrtzeit *on the road*? Ja. Aber es ist nicht einfach, auch wenn man für sich vier Plätze, also eine komplette Reihe, zur Verfügung hat. Seine 1,92 Meter – und Eishockeyspieler sind ja eher groß und breit gebaut – muss man irgendwie unterbringen. Ich habe Mitspieler erlebt, die sich beim Schreiner Bretter haben anfertigen lassen, die sie über den Gang legen konnten. Manche haben Kissen oder kleine Matratzen dabei, manche schlafen auf dem Boden im Gang oder unter den Sitzen. Die Faustregel besagt: Schöner ist es, das Auswärtsspiel am Sonntag zu haben, weil Montag frei ist und man dann ausschlafen kann.

Alle haben die ganze Saison über die gleichen Plätze im Bus. Man sucht sie sich zu Beginn aus. Da man eigentlich nur im

Doppeldecker reist, gibt es eine weitere klare Aufteilung. Die Trainer, der Manager, der Arzt, die Physiotherapeuten sind unten, die Mannschaft oben. Die Trennung ist gerade auf der Rückfahrt sinnvoll: Die Trainer schneiden sich das Spiel zusammen, betreiben ihre Analyse. Nach einem schlechten Spiel, wenn der Coach noch sauer ist, tut die Distanz von einem Busstockwerk ganz gut. Ich habe es zu meiner Spielerzeit noch erlebt, dass es im Bus Bestrafungen gab. Zum Beispiel, dass wir keinen Film ansehen durften und die Bildschirme dunkel blieben. Oder dass der Trainer uns zwang, das verlorene Spiel mit unseren Fehlern komplett anzuschauen.

Im Bus kannst du dir deinen eigenen Mikrokosmos schaffen. Du errichtest dir einen Gartenzaun, hinter dem du froh bist, auch mal alleine zu sein. Es kann vorkommen, dass weiter vorne im Bus lustige Sachen passieren, von denen du aber gar nichts mitbekommst, weil du einen Platz weiter hinten hast. Das Leben im Bus ist ein Mix aus Geselligkeit und dem Bestreben, allein zu sein.

Früher wurden im Bus über die beiden Monitore Filme geschaut, es musste zuvor nur ausdiskutiert werden, ob der Film auf Deutsch oder Englisch läuft. Heute streamt jeder für sich seine Serie auf dem Tablet oder Laptop. Auch der E-Sport greift um sich. Die neuen Spiele halt, nicht mehr Tetris wie bei meinen ersten Reisen als Jungprofi.

Ab und zu erleben ältere und nichtelektronische Spiele ein Revival. Bei uns war *Tabu* angesagt, ein Worterklärspiel für vier Personen, in der Reise-Edition. Von den Kölner Haien hörte man, dass sie 2018/19 *Die Siedler von Catan* spielten. Als Brettspiel. Und weil über zehn Leute ständig mitmachten, wurde sogar ein zweites Spiel angeschafft. Es kam sogar vor, dass die Spieler das Brett vorsichtig vom Bus ins Hotel trugen, um dort weitermachen zu können. So was ist super für ein Team! Ansonsten sind Poker, teilweise um Geld, Backgammon und Schach angesagt.

Einige Spieler, die nebenbei Aus- und Fortbildungen machen, versuchen, im Bus zu lernen. Das ist aber, wie ich aus eigener Erfahrung sagen kann, schwierig.

Der Bus ist auch unser Restaurant. Wenn man nach dem Auswärtsspiel nicht gleich ein Catering in der Kabine hat, bestellt man das Essen zur Abfahrt in den Bus. In der Regel bei einem örtlichen Lieferservice. Der kulinarische Dreiklang des Eishockeyspielers auf Auswärtsfahrt ist Pizza, Nudeln, Salat. Mit der Zeit wussten wir Bescheid, welches Essen uns in welcher Stadt erwartete. Wer einmal aus dem Alunapf aß ...

Raststätten auf der Autobahn versucht man zu vermeiden. Man hält da nur, um den Müll zu entsorgen, zu tanken oder wenn die Fahrer – bei langen Touren sind es zwei – wechseln müssen. Gegessen wird in diesen Gaststätten jedenfalls nicht, und Getränke hat man im Bus. Dass einige bei einem Stopp schnell reingehen und sich einen Schmarren kaufen – Schokoriegel, Chips oder solches Zeug, was man da halt bekommen kann -, lässt sich wohl nicht vermeiden. Das ändert sich auch nicht dadurch, dass man Profisportler ist. Ansonsten versucht man, gar nicht erst zu halten, sondern so schnell wie möglich durchzufahren.

Wichtig ist es, sich mit dem Busfahrer zu verstehen. Darauf habe ich immer Wert gelegt. Wenn du da einen grantigen Kerl sitzen hast, der dich anmault, fühlst du dich bei ihm auch nicht wohl. Zum Glück finden die meisten Fahrer ihren Job mit einer Eishockeymannschaft cool, und eigentlich gehören sie zum Team und können für gute Stimmung sorgen.

In Amerika sind Busfahrten anders als in Deutschland. Da ist man nicht im komfortablen Doppeldecker unterwegs, in dem jeder Spieler eine ganze Sitzlandschaft für sich beanspruchen kann, sondern in einem relativ einfachen Gefährt mit halbrunder Aluminiumkarosserie – wie die Schulbusse in US-Filmen. Wenn du Rookie bist, hast du einen Sitzplatz, teilst dir die Bank also mit einem Mitspieler. Es ist deutlich komprimierter. In der American

Hockey League sind viele Auswärtsspiele in einer Reichweite von vier Stunden, darum wird viel mit dem Bus gefahren.

Irgendwann wird der Bus ein Transportmittel, du widmest ihm keine Aufmerksamkeit mehr. Also null Truckerromantik. Langen Busfahrten habe ich nach dem Ende meiner Karriere keine einzige Träne nachgeweint.

Fünf Fragen an Dieter Maier, Betreuer beim EHC München

Welche Berufe vereinen sich im Berufsbild Betreuer?
Metallarbeiter zum Schleifen der Schlittschuhe, wofür man viel Gefühl benötigt. Handwerker, um Kufen zu nieten, Helme zu reparieren und Ausrüstung instand zu halten. Trucker wegen des Materialtransports zu den Auswärtsspielen. Und manchmal ist man auch Kindermädchen.

Wie viele Waschgänge benötigt man, um die waschbaren Teile der Ausrüstung einer Mannschaft sauber zu bekommen?
Das hängt natürlich vom Fassungsvermögen der Waschmaschine ab. Bei 25 Kilo passt die komplette Ausrüstung eines Spielers rein, aber das macht man sehr selten. Nach jedem Training werden Unterwäsche, Trikots und 60 Handtücher gewaschen. Ein Spiel produziert vier Ladungen à 25 Kilo.

Wie viele Stunden arbeitest Du pro Woche?
Während der Saison 40 bis 55 Stunden. Da es gesetzlich vorgeschriebene Pausen gibt, wechseln sich zwei, drei Betreuer ab. Hauptarbeitszeit ist das Wochenende. Wenn es auswärts geht, müssen wir am Tag vorher nach dem Training die Sachen einpacken und uns auf den Weg machen. Fünf Stunden vor Spielbeginn beginnt die Vorbereitung in der Kabine und die Bestückung der Bande. Bei einem Heimspiel, das um 19.30 Uhr beginnt, kommen wir gegen Mitternacht aus der Halle.

An der Bande herrscht Kommen und Gehen, Stöcke gehen hoch an der Bande, es kann ein Puck durch die Luft fliegen – schon mal was abbekommen?
Gott sei Dank ganz selten und nur Kleinigkeiten. Seltener von einem Puck, eher von einem Schläger.

Wie riecht es in der Kabine?
Die Zeiten es extremen „Eishockeygeruchs" sind fast vorbei, im Profibereich wird ja jeden Tag gewaschen – aber natürlich hängt schon ein bisschen Schweiß in der Luft und in den Schlittschuhen.

WAS MAN IM EISHOCKEY VERDIENEN KANN

Ich war in meinem Leben ziemlich jung mal Millionär. Aber nur für ein paar Tage und nicht in Euro, sondern in D-Mark. Also eher ein Kurzzeit-Halb-Millionär. Und mein vorübergehender Reichtum kam während meiner Spielerkarriere zustande, aber nicht durch sie. Reden wir über Geld. Im Eishockey ist das wie im gesamten Profisport natürlich ein Thema.

Geld ist bei mir immer irgendwie reingekommen. Wie bei meinem Vater. Der ist Antiquitätenhändler, die Leute brachten ihm Sachen zum Ankauf – vom Krimskrams bis zum massiven Tölzer Bauernschrank. Wenn er den Kauf ausverhandelt hatte und es um keine große Summe ging, die zu zahlen war, kam er aus dem Geschäft nach oben und sagte zu mir: „Bring den Herrschaften das Geld nach unten." Er drückte es mir in die Hand, ich war der Bote. Wenn der Preis sagen wir 350 D-Mark betrug und mit glücklicher Fügung unter den Geldscheinen, die er mir gab, ein Zwanziger war, habe ich den eingesteckt und den Kunden gesagt: „Der Vater hat sich's überlegt. 330 zahlt er. Ihr könnt euch überlegen, ob ihr's dalasst oder wieder mitnehmt." Meistens ging mein Pokerspiel auf, die Kunden schimpften vielleicht ein wenig, zogen aber letztlich mit diesem Deal ab. Die Geschichte von meinem Nebenerwerb in jungen Jahren ist nie rausgekommen. Mein Vater wusste nichts davon, meine Mutter, glaube ich, schon. Aber sie fand das nicht weiter schlimm. Und für mich war es das erste Taschengeld. Das erste selbstständige Geschäft.

Ich habe Verträge seit Beginn meiner Profikarriere selbst verhandelt. Wenn wir bei einem Verein vom Tisch aufstanden, war das Thema Geld auch erledigt. Ich hatte nie das Gefühl, dass ich zu viel oder zu wenig verdiene. Ein Thema wurde das immer erst wieder, wenn ich mich im letzten Vertragsjahr befand. Da wollte ich natürlich wissen: Wie geht es weiter? Auch finanziell.

Meinen ersten Vertrag als Eishockeyspieler schloss ich mit 17 beim EV Landshut ab. Ohne Agenten. Ich hatte nie einen. Ich dachte: Den kann ich mir sparen. Und obwohl ich auch später nie einen beschäftigte, denke ich im Nachhinein anders darüber. Was allerdings auch die tun, die von klein auf einen hatten. Heute meine ich: Am Anfang einer Karriere kann es sinnvoll sein, sich vertreten zu lassen. Die Agenten haben ein Netzwerk, sie wissen, wann wo eine Stelle frei wird, welcher Klub gerade händeringend einen bestimmten Typen sucht. Spielerberater haben die Übersicht, was in der Liga der Gehaltsstandard ist, was man auf welcher Position gerade verdienen kann. Eventuell kann man mit diesem Wissen sogar beim eigenen Klub den Preis in die Höhe treiben.

Ich, 17, verhandelte mit Landshuts Geschäftsführer Max Fedra. Mein Vertrag für die erste Saison mit der Profimannschaft des EVL: 1500 D-Mark netto im Monat plus ein Auto. Nutzen konnte ich es aber erst mit 18, gegen Ende der Saison. Zuvor fuhr meine Mutter mich, manchmal kam ich auch mit einer Fahrgemeinschaft von Dingolfing nach Landshut. Hatte ich gut oder schlecht verhandelt? Null Ahnung.

Was ich gehört hatte aus Kreisen der Mannschaft: Dass die Spitzenverdiener, da früher in den 80er- und damals in den 90er-Jahren Gehaltszahlungen bisweilen verspätet kamen, persönliche Bürgschaften des Vorstandes oder von einem der größeren Sponsoren haben wollten. Und so forderte der Jungspund Rick Goldmann mit seinem vergleichsweise mickrigen Gehalt keck eine Bürgschaft, die dann auch gleich der Präsident, ein örtlicher Bauunternehmer, leisten sollte. Ich weiß es noch wie heute: Max Fedra zwang sich, freundlich zu mir zu sein. Er sagte: „Ach woaßt, Rick, die geb' i dir glei selber." Er wollte den Präsidenten nicht behelligen, ging schnell rüber ins Sekretariat und ließ einen Schrieb tippen, dass er für mein Gehalt geradestehen würde. Bei anderen Spielern ging es um Hunderttausende von Mark, da war mein Ansinnen natürlich ein wenig peinlich. Im zweiten Jahr hätte ich eine Steigerung auf 2000 Mark erwarten dürfen, doch zu einer zweiten Saison kam es in Landshut nicht mehr. Ich wechselte nach Mannheim, dort gab es einiges mehr. Aber klar: Ich musste ja auch umziehen, meine Lebenshaltungskosten stiegen. Zwei Jahre später, als ich Nationalspieler wurde, erwartete mich der nächste deutliche Sprung.

Verlieren wir an dieser Stelle noch ein paar Worte über die Spielerberater. Sie haben einen Beruf, der nicht den besten Ruf genießt. Wie ihre Kollegen, die im Fußball tätig sind, hält man sie für die unheimlichen Strippenzieher, die selber wenig leisten, aber groß mitverdienen. Ich halte Spielerberater in den beiden Sportarten für nicht vergleichbar. Erstens: Jeder Spielerberater, der in der Deutschen Eishockey-Liga tätig sein will, muss von ihr lizenziert sein, er wird auch auf der DEL-Homepage aufgeführt. Im Fußball dagegen gibt es eine Art Wildwuchs. Und zweitens: Was kann man verdienen? Im Eishockey natürlich viel, viel weniger.

Eishockey-Agenten bekommen bis zu sechs Prozent des Gehalts vom Spieler. Und womöglich auch noch vom Klub. Bist du ein schwer vermittelbarer Spieler, holt der Berater sich das Geld nur von dir. Ist der Spieler begehrt, langt der Agent eher beim Verein zu. Ist der Transfer kompliziert, verlangt er von beiden Seiten seinen Obolus. Stichtag dafür ist immer der 1. Oktober. Um die ganz großen Summen geht es dabei nicht. Der Spielerberater im Eishockey muss über die Masse an Spielern kommen, er kann nicht von zwei oder drei Klienten leben, was im Fußball schon mal möglich ist. Dort verdienen die Stars über zehn Millionen Euro im Jahr und wechseln für zig Millionen, woran der Agent dann auch beteiligt wird. Ein Transfer im Fußball kann, Ablöse und Gehalt für die Vertragsdauer inklusive, ein Volumen von 200 Millionen erreichen. Im Eishockey hingegen gibt es keine

Ablösezahlungen mehr. Und um die Dimension deutlich zu machen: Wenige Klubs in Deutschland haben mehr als zehn Millionen Euro Jahresetat. Ein Agent braucht also einige Kunden, um angemessen zu verdienen.

Was ist im Vertrag geregelt, den ein Spieler mit einem Klub abschließt? Es gibt einen Standardvertrag der DEL. Die Abschlüsse müssen die Vereine der Liga auch zur Einsicht geben, denn die DEL will wissen, was ein Spieler verdient, falls sie gegen ihn wegen einer disziplinarischen Verfehlung eine Geldstrafe aussprechen muss. Die Strafe orientiert sich am Gehalt. Auch für die Wirtschaftsprüfung ist es erforderlich, dass die DEL informiert ist, welche Gehaltskosten ein Verein aufwendet.

Spieler und Verein können dann in einem Anhang individuelle Vereinbarungen treffen. Zum Beispiel: eine Freigabevereinbarung für bestimmte ausländische Ligen. Oder dass einem Spieler auch dann das vereinbarte Nettogehalt zusteht, wenn er sich verletzt, länger ausfällt und ab der siebten Woche die Berufsgenossenschaft einspringen muss, deren Sätze unter dem realen Gehalt liegen.

In den Anhang gehören auch die Regelungen über Prämien. Es kam schon vor, dass Klubs, weil sie nicht an den großen Erfolg ihrer Mannschaft glaubten, den Spielern großzügige Prämien versprachen. Richtig viel Asche für Erreichen des Halbfinales, der Finalserie oder gar der Meisterschaft. Das Eishockey in Deutschland hat tatsächlich mal einen Überraschungsmeister erlebt, der dann an den Prämien, die er bezahlen musste, fast zugrunde gegangen wäre.

Man kann auch ganz individuelle Prämien vereinbaren. Der Torhüter für den *Shutout*, das Spiel ohne Gegentor, oder für eine hohe Fangquote. Feldspieler vereinbaren eine Zusatzzahlung, wenn sie über eine bestimmte Anzahl an Toren oder Scorerpunkten kommen. Boni können auch fällig werden, wenn jemand Nationalspieler wird oder erstmals an einer WM teilnimmt. Bei gut der Hälfte der Spieler machen diese Boni aber gar nicht so viel aus. Ein typischer Fall für den Vertrag, in dem Prämien eine Rolle spielen, ist der ältere Profi, der vielleicht auch eine längere Verletzungsgeschichte hat. Da sagt der Klub dann: Wir nehmen dich, aber dafür teilen wir das Risiko. Du bekommst weniger Grundgehalt, kannst aber auf deine Summe über die Boni kommen. Ein leistungsbezogener Vertrag also.

Usus ist im Eishockey, dass das Gehalt netto verhandelt wird. Denn den Spieler interessiert nun mal, was er in einem Jahr rauskriegt, ob nun auf neun oder zwölf Monate verteilt. Der Klub rechnet die Nettozahlung in brutto um und weist seine kompletten Lohnkosten aus.

Was im Vertrag natürlich geregelt ist: Wie lange er läuft. Kommt ein Importspieler das erste Mal nach Deutschland, wird er einen Neunmonatsvertrag bekommen. Er muss um den 1. August herum auftauchen, länger als bis Ende April geht die Saison nicht. Und oft wollen die Vereine auch erst sehen, ob der Spieler zu ihnen passt und er mit dem hiesigen Eishockey und den Lebensumständen zurechtkommt.

Doch bei längerfristigen Verträgen, die vor allem die deutschen Spieler haben, hat das Jahr tatsächlich zwölf Monate. Der naheliegende Grund: Es werden mittlerweile auch im Sommer Trainingsgruppen gebildet, dafür müssen die Spieler versichert sein, und das sind sie nur in einem Vertragsverhältnis.

Irgendwann läuft auch der mehrjährige Vertrag aus, da wird das Ende bei einem Nationalspieler, der womöglich noch die WM spielt, auf Ende Mai datiert sein. Von der Gesamtsumme her ist das aber keine Einbuße, dass bis zum Abschluss eines neuen Vertrags bei einem neuen Verein ein paar Monate fehlen, denn ausgemacht war ja ein Nettobetrag.

Zu früher ist das ein deutlicher Unterschied. Da waren Verträge über neun – für Nationalspieler über zehn Monate – die Regel. Doch Zwölfmonatsverträge sind die seriöse Lösung, bei der von der Versicherung bis zur Krankenkasse auch wirklich alles geregelt ist.

Und was kann man mit Eishockey in Deutschland nun verdienen? Der absolute Topspieler, der über Jahre etabliert ist, wird bei einem Topklub mit bis zu 200.000 Euro netto pro Saison bezahlt. Das Durchschnittsgehalt in der DEL liegt zwischen 70.000 und 75.000 Euro netto. Die Schere geht weit auseinander: Wo es Spitzenverdiener gibt, muss es auch Geringverdiener geben, die den Schnitt senken. Sie spielen für 10.000 Euro pro Jahr oder noch weniger. Das kann einen 17-Jährigen betreffen, der die Chance hat, bei der Profimannschaft anzufangen, während er nebenbei noch in der DNL, der Deutschen Nachwuchs-Liga, spielt. Er muss sich zunächst mit 500 Euro im Monat zufriedengeben und steigert sich in den kommenden beiden Jahren auf etwa 1200 und dann 2500 Euro.

Ein deutscher Nationalspieler liegt über dem Ligaschnitt von 75.000 Euro, er dürfte zwischen 100.000 und 120.000 Euro im Jahr bekommen.

Zu diesen Nettogehältern kommen Auto und Wohnung, sie werden sozusagen gratis gestellt. Bei ausländischen Spielern ist das absolut üblich, bei ihnen steht im Vertrag oft sogar noch, dass sie Anspruch auf einen Wagen mit Automatik haben, weil ihnen der europäische *stick shift* fremd ist. Inzwischen, so ist meine Schätzung, hat sich der automatische Bonus des Wohnraums etwas reduziert, auf 85 Prozent der Spieler. Viele haben sich langfristig an einen Standort gebunden, sind dort heimisch geworden und haben ein Haus oder eine Wohnung gekauft. Manchen gelingt es auch, einen privaten Autosponsor aufzutreiben.

Wie hoch die Kosten für die Extras sind, die die Vereine aufbringen müssen, richtet sich nach dem Standort. In teuren Städten wie München, kann man sich vorstellen, was die Miete ausmacht, wenn der Klub einen Spieler holt, der Frau, drei Kinder und einen Hund mitbringt und eine möblierte Vierzimmerwohnung verlangt.

Tatsächlich gibt es auch immer noch vereinzelt Spieler, die sich für ihr Gehalt Bürgschaften geben lassen. Notwendig ist das aber eigentlich nicht mehr, da durch das Lizenzierungsverfahren der Liga die Liquidität der Vereine sichergestellt ist. Die DEL hat das Spielchen umgedreht: Sie verlangt Bürgschaften von den Vereinen, auf die zugegriffen wird, wenn es zu einer Schieflage kommen sollte. Als Spieler muss man jedenfalls nicht mehr befürchten, dass ein Klub während einer Saison finanziell einbricht und den Spielbetrieb einstellt. Als Spieler ist man in der DEL sicher.

Ist ein Durchschnittsgehalt von 75.000 Euro netto im Jahr viel oder wenig? Es liegt natürlich über einem guten Angestellten-Salär, doch klar ist, dass solch ein Gehalt verblasst neben den Summen, die im Fußball gezahlt werden, da hört man ja sogar aus der Bundesliga von Spitzenjahresverdiensten von 15 Millionen Euro brutto. Wenn es in deiner Stadt auch Spitzenfußball gibt und du als Eishockeyspieler einen Kicker zum Freund hast, wirst du dich mit ihm finanziell nicht messen und beim Shoppen nicht mithalten können. Sonst bist du schnell pleite.

In den ersten Profijahren im deutschen Eishockey verdient man auch noch nicht die 75.000, am Ende vielleicht auch nicht mehr. Zehn Jahre spielt man auf seinem höchsten Niveau, man kann sich also ausrechnen, was reinkommt. Theoretisch hat man eine Million verdient. Hört man mit 32 auf, hat man ein paar Hunderttausend Euro übrig, doch von denen wird man nicht das ganze restliche Leben finanzieren müssen. Du bist finanziell also nicht durch. Und wenn einer nur Eishockey gespielt und es versäumt hat, eine Berufsausbildung zu machen, muss er ein paar Jahre überbrücken, bis er einen Einstieg in ein anderes Metier gefunden hat.

Bei den ausländischen Spielern, die nach der Karriere in der DEL in ihre Heimat zurückkehren, ist es gang und gäbe, dass sie bürgerliche Berufe (wieder) aufnehmen. Man hört dann von ihnen, dass sie Polizisten, Feuerwehrmänner oder Bergarbeiter geworden sind, dass sie Immobilien verkaufen oder als Lehrer oder Börsenmakler arbeiten.

Ein Reizthema im deutschen Eishockey ist: Verdienen die deutschen Spieler zu viel? Aus Funktionärsreihen wird das oft beklagt. Ich möchte in diesen Chor nicht einstimmen. Es ist doch so: Ein Verein hat ein bestimmtes Budget zur Verfügung, das gibt er aus. Egal für wen.

Die DEL hat vor einem Jahr eine U23-Regelung eingeführt. Bis zur Saison 2022/23 will sie die Anzahl von Feldspielern ohne Altersbeschränkung schrittweise von 19 auf 16 senken. Will der Verein trotzdem mehr als diese 16 *Skater* (oder was in der betreffenden Saison die angesagte Zahl ist) aufbieten, muss er seine Reihen mit Spielern der Altersklasse U23 oder jünger auffüllen.

Mit der U23-Regelung will die DEL zwei Ziele erreichen: Der Kader soll für die Vereine kostengünstiger werden. Und es soll größere Chancengleichheit hergestellt werden. Manche Klubs konnten sich über die vierte Reihe hinaus noch Nationalspieler leisten, die gut verdienen, nun müssen alle mit U23-Spielern arbeiten.

Verpflichtet ein Klub einen deutschen Spieler unter 23 Jahren, fällt dafür ein deutscher Spieler, der über der Altersgrenze liegt, raus – dadurch wird der Kader zunächst tatsächlich günstiger. Was die Qualität betrifft, bietet der junge Mann aber wahrscheinlich keinen 1:1-Ersatz für den Routinier, also muss der Verein den Verlust an Klasse dadurch ausgleichen, dass er einen Importspieler holt, der besser ist. Doch der kostet dann auch mehr. Es ergibt sich also eher folgender Effekt: Der deutsche Spieler wurde etwas billiger, der Importspieler dafür teurer. Ich meine: Ein deutscher Nationalspieler ist neben den zwei, drei Top-Ausländern, die ihr Geld auch wert sind, immer das Aushängeschild Nummer eins.

Was macht ein Spieler mit seinem Geld? Jedem wird irgendwann bewusst, dass er, was auf seinem Konto eingeht, nicht einfach nur verprassen kann. Es gibt in fast jeder Mannschaft einen älteren Spieler, der aufpasst, sich bei Bedarf einschaltet („Ich glaube, du haust zu viel raus") oder zu sinnvollen Anlagen rät: Immobilien oder Aktien. Die sind immer noch ein Thema in der

Eishockeykabine. In Hochzeiten des Börsenbooms in der zweiten Hälfte der 90er-Jahre waren 70 Prozent der Spieler interessiert und involviert.

Und jetzt kommt die Geschichte vom Millionär Rick Goldmann. Ich hatte schon an der Schule Interesse für Aktien entwickelt. Damals hatten wir uns an einem Aktienspiel beteiligt und ein fiktives Depot aufgebaut. Das lief erfolgreich.

1996, als ich mit der Schule fertig war, nur Eishockey spielte und sonst nichts zu tun hatte, kam mir das mit dem Aktienhandel wieder in den Sinn. Ich kaufte für 3000 D-Mark Aktien von Amazon, der Wert stieg schnell und wie von allein auf 4500. Als Nächstes investierte ich in AOL und Yahoo. Aktiv habe ich nach und nach insgesamt 50.000 Mark reingesteckt. Aktien stiegen damals so rasant, dass sie häufig gesplittet wurden, weil der einzelne Anteilsschein irgendwann zu teuer erschien. Es waren auch Rohrkrepierer in meinem Depot – dennoch stieg es.

Ich verbrachte viel Zeit mit dieser Anlageform, las den *Effecten-Spiegel, Börse Online, Der Aktionär*, verfolgte Börsensendungen auf 3sat und n-tv, brachte mir selbst Charttechnik bei, analysierte Kursverläufe, abonnierte sechs, sieben Börsenbriefe, bei denen das Jahresabo leicht mal 800 Euro kosten konnte, setzte die Insidertipps um und gab im Mannschaftskreis selbst schlaue Ratschläge. Ich hatte Aktien vom Neuen Markt, genauso aber auch von DAX-Unternehmen. Ich nahm aus meinem Depot nichts mehr raus, es wuchs einfach – und plötzlich war es 500.000 D-Mark schwer. Für mich fühlte es sich an wie Spielgeld. Es war nicht so, dass ich vorhandenes Geld eingesetzt hätte, das ich mal in der Hand gehabt oder in Bündeln in einem Koffer gestapelt gesehen hätte. Ich hatte kein Geld gehabt, aber es war ein virtueller Wert daraus entstanden.

Man verliert den Überblick, das ist die Gefahr bei der Sache. Als ich bei 700.000 Mark stand, setzte ich mir dennoch ein Ziel: Bei einer Million verkaufe ich. Alles. Jede Aktie.

Das Depot kletterte auf 965.000 Mark, als ich in Amerika spielte. Im Klub hatte sich mein Börsenengagement herumgesprochen. Wenn das AOL-Modem pfiff, war klar, dass der Goldmann wieder was mit seinen Aktien machte. Ich wurde gefragt von den Mitspielern, was sie kaufen sollten. Eine heikle Frage, denn damals war der Markt schon sehr überhitzt und entsprechend unbeständig geworden. Meine damalige Freundin drängte mich, zu verkaufen. Doch ich bestand darauf, meinen Prinzipien treu zu bleiben: Ich hatte mich auf eine Million als Verkaufsgrenze festgelegt, die 35.000 Mark, die noch fehlten, wollte ich doch nicht quasi zum Fenster hinauswerfen. Ich hatte die Weisheit des Börsengurus André Kostolany im Kopf, die ich oft genug gehört und gelesen hatte: Die Aktien einfach sich entwickeln lassen, alles wird gut, sie steigen.

Das galt vielleicht in den 80er-Jahren, aber nicht mehr um Jahrtausendwende mit ihrer Nervosität unter den Anlegern. Meine 965.000 Mark schrumpften an einem Tag auf 915.000. Meine Freundin meinte: „Ich habe es dir doch gleich gesagt." Ich schaltete auf stur und orientierte mich an der Weisheit: „Greife nicht in ein fallendes Messer." Und sollte – zunächst – recht behalten. Das Depot orientierte sich wieder nach oben: 985.000. Eines Abends saß ich da und sinnierte: Scheiß auf die Million, mache dich nicht zum Sklaven einer Zahl, verkaufe! Doch ich war ja in Amerika, und schon wegen des Zeitunterschieds, durch den es nicht so einfach war, die Bank in Deutschland für eine Order zu erreichen, verschob ich mein Vorhaben. Vielleicht morgen, sagte ich mir. Doch als das Morgen zum Heute geworden war, war der Wert schon wieder gesunken. Ich verkaufte nicht.

Als ich bei einem Auswärtsspiel war, überschritt das Depot die magische Grenze: 1.017.600 D-Mark. Ich war wirklich entschlossen, das Depot aufzulösen, doch weil eben das Spiel anstand, konnte ich nicht verkaufen. Am Tag darauf, als ich die Zeit gehabt hätte, standen meine Aktien bei 1.035.000. Mein Gedanke:

Nicht verkaufen, es wird weiter steigen, so wie es immer gestiegen ist. Vielleicht werden es eineinhalb Millionen und ich werde mich ärgern, dass ich zu früh raus bin. Es war das letzte Mal in meinem Leben, dass ich eine Million auf dem Konto hatte. Von da an ging es mit Rick Goldmanns Aktiendepot gnadenlos bergab. Die Million, die ich gehabt hatte, verlor ich fast komplett wieder. Ein paar Amazon-Aktien sind mir aus meinem Urbestand geblieben.

Gier frisst Hirn. Das war die Lektion, die ich mir fürs Leben gemerkt habe.

In Amerika hatte ich nicht viel verdient. In den Farmteams betrug mein Jahresgehalt 35.000 Dollar brutto. Mein Leben drüben konnte ich mir nur finanzieren, indem ich den *signing bonus* für die Vertragsunterschrift bei der NHL-Organisation der Ottawa Senators auf die drei Jahre aufteilte und zum Gehalt dazurechnete. Und für die Tage, in denen ich „oben" bei den Senators war, bekam ich den höheren Satz. Als NHL-Spieler hätte ich in etwa das Zehnfache verdient.

Im amerikanischen Sport redet man offen über Geld. Alle Zahlen werden veröffentlicht. Jeder Fan und Mitspieler kann sehen, was du verdienst. In der Mannschaft herrscht also völlige Klarheit. Wenn die Spieler eines Teams zusammen weggehen, ist es Gesetz, dass der, der aktuell am meisten verdient, seine Kreditkarte abgibt und für alle bezahlt (oder sich mit den anderen Spitzenverdienern abwechselt). Es muss – außer, es ist eine Rookie-Party – nie einer für alle löhnen, der den Einstiegslohn von 750.000 Dollar verdient. Bei der Rookie-Party haben die neu in die Liga gekommenen Spieler die Alten gepflegt zum Essen einzuladen. Ein Einstand auf luxuriösem Niveau: Steak, Hummer, guter Wein.

Die NHL führt eine klare Finanzpolitik, die sich von der, die wir aus dem europäischen Sport kennen, grundlegend unterscheidet. Die NHL überlegte grundsätzlich: Was können wir beitragen, damit es Ausgeglichenheit zwischen den Klubs gibt? Und dass nicht nur die zahlungskräftigsten, die in den großen Städten der USA zu Hause sind und nicht in Kanada, die teuersten Spieler kaufen? So ist der *Salary Cap* entstanden. Er besagt, wie viel eine Mannschaft in einem Jahr für Spielergehälter aufwenden darf. Und aufwenden muss. In der Saison 2019/20 wird die Obergrenze für das, was an Spielergehältern ausgegeben werden darf, 81,5 Millionen US-Dollar betragen. Das sind zwei Millionen mehr als 2018/19. Was mindestens ausgegeben werden muss, sind 60,2 Millionen. Es wird erwartet, dass der Durchschnitt bei 71 bis 73 Millionen liegen wird. Manche Klubs haben auch zu kämpfen, dass sie die Obergrenze nicht reißen, sie geben dann in einem Trade teurere Spieler ab und tauschen sie gegen billigere ein.

Das System hat man sich auch für die Deutsche Eishockey-Liga überlegt, doch ist es von der Rechtslage in Europa her schlicht nicht möglich.

Was die NHL auch hat: den *entry level contract*. Wenn ein neuer junger Spieler zwischen 18 und 24 in die Liga kommt, kann er zunächst nur maximal 925.000 Dollar verdienen. Bei den gerade gedrafteten Spielern gilt das für die ersten drei Jahre. Ein sehr talentierter Spieler kann sich allerdings Boni dazuverdienen. 2,65 Millionen Dollar. Also: Ein wenig getrickst bei der Erfüllung von Budgetvorgaben wird auch drüben. Doch Tatsache ist: Erst nach den ersten drei Jahren kommen die großen Verträge.

Mit denen man ganz andere Dimensionen erreicht. Connor McDavid, einer der Superstars der Liga, verdient bei den Edmonton Oilers 12,5 Millionen Dollar. Spieler seiner Güte haben zum Teil noch andere Einnahmequellen als das Gehalt, nach der *Forbes*-Liste der *highest paid players* 2018/19 konnte McDavid insgesamt 19 Millionen Dollar für sich gutschreiben. Aufgeschlüsselt ist es so: Gehalt und Bonus 15 Millionen, anderweitige Einnahmen 4 Millionen. Die Top-Ten-Spieler der NHL liegen alle über 12 Millionen Dollar.

Man darf das Heer der Spieler nicht vergessen, die mit weitaus niedrigerem Salär spielen, damit der Ausgleich zustande kommt.

Doch wenn ein deutscher Spieler es in der jetzigen Zeit schafft, fünf bis sieben Jahre in der NHL zu zubringen, stellt er sich viel besser, als wenn er in der DEL bleiben würde. Zudem hat die NHL ein System der Altersvorsorge. Es gibt ab einer gewissen Anzahl an Spielen einen Anspruch auf Rente. Diese Zahlungen sind nicht opulent, aber sie reichen aus, um überleben zu können.

Aber hey, man muss ja auch nicht Millionär sein.

Fünf Fragen an Leo Conti, Marketing-Manager der Augsburger Panther

Geht eine Geschäftsstelle in der spielfreien Zeit komplett in Urlaub?
Diese Zeit ist für uns sogar intensiver als während der Saison. Zunächst stehen Spielergespräche, Abschlussfeier, Wohnungsübergaben an, danach die Lizenzierung, für die Sponsorenverträge noch final fixiert werden müssen. Außerdem ist das die einzige Zeit, in der man Strukturoptimierungen oder Aufhübschungen der Räumlichkeiten vornehmen kann.

Was muss man alles „um das Spiel herum" bieten?
Jedes Spiel ist ein kleines Event, und man muss den Spagat zwischen Unterhaltung und Wahrung der Tradition hinbekommen. Das Schöne ist, dass unser Sport immer im Vordergrund steht. Allerdings schadet es auch nicht, wenn der Zuschauer trotz Niederlage das Stadion verlässt und Lust darauf hat, wiederzukommen.

Was kann man denn alles an Werbefläche am Spieler verkaufen?
Im Eishockey kann man relativ kreativ sein. Am Trikot haben wir 13 verschiedene Partner, dazu einen Helmsponsor, drei Hosensponsoren und einen für die Stutzen. Wir setzen bewusst auf die Strategie, viele Partner an unserer Seite zu wissen. Für uns bestehen so keine großen Abhängigkeiten. Werbung bleibt eine Gratwanderung: Zu viel ist nicht schön für den Betrachter und entwertet diese, zu wenig erschwert die Konkurrenzfähigkeit.

Wie hoch sollte der Anteil an Stadionbesuchern sein, die VIP-Karten kaufen?
Eine gesunde Quote liegt bei zehn Prozent der Stadionkapazität – Tendenz steigend. Wir sind in der glücklichen Lage, je Spiel etwa 700 VIP-Gäste begrüßen zu können.

Was muss in einem gut sortierten Fanshop zu finden sein?
Die klassischen Produkte wie Schals, Trikots, Mützen oder T-Shirts sind ein absolutes Muss. Kleinere Mitnahmeartikel zwischen 3 und 15 Euro verkaufen sich ebenfalls sehr gut.

DRITTES DRITTEL:
EISHOCKEY ENTWICKELN

PERSPEKTIVWECHSEL – PREMIERE BEIM FERNSEHEN

Unsere Silberhelden von Pyeongchang 2018 waren eine routinierte Truppe. Mit älteren Spielern, für die es das letzte internationale Hurra war und die in den Tagen und Wochen nach dem Olympia-Triumph ihre Nationalmannschaftskarriere für beendet erklärten. Wenn ich die Reihen durchgehe: Mit vielen stand ich selbst noch auf dem Eis, obwohl ich selbst schon vor geraumer Zeit aufgehört habe. 2007 war bei mir Schluss, 2008 wurde ich Eishockeyexperte beim Fernsehen. Mittlerweile liegen zwölf Turniere hinter mir, die ich in dieser neuen Funktion begleitet habe. Ich muss davon ausgehen, dass einige der heutigen Nationalspieler mit dem Verteidiger Rick Goldmann keine Erinnerung mehr verbinden. Sie kennen mich nur als den Eishockeyerklärer auf Sport1, Servus TV und MagentaSport.

Man fragt mich manchmal, ob ich, der ich immer ein begeisterter Nationalspieler war, über den TV-Job eine Möglichkeit gefunden habe, irgendwie weiter Teil des Ganzen zu sein. Und es stimmt, dass ich es genieße, weiter in diesem Umfeld unterwegs zu sein und die jährlichen WM-Turniere zu erleben. Doch das war überhaupt kein Antrieb dafür, dass ich mich auf die Sache eingelassen habe.

Mir sind als Spieler die negativen Berichte rund um die Nationalmannschaft auf den Senkel gegangen. Ob du etwas gelesen hast, ob es jemand im Fernsehen sagte, ob ein früherer Spieler sich äußerte – es war grundsätzlich negativ. Mir fehlte die Einordnung: Man müsste das Gefälle von den Superstars zu den normalen Spielern viel stärker berücksichtigen, die strukturellen Unterschiede zwischen den Nationen. Dieses Manko in der Berichterstattung sprach ich in einem Interview an.

Daraufhin kontaktierte mich vor der WM 2008, die an Kanada vergeben worden war, Marc Hindelang, der für Sport1 seit einigen Jahren Eishockey übertrug: „Rick, möchtest du denn mal den Experten machen? Du kennst die Mannschaft doch noch ganz gut und hast bis vor Kurzem noch für sie gespielt. Möchtest du die deutschen Spiele begleiten?" Ich sagte: „Nö, das möchte ich nicht." Marc dann: „Wieso?" Ich: „Weil ich keine Lust habe, die in die Pfanne zu hauen, die ich alle gut kenne. Das sind Kollegen und einige von ihnen Freunde. Ich weiß, wie Uwe Krupp tickt, welchen Aufbau er spielen lässt, welche Vorstellungen vom Eishockey er hat und würde mich als Verräter fühlen, wenn ich all das im Fernsehen ausplaudere."

Marc Hindelang beruhigte mich: „Du musst keinen schlechtreden. Du erklärst die Sportart einfach, wie du sie durch deine Augen siehst." Das war mir noch nicht konkret genug: „Wie soll ich das denn machen?" Marc daraufhin: „Das ist, als würden wir uns gemeinsam auf die Couch setzen und ein Eishockeyspiel schauen. Wenn du etwas sagen möchtest, sagst du es." Ich versprach ihm, mir die Sache zu überlegen.

Es wurde ein Kampf mit mir selbst. Kann man als früherer Spieler über die richten, mit denen man vor einem Jahr noch gemeinsame Ziele verfolgt hat? Auf der anderen Seite war ich darüber verärgert, wenn die Leute immer behaupteten, dass vor 20 Jahren alles besser gewesen wäre. Vielleicht würde es der Sache Eishockey guttun, wenn da mal einer kommt und für einen anderen, einen differenzierteren Denkansatz wirbt. Ich überlegte hin und her und fand schließlich einen Zugang zu dem Job: Ich wollte das Schöne auf dem Eis beschreiben. Nicht: Schau mal, wie blind der deutsche Verteidiger ist, wie er sich hier auszocken lässt! Sondern eher die Wahnsinnsqualität des gegnerischen Spielers in diesem Duell hervorheben. Wer überspielt wird, weil der andere so fantastisch gut ist, muss nicht der Depp sein. Das Schöne auf dem Eis kann die überragende Stocktechnik, die läuferische

Überlegenheit, die Ausbildung des anderen sein. Wenn man dann noch erklärt, dass der Stürmer in der NHL 40 Tore geschossen hat und er mal MVP, also bester Spieler in den Play-offs gewesen ist, dann hat man dem Zuschauer eine fachkundige Einordnung geliefert.

So wollte ich es machen: Auf das Schöne hinweisen, meine Leidenschaft transportieren, Fehler natürlich ansprechen, sich nicht nur auf das Offensichtliche beschränken. Wenn einem die Scheibe über den Schläger springt, muss ich das nicht mehr hervorheben. Das sieht jeder. Sogar der, der das erste Mal bei einem Eishockeyspiel ist. Es geht vielmehr darum: Wird der Spieler abgesichert, sind die anderen in Position? Wo kommt die Scheibe her, ist er selber richtig positioniert? Ein Gegentor entspringt zu 95 Prozent einer Fehlerkette, bestehend oft aus drei, vier, fünf, sechs Fehlern. Es geht mir nicht darum, den letzten Fehler zu benennen, sondern den, wo die Kette beginnt. Das wollte ich dem Zuschauer mit meiner Begeisterung für die Sportart präsentieren.

Ich sagte zu Marc Hindelang: „Ich schaue mir das an." Was sollte auch groß passieren? Die WM war in Kanada, übertragen wurden die Spiele etwa um 2 Uhr nachts aus den Sport1-Studios in Ismaning nahe meinem Wohnort München. Ich dachte: Wenn ich Scheiße baue, sehen es um diese nächtliche Uhrzeit nur wenige Leute. Und der Sender wird es mir schon mitteilen, wenn es nicht gut ist. Bei Sport1 bat ich noch um eine Gebrauchsanweisung. Sie lautete: hinhocken, Headset aufsetzen, reden.

Der Bildschirm, den wir vor uns hatten, war um die 60 mal 40 Zentimeter groß, es gab keine zusätzlichen Einstellungen, die du als Experte bräuchtest. Um ein Spiel zu verstehen, müsste man oft weg von der Stelle schauen, an der der Puck gerade ist, ob Spieler ihre Anspielpositionen finden. Doch das siehst du meist nicht im Bildausschnitt der Führungskamera.

Bei Sport1 sagten sie nach jedem Spiel, ich solle doch wiederkommen. So schlecht konnte es also nicht gewesen sein. Michael

Langkau, der immer noch mein Eishockeychef bei Sport1 ist, redete während meiner ersten WM so gut wie gar nicht mit mir, erst am Ende lud er mich und die Jungs zum Essen ein. In den zwölf Jahren, in denen wir pro Turnier um die 35 Spiele übertragen haben, also an die 500 insgesamt, hat er mich vielleicht dreimal gelobt, wenn überhaupt. Im Jahr, in dem wir für den Deutschen Fernsehpreis nominiert waren, jedenfalls nicht. Er folgt dem bayerischen Grundsatz: Nicht geschimpft ist gelobt genug. So ist er halt. Wir sind gut befreundet und gehen privat zusammen Skifahren.

Die Fernsehbranche ist insgesamt so: Feedback gibt es selten, und wenn doch, ist es meist Kritik. Das kenne ich vom Profisport. Es war für mich keine große Umstellung. Man muss von sich aus reflektieren, seine Sendungen nochmals anschauen, nachfragen oder sich einen unabhängigen Coach suchen, der mit einem gemeinsam die Sendungen analysiert.

Die Bilanz meiner ersten WM fiel gut aus. Ich hatte einen Zugang zu der Materie gefunden. Es fiel mir nicht schwer, so über Eishockey zu reden, damit der Zuschauer mehr versteht. Marc Hindelang unterstützte mich und gab mir ein gutes Feedback. Und ich verriet nicht alles, was ich gesehen hatte. Der Spagat, so hatte ich den Eindruck, war mir geglückt: kritisieren, ohne unnötig polemisch zu werden.

Das Einzige, was mir in dieser Fernsehwelt zu schaffen machte, war das sogenannte Einpegeln. Du musst dir vor der Übertragung das Headset mit Mikrofon vorne dran, wie es ein Pilot im Flugzeug hat, aufsetzen. Dann sollst du was sprechen, damit die Technik die Lautstärke auf deine Stimme anpassen kann. Die da seit Jahren übertragen, die interessiert das gar nicht mehr, die sprechen eine Minute eine fiktive Reportage, kommentieren so vor sich hin, bis der Tonmann sagt: „Okay, passt, wir haben genug gepegelt. Jetzt du, Rick."

Von mir kam der Klassiker: „Was soll ich denn sagen?" In dem Moment hast du schon verloren. Du hast das Gefühl, alle im Raum, und das sind etwa zehn Leute, warten auf das, was du sagst – du hast aber nichts zu sagen. Das machte mich fertig.

Beim zweiten Mal hatte ich ein Buch dabei. Rocko Schamonis „Das Risiko des Ruhms". Daraus habe ich die lustigsten Episoden vorgelesen. Ich bereitete sie zu Hause vor. Mein Vortrag hat zu Gelächter geführt, weil das keiner zuvor gemacht hat. Am Ende der WM 2008 sagte ein Tontechniker zu mir: „Das habe ich noch nicht erlebt, dass einer, der ein Eishockeyspiel kommentieren soll, keine 30 Sekunden reden kann und stattdessen aus einem Buch vorliest." Über den Sommer habe ich dann für mich trainiert, dass ich freier und ungezwungen sprechen kann. Mittlerweile ist mir das in Fleisch und Blut übergegangen. Wenn ich heute mit Basti Schwele eingeteilt bin, freuen wir uns auf die Tonprobe. Sie ist unser Highlight. Wir wissen, dass viele mithören. Wir dissen alle und nehmen uns selbst auf den Arm. So bringen wir uns in Stimmung und kommen in den Flow. Es ist für mich kein Stress, wenn wir bei einer WM an einem Tag drei Spiele hintereinander kommentieren, auch wenn wir dafür 14 Stunden und länger in der Halle sind. Da hat man genügend Stoff, genügend Geschichten zu erzählen. Das gibt Energie. Was ich nicht mag, ist, wenn wir später live einsteigen mit einem „Es sind noch 32 Minuten zu spielen". Da haben wir dann das erste Drittel gesehen, aber nichts gesagt. Du hast den Rhythmus des Spiels nicht. Um ihn zu bewahren, sind wir dazu übergegangen, ein Drittel, das nicht auf dem Sender ist, im Stream bei sport1.de zu kommentieren.

Den Rhythmus, den ich früher als Spieler hatte, versuche ich als Kommentator genauso mitzuerleben. Von der ersten Minute an, nur so bist du authentisch und gut. Als Spieler bin ich in jeder Drittelpause zur Toilette gegangen, jetzt stelle ich mich in den Arenen fürs Pissoir an. Auch das Essen muss passen – wie früher. Ich darf weder hungrig noch überfressen sein. Idealerweise schlafe ich noch ein wenig vor dem Spiel. Speziell halt wieder.

In der Nachbeurteilung ist für mich wichtig: War ich nahe genug dran am Spiel, lag ich richtig? Das Feedback aus der Szene heraus, von ehemaligen Spielern und jetzigen Aktiven, von Trainern und Managern. Sollte ich das Gefühl bekommen, dass ich mit meinen Einschätzungen danebenliege, würde ich sofort aufhören.

Kritik habe ich durchaus auch bekommen. Von Fans, die mir vorwarfen, dass ich der anderen Mannschaft zu nahe stünde. Von Schiedsrichtern, die fanden, dass ich Sachen falsch erklärt hatte. Von der Liga, von Funktionären. Es gingen offizielle Beschwerden bei Sport1 ein, weil ich klar über Strukturen und Zustände gesprochen habe. Lob bekomme ich von den Spielern, ehemaligen und aktiven. Von denen hat noch nie einer gesagt, dass ich eine Situation komplett falsch eingeschätzt hätte. Und auch wenn sich das überheblich anhören mag: Es gibt nicht viele Spiele, bei denen ich falsch lag.

Das schlimmste Spiel, das ich übertragen musste, war das 4:12 der Deutschen gegen Norwegen bei der WM 2012. Es war die logische Folge von allem, was bei dieser Weltmeisterschaft passiert war. Dass das Spiel dann so hoch verloren ging und auch noch gegen Norwegen, drückte nicht etwa aus, dass die deutsche Nationalmannschaft unheimlich schwach und die norwegische unheimlich stark war, wie es von außen bewertet wurde. Es war wirklich jeder Schuss ein Treffer. Solche Tage gibt es.

In einem solchen Tag gipfelte eine Entwicklung, die absehbar war. Ich hatte ja schon während der Vorbereitungsspiele, die gewonnen wurden, gewarnt. Wegen des Systems, das Köbi Kölliker, der Schweizer, der diese eine Saison 2011/12 deutscher Bundestrainer war, spielen ließ, und wegen seiner Art, die Mannschaft zu führen. Dass es so hart kommen würde, hatte ich auch nicht geglaubt.

Ein 4:12 kann jedem passieren. Ich saß oben, aber fühlte mit denen da unten. Die Norweger mussten auf dem Eis ja selbst schon lachen, weil sie wussten, dass es nicht normal war, was da gerade passierte. Wenn man es selbst nicht erlebt hat, kann man so ein Spiel nicht erklären.

Für mich als Experte war es das schwierigste Spiel. Ich wollte nicht in Ironie abdriften und den Respekt bewahren, und wollte gleichzeitig glaubhaft erklären, dass die Mannschaft da unten versuchte, sich zu wehren.

Bei der WM 2015 gab es noch ein anderes grausames Resultat: Kanada – Deutschland 10:0. Kanada hatte ein absolutes All-Star-Team am Start, das beste seit Jahrzehnten, und nahm während des Turniers immer mehr Fahrt auf. Wer unter diesen Umständen sagt, die Deutschen seien schlecht, der hat von Eishockey keine Ahnung. Kanada betrieb einfach eine andere Sportart. Als Experte musste ich herausarbeiten, mit welchen Varianten, mit welcher Geschwindigkeit, mit welcher Präzision, mit welcher Grazie Kanada seine Tore herausspielte. Und auch wenn Deutschland in diesem Spiel unterging, feierte ich Kanada und das Eishockey. Meinen Respekt vor den deutschen Spielern habe ich auch dadurch nicht verloren.

UNSERE WM-ERLEBNISSE – BEST OF MIT BASTI SCHWELE UND SASCHA BANDERMANN

Bei drei Weltmeisterschaften habe ich mich verletzt. So schwer, dass ich das Turnier nur unter Schmerzen zu Ende spielen konnte. Ja, Eishockey ist eine gefährliche Sportart. Das für mich Peinliche an der Geschichte: Erwischt hat es mich nicht bei meinen Weltmeisterschaften als Spieler, sondern als Experte beim Fernsehen.

2010 feierten wir den Halbfinaleinzug der deutschen Mannschaft in einem Club. Das Semifinale verlor die DEB-Auswahl zwar knapp und dramatisch gegen Russland, doch der Gesamterfolg der Heim-WM war überragend. Deutschland würde am nächsten Tag um die Bronzemedaille spielen. Wir also bestens gelaunt in einem Club in Köln. Heiter sprang ich von der Couch – und rein in ein abgebrochenes Sektglas. Der Schnitt ging durch den Schuh in die Ferse. Die Tanzfläche war von unten illuminiert, jeder konnte sehen, dass ich eine Blutspur hinter mir herzog. Ziemlich unhygienisch, da machte ich mich besser auf den Weg in die Unterkunft, um die Wunde zu desinfizieren. Am nächsten Tag konnte ich kaum gehen. Es waren aber noch das Spiel um Platz drei und das Finale zu kommentieren. Der Aufnahmeleiter überlegte, ob man mich im Rollstuhl vom Kommentatorenplatz zum Studio fahren sollte. Das lehnte ich ab. Irgendwie würde es schon gehen.

Ich humpelte ins Pressezentrum. Journalisten aus Nordrhein-Westfalen, die ich aus meiner Spielerzeit noch kannte, fragten: „Was hast du dir denn getan?" Ich brauchte eine gute Geschichte und sagte: „Ich habe eine Wette abgeschlossen, mit wem, darf ich nicht sagen. Wenn Deutschland um eine Medaille spielt, muss ich den ganzen Tag mit einer Reißzwecke im Schuh herumlaufen."

Das glaubte der Kollege und schrieb es auch. Erst fünf Jahre später klärte ich ihn auf.

2012 in Stockholm platzte mir im rechten Ringfinger eine Ader. Ich spüre den Schmerz, dieses Brennen, heute noch, wenn ich darüber rede. Ich sagte zu Basti Schwele, meinem Partner am Mikrofon: „Du, mir ist da was geplatzt." Es pochte, der Finger war nach 20 Sekunden bereits blau und ging auf wie ein Luftballon. Ich drückte das Blut raus aus dem Finger. Die Ursache für diesen Vorfall? Ich weiß es nicht. Man musste im Globen, dieser mächtigen und markanten Halle in Stockholm, immer eine lange, steile Wendeltreppe hochgehen zu unseren Plätzen, das trieb wohl auch meinen Blutdruck hoch. Mir „platzte" beim Gehen der Finger.

Schließlich Prag 2015: Vom sportlichen Niveau und der Stimmung war es eine der schönsten Weltmeisterschaften, vom Kommentatorenplatz aber eine der schlechtesten. Wir hatten einen Platz ganz oben in der Halle, und um das ganze Spielfeld sehen zu können, kommentierte ich die ganze WM im Stehen, das Gewicht lag immer auf dem linken Fuß, vorne auf dem Zeh. Drei Tage vor Turnierende sagte ich zu Basti im ersten Powerbreak des ersten Drittels: „Mir tut der Zeh so weh." Ich zog meinen Schuh aus. Aber der Zeh sah normal aus. Ein paar Minuten später, zweites Powerbreak. Ich schaute nochmals nach – und mein Zeh war komplett schwarz. Die Kollegen wollten mich gleich ins Krankenhaus schicken.

Ich wollte die WM noch durchhalten. Ich hatte Angst, dass es eine Blutvergiftung sein könnte, weil sich der Fuß verfärbt hatte. Hatte ich mir irgendwo eine Infektion zugezogen? Ich rief befreundete Ärzte an. Sie beruhigten mich: Wenn ich keine offene Wunde hätte, könnte es nichts in diese Richtung sein. Daheim, nach der WM, zeigte ich den Zeh einem meiner medizinisch bewanderten Freunde, der meinte, dass es sich um Anzeichen von Gicht handeln könnte. Er fragte mich, wie ich in Tschechien gelebt, wie ich dort gegessen hätte? Er nahm mir Blut ab und begann, Gichtmarker zu setzen. Aber zum Glück hatte ich keine

Gicht. Schließlich röntge er und sagte: „Es ist ein Bruch. Hast du dich wo angeschlagen?" Nein, nirgendwo. Diagnose: Ermüdungsbruch. Sechs Wochen Schiene. Im Sommer.

In Prag hatten wir wenigstens das Glück gehabt, dass unser Hotel nur 200 Meter von der Halle entfernt lag. Wenn wir rüber mussten, packten Basti Schwele und Sascha Bandermann mich unter die Arme und schleppten mich zur Arbeit ins Stadion. Wir drei haben wirklich Außergewöhnliches zusammen erlebt und sind zum vielleicht seltsamsten Team bei Eishockey-Weltmeisterschaften geworden.

Aber unsere Geschichte will ich nicht allein erzählen, da sollen die beiden anderen ruhig mithelfen. Darum haben wir uns zusammengesetzt und zurückgeblickt. Wie das mit uns kam. Und was wir Verrücktes erlebt haben. Das ist unser Protokoll.

Goldmann: Sascha habe ich 2010 kennengelernt, zur Heim-WM sollte er unser Moderator werden. Wir fuhren zusammen zu einem deutschen WM-Vorbereitungsspiel nach Crimmitschau. Ein Ziel, zu dem man allein gar nicht reisen will und froh über Gesellschaft ist. Basti kam 2012 dazu, wir kannten uns nur vom Namen her, obwohl wir der gleiche Jahrgang sind, und mit Kaufbeuren und München gleiche Stationen als Spieler gehabt hatten…

Schwele: … aber wir haben uns immer um ein Jahr verpasst.

Goldmann: Es ist eine Freundschaft entstanden, obwohl wir drei recht unterschiedlich sind. Doch uns eint die Leidenschaft für den Sport. Und dass wir versucht haben, unter teils schwierigen Bedingungen für unsere Sportart zu denken.

Schwele: Erstaunlich, wie harmonisch wir arbeiten können. Es gab nie einen großen Streit.

Goldmann: Du bist bei einem Interview für die *Eishockey News* mal 15 Minuten beleidigt gewesen, weil wir dich pausenlos verarscht haben.

Bandermann: Ich weiß noch, wie ich 2010 diesen Eishockey-Job bekommen habe: Da war ich schon demütig. Ich war Tennisprofi gewesen, wusste aber nicht, ob ich Eishockey eins zu eins so verstehen würde wie Tennis. Ich hatte die Telefonnummer von Rick bekommen, rief an, stellte mich vor. Erwischt habe ich ihn im Auto, er war auf dem Weg nach St. Anton zum Skifahren.

Goldmann: Und du warst mitten in den Vorbereitungen für deine Hochzeit nach der WM 2010.

Bandermann: Rick war auch an meiner Vita im Sport interessiert, da fanden wir schnell eine Ebene.

Goldmann: Was mich im Studio mit ihm als Moderator erwarten würde, wusste ich nicht. Eine richtige Studiosituation hatte ich bis 2010 noch gar nicht erlebt. Unser erster Einsatz war das Eröffnungsspiel der Heim-WM 2010 vor 80.000 Zuschauern in der Schalker Arena. Für mich ziemlich aufwendig, denn es gab ein Vorspiel, die Alten Herren von Deutschland gegen die von Russland. Ich wollte es mir nicht nehmen lassen, vor dieser Kulisse aufzulaufen. Zeitlich war das recht kompliziert. Ich spielte, duschte und hastete hinauf zur Position, wo bereits die Übertragung begann. Ich schwitzte wie Schwein. Doch Sascha hat es mir immer leicht gemacht, weil er keine Spur überheblich war. Und ich kann nur staunen, wen er bei seiner ersten WM alles in sein Studio bekam: Wayne Gretzky, Mark Messier, zwei der größten Spieler aller Zeiten, Rene Fasel, den Weltverbandspräsidenten – ich glaube, er wusste gar nicht, was das für unfassbare Größen sind. Marc Hindelang und ich saßen oben an unserem Kommentatorenpult und sagten: Hey, der Typ kommt aus dem Tennis und kriegt sofort das *Who is who* des Eishockeys ans Mikro. Wie macht der das?

Bandermann: Der 2010er-Start war für mich totaler Druck. Die Aufmerksamkeit war zehnmal so hoch wie bei jeder anderen Weltmeisterschaft. Das Monsterspiel auf Schalke, dann Köln – da habe ich bei jeder Sendung gemerkt: Es ist mehr Adrenalin im Spiel als sonst.

Goldmann: So rangeklotzt wie 2010 hat Sport1 nur noch 2017, als wieder eine Heim-WM anstand. Dazwischen und danach wurde schon deutlich runtergefahren. 2011 in der Slowakei hatten wir einen winzig kleinen Übertragungswagen und als Studio keine Loge mehr, sondern nur eine Position mit einem Tisch. 2012 mussten wir komplett abspecken, weil Basti dazukam und der wahrscheinlich so teuer war. Nein, im Ernst: Wir hatten in Schweden keine feste Studioposition mehr, sondern haben draußen aufgenommen, vor dem Globen in Stockholm. 2012, die WM, bei der nichts los war.

Schwele: Da gab es Spiele vor 200 Zuschauern, wir zählten die Leute.

Goldmann: Bei einem Spiel waren sogar weniger zahlende Zuschauer als akkreditierte Personen in der Halle. Wobei wir die Spieler mitgezählt haben, denn die bekommen ja auch eine Akkreditierung.

Bandermann: Bei dieser WM spielte Deutschland gegen Italien am Montag um zwölf Uhr mittags.

Schwele: Die Karten waren teuer, für die WM wurde keine Werbung gemacht, es gab keine Fanmeile ums Stadion herum. Schweden veranstaltete die WM 2012 zusammen mit Finnland, und auch die WM 2013 war an diese beiden Länder vergeben worden.

Goldmann: Die Hauptspiele 2012 waren in Finnland, und wir saßen in Schweden. Das Jahr darauf hatte Schweden die Hauptspiele, und da waren wir natürlich in Finnland.

Bandermann: Was wir Sendezeit weggerotzt haben, das sollte man mal festhalten. Abgesehen von 2010 und 2017 waren wir da inklusive des Redakteurs meist nur zu viert da. 2011 hatten wir noch einen Aufnahmeleiter, der einem viel organisatorische Arbeit abnahm – ohne ihn lag alles bei uns. Dadurch hat sich jedoch eine Teamchemie gebildet. Als Team waren wir immer wie Asterix und Obelix, die Gallier, die anderen Sender waren die Römer. Die boten eine ganze Legion auf.

Goldmann: Die Schweden hatten Krankameras in ihrem Studio, Multi-LED-Lichter und eine Multi-Display-Wall. Dazu drei, vier Experten, damit keiner überstrapaziert wird, der jeweilige Kommentator musste nur ein Spiel pro Tag machen, um seine Stimme zu schonen.

Bandermann: Andere Sender betreiben einen viel größeren Aufwand. Da bekommen die Kommentatoren einen Assistenten zugeteilt und eine Mappe mit 120 Seiten an Statistiken, Themen – das gibt es bei uns alles nicht.

Goldmann: Wir haben die Übertragungen anders gemacht. Lauter. Mit viel Spaß.

Schwele: Wir sind die Einzigen, die jeden Tag auf diesen Kommentatorentribünen sind. Das macht sonst niemand.

Goldmann: Gut, die Kanadier sind seit zwei, drei Jahren auch fleißig. Da kommentieren Gord Miller und Ray Ferraro. Wir nennen sie liebevoll den Truthahn-Gord und den Ferrari-Schorsch. Damit man mal einen Eindruck kriegt, wie wir uns um alle namenstechnisch kümmern.

Schwele: Bei einer WM saßen sie eine Reihe unter uns und hatten an unserem Kommentatorentisch ihre Kommentatorenkamera festgeschraubt. Ihr Techniker ist komplett durchgedreht, weil wir halt emotional an unserem Tisch gerüttelt haben und er immer ein wackliges Bild hatte.

Bandermann: Manchmal, wenn ich nicht moderieren muss, bin ich auch da oben, quasi als Außenstehender. Da sitzen sonst alle seriös im Anzug, während Goldi und Basti ihre Tanzmoves zeigen.

Goldmann: Dabei heißt es bei der WM wie auch in der NHL: *You're not allowed to cheer.* Man applaudiert nicht als Berichterstatter. Schwer, dieses Verbot einzuhalten. Bei Deutschland geht es halt schon in den frühen Spielen um was. Der Finne jubelt erst ab dem Halbfinale. Am Anfang dachten die bestimmt, dass wir Irre sind. Das hat sich mit der Heim-WM 2017 aber geändert. Die Sicherheitsvorkehrungen in Köln waren nicht so streng…

Schwele: … da kamen Fans während des Spiels, das wir kommentierten, zu uns hoch, um Fotos zu machen. Da dachten die ausländischen Kollegen: Irgendwas haben die beiden, dass sie so gemocht werden.

Goldmann: Seitdem sind die Kanadier nett zu uns. Unsere Tage sind jedenfalls die längsten. Es ist wichtig, beim deutschen Training zu sein. Dann haben wir Nachmittags- und Abendspiel, dafür treffen wir uns zwei, drei Stunden vorher. Eineinviertel Stunden vor Spielbeginn gehen Sascha und ich vor die Halle, machen dort unseren Aufsager, danach geht es für Basti und mich an die Vorbereitung und hoch zum Kommentatorenplatz. Zwischendurch müssen wir noch was essen und den Aufsager fürs zweite Spiel aufnehmen. Und abends sehen wir uns noch an der Hotelbar.

Bandermann: Im Team haben wir das Programm immer hinbekommen, das hat uns geeint. Andere haben eine Redaktion, wir haben eine WhatsApp-Gruppe. Sie ist zugleich unser Creative Director. Da entstehen die Ideen: Fürs Bierbad in Prag, die Bootsfahrt in St. Petersburg, auf der wir jeden Souvenirquatsch gekauft haben. In unserer kleinen Gruppe muss man dann halt mal einen Spaß mitmachen. Wobei wir wissen, dass wir manchmal überdrehen.

Schwele: Manchmal zeichnen wir was auf, schicken es an Sport1 und tippen, dass die es nicht bringen werden. Und dann bringen sie es.

Goldmann: Das Lustigste, was wir gemacht haben, waren Sascha und ich 2015 im Bier-Spa in Prag. In den Zuber wurde echtes Bier eingelassen, mit Wasser gemischt, und dann warm gemacht. Dazu wurden Hopfen und Gersten reingerührt. Man saß im Zuber, nackt bis auf die Unterhose, und spürte, wie all das Zeug über die Haut aufgenommen wurde und man gleichzeitig leicht einen sitzen hatte. Ich jedenfalls.

Bandermann: Neben dem Zuber war ein Zapfhahn, aus dem man dann Bier zum Trinken rauslassen konnte.

Goldmann: Das haben wir vor dem Viertelfinale gemacht. Welcher Idiot würde das sonst noch machen? Sich in dieses stinkende Bad setzen und dazu noch eine Halbe trinken? Und wir mussten nachmittags noch arbeiten. 2013 haben wir auch was Kurioses gemacht. In der Hartwall-Arena in Helsinki gibt es eine Sauna, von der aus man die Spiele anschauen kann. Da haben wir ein Spiel in Bademänteln anmoderiert. 2016 in St. Petersburg gingen wir ins Wodka-Museum. Pro WM machen wir einen privaten Ausflug, ohne Kamera.

Schwele: Wir haben dem Kellner gesagt, dass wir lernen wollen, wie man richtig Wodka trinkt. Er fand das super.

Goldmann: Nur am Anfang, 30 Minuten lang. Der Wodka kam in Fünf-Zentiliter-Gläsern.

Schwele: Dazu Häppchen. Vollkornbrote mit Gurken, Fisch. Eigentlich hätten wir keine Hauptspeise mehr gebraucht.

Goldmann: Am Schluss gab es Nudeln. Und da ich Bloody Mary mag, dachte ich, ich könnte mit der Tomatensauce, die da extra in einer Sauciere gereicht wurde, gemeinsam mit dem Wodka eine Bloody Mary mixen. Habe ich getan und sie aus der Sauciere getrunken. Schmeckte mäßig.

Schwele: Wir waren auch die letzten Gäste. Die amerikanische Mannschaft war auch dagewesen.

Goldmann: Und wir haben sie am nächsten Tag spielen sehen. Wisst ihr noch? 2015 haben wir Brent Burns, Verteidiger von den Kanadiern, zwei Stunden vor dem Spiel eine Pizza essen sehen. In einer Mall. Aus dem Pappkarton.

Bandermann: Seitdem heißt der bei uns Pizza-Mampf. Du kriegst so ein Ding nur schneller runter, wenn du es dir spritzen lässt. Topernährung.

Goldmann: Der tschechische Kommentator war 2015 auch nicht schlecht. Der trank Bier auf der Pressetribüne, man brachte ihm einen Sixpack. Am nächsten Tag hingen schon die Schilder: Bierverbot. Solche Geschichten bekommt man nur mit, wenn man vor Ort ist. Zweimal haben wir die WM leider im Studio in München vom Fernseher weg kommentiert. Schwierig: Der Monitor ist kleiner als der Bildschirm, den man zu Hause hat, man kann nicht so analytisch sein, wie man möchte und kriegt die Stimmung nicht mit. Man achtet im Stadion halt auch auf das, was dort passiert, wo der Puck gerade nicht ist, sprich was gerade nicht im TV zu sehen ist. Wie sind die Laufwege? Wie verhalten sich Spieler und Trainer auf der Bank, wie die Schiedsrichter? Geht der Torhüter raus?

Schwele: In Prag war schon das Warm-up mit Jaromír Jágr, dem tschechischen Superstar, eine Schau. Sendungsfüllend.

Goldmann: Oder das der Russen. Da haben drei von 20 Leuten sich bewegt, die anderen standen im Eck und dehnten sich. Einer von denen, die sich warm machten, schoss aus Versehen einen der Unbeweglichen ab – der mit einem Stockschlag reagierte. Was für ein Treiben! Leider hatte es niemand aufgenommen. *Schwele*: Das war das Aufwärmen der Russen vor ihrer ersten Niederlage gegen Frankreich.

Goldmann: Ich verfolge das Aufwärmen auch, um zu sehen, wer der *Starting Goalie* ist und ob sich schon zeigt, wie die Reihen aufgestellt sein werden. Und ich genieße es, die russischen und kanadischen Topspieler bei ihrer Arbeit zu beobachten. Wenn etwa Ovechkin bei den Russen seinen Powerplay-Schuss übt und man über die Härte und Präzision nur staunen kann. Man sieht ihn so, wie man ihn sonst nie erlebt.

Schwele: Als Slawa Bykow noch Trainer der Russen war, sind wir immer zu deren Training gegangen. Sensationell. Da kamst du in die Halle, standest im Mittelrang und hast selbst da den Luftzug gespürt, wenn die unten auf dem Eis ihre schnellen Runden gelaufen sind. Und Bykow hat manchmal selbst mitgezockt.

Goldmann: Die Russen sind seit jeher eine Nation, die bei Weltmeisterschaften die größte Unterhaltung bietet. Keine Mannschaft lebt Eishockey so wie sie. Sie ist eine Pflanze, die aufblüht, wenn sie gepflegt und bewässert wird. Doch man sieht auch, wenn die Pflanze vergiftet ist, verdörrt und eingeht. Russland bietet Attraktion in jede Richtung, danach kommt lange nichts.

Schwele: Bei den Russen sind Training und Warm-up, wenn sie gut drauf sind, schöner als das Spiel.

Goldmann: Wenn es läuft, können die so schnell rennen und wissen selbst nicht, warum das so ist. Sie machen Sachen, die niemand anders kann. Der russische Eishockeyspieler ist ein Spektakel, in seiner ganzen Darstellung. Auch in seiner Art, Interviews zu verweigern. Sie kommen auch mit der größten Belegschaft zu einer WM, inklusive der Spieler hat so ein Russen-Tross über 80 Leute. Und die beiden Fernsehkommentatoren bei uns auf der Tribüne sind die einzigen, die ihrem Job in der russischen Teamjacke nachgehen.

Bandermann: Nach meiner Erfahrung bei Weltmeisterschaften herrscht um die Russen der größte Star-Hype. Wenn Ovechkin immer etwas später kam und sein erstes Training machte, nachdem er aus Washington rübergeflogen war, drei Runden lief und ein paar Schüsse abfeuerte, war da ein gigantisches Medienaufkommen. Man hatte den Eindruck, dass die Medienleute auch Fans waren. Bei den Kanadiern gab es das nur einmal: 2015, als sie eine ultrastarke Mannschaft um Sydney Crosby geschickt hatten.

Goldmann: Da wollten viele einfach Fotos und Autogramme. Daraufhin wurde im Pressezentrum die Warnung ausgehängt, dass man als Journalist seine Akkreditierung verlieren kann, wenn man Spieler darum bittet.

Schwele: Im Herbst 2016 in Riga, beim Qualifikationsturnier für Olympia 2018 Pyeongchang, hatten wir Angst vor dem Jubeln. Wir waren die einzigen Deutschen in der Halle, die Security hatte um uns herum schon Aufstellung genommen.

Goldmann: In Lettland gegen Lettland. Es war das entscheidende Spiel: Wer fährt nach Südkorea? Ohne diesen Turniersieg hätte es später kein Silber gegeben.

Bandermann: Da herrschte ein Patriotismus im positiven Sinne in der Halle. Bei diesem Tor von Tom Kühnhackl für Deutschland kurz vor Schluss sind vier Typen in der ganzen Halle aufgesprungen. Das waren wir vier Trottel. Im Rest der Halle war es mucksmäuschenstill.

Schwele: Wir waren allerdings vier Jahre zuvor auch bei der vergeigten Olympiaqualifikation in Bietigheim.

Goldmann: Das schlimmste Erlebnis. Und dann auch noch gegen Österreich rausgeflogen. War das bitter.

Bandermann: Deutschland hätte gegen Österreich nach 60 Minuten gewinnen müssen, das Siegtor fiel aber erst in der Verlängerung, das nützte nichts mehr. Sotschi 2014 war somit verpasst. Ich wusste gar nicht, was ich da in den Interviews fragen sollte. Die Möglichkeit des Scheiterns war einfach nicht in meinem Kopf drin gewesen.

Goldmann: Bitter war auch das 4:12 gegen Norwegen bei der WM 2012, wo es nach einer halben Stunde 0:9 stand.

Bandermann: Du wusstest in der Moderation gar nicht mehr, wie es ausgegangen war.

Goldmann: Zwölf zu irgendwas. Das Spiel war auch ungewöhnlich kurz und noch viel Sendezeit übrig. Wir mussten noch Zeit ziehen – ohne Inhalt zu haben. Wenn's blöd läuft, läuft's blöd.

Schwele: Überragend in diesem Jahr waren die Interviews, die Sascha mit Köbi Kölliker führte, dem Schweizer Trainer der deutschen Mannschaft für dieses eine Jahr. Nach dem Norwegen-Spiel hat Kölliker wieder seine Plattitüden hingerotzt, und Sascha hat gesagt: Lassen wir's. Und hat dann die Spieler Marcus Kink und Christoph Ullmann interviewt und den Bundestrainer stehen gelassen. Weltklasse!

Bandermann: Die Stimmung nach diesem Spiel war in etwa so, wie wenn Rick Goldmann „hungergrantig" ist. Dieser Begriff steht bei ihm über allem.

Goldmann: Mir sind bei der WM zwei Sachen wichtig: Etwas persönlicher Freiraum, sodass ich mal wenigstens ein paar Minuten weg kann von den beiden Typen für einen kurzen Refresh. Und Essen. Wobei ich jemand bin, der nach der Uhr isst. Zum Beispiel muss ich um 13.30 Uhr was essen, auch wenn ich eigentlich keinen Hunger verspüre. Denn wenn ich Hunger habe, ist es zu spät...

Schwele: In St. Petersburg 2016 hatten die Essensstände zwischen den Spielen geschlossen, doch Herr Goldmann schimpfte so laut, dass man extra für ihn die eingeschweißten Sandwiches in die Mikrowelle legte.

Goldmann: Da esse ich dann auch alles, dann ist es wieder gut. Wenn wir bei einer WM im Hotel ankommen, schaue ich als Erstes: Wie ist der kürzeste Weg dorthin, wo ich was zu essen kriege?

Bandermann: Und ich achte immer darauf, dass Rick meine Zimmernummer nicht kennt. Gelegentlich will man doch mal früher schlafen gehen, doch diese Pläne durchkreuzt er. Beim Deutschland-Cup hämmerte er mal nachts an meine Tür. Ich wollte es ignorieren. Doch er ist penetrant und würde nie aufhören – notfalls, bis die Hände blutig sind und die Tür auseinanderbricht. Man denkt, aus den benachbarten Zimmern müssten sich doch Gäste an der Rezeption melden, was da für ein Irrer auf dem Flur sei. Irgendwann habe ich die Nerven verloren und geöffnet. Da ist man aus dem tiefsten Schlaf gerissen, Rick stürmt rein und erzählt – und es muss exakt zu diesem nächtlichen Zeitpunkt sein und zu keinem anderen – wie das deutsche Eishockey in den kommenden 15 Jahren funktionieren und wie man Fernsehübertragungen aufziehen sollte. Das musste ich mir, auf der Bettkante sitzend, eine Dreiviertelstunde anhören.

Goldmann: Ich weiß, dass ich manchmal speziell bin.

Schwele: Das ist Rick auch in medizinischer Hinsicht. Er ist brutal ausgestattet, wenn wir irgendwohin fahren. Er hat eine riesige Gesundheitsbox dabei. Das reicht für mehr als die Erstversorgung: Verbände, Mullbinden, Desinfektionsmittel, Tabletten gegen sämtliche Krankheiten, dazu Vitamine…

Goldmann: Man muss den inneren Hypochonder pflegen. Aber ich nehme es eigentlich immer wieder ungeöffnet mit nach Hause. Ja, so bin ich. Doch ich kann es wertschätzen, dass ich mich bei den beiden so aufführen darf, seit vielen Jahren schon. Deshalb arbeite ich auch gerne mit ihnen.

Bandermann: Weißt du, wie dein Buch eigentlich heißen müsste? „Rick Goldmann – ein deutscher Spießer."

DER PUCK IST SCHARF – WILLKOMMEN IN DER HD-ÄRA

Irgendwann tauchte die Frage auf: Was soll ich kommentieren? Nur Spiele der Nationalmannschaft oder auch Spiele der Liga? Ich dachte mir, wenn ich auch bei DEL-Übertragungen zu hören bin, werde ich früher oder später verbrannt sein, weil der Fan halt Gutes über seinen Verein hören will, ich aber Fehler klar benennen muss. Die Nationalmannschaft hingegen unterstützen ja irgendwie alle. Wenn man sie halb patriotisch und nah am Sport kommentiert, wird der Fan einen immer geil finden, man ist der Darling für alle. Das Feedback ist zu 97,5 Prozent positiv.

Ich habe mich dann doch auf die Liga eingelassen, nachdem ich 2012 Basti Schwele kennengelernt hatte. Er arbeitete auch für Servus TV, und was die Österreicher machten, war wirklich ein fettes Projekt, europaweit State of the Art.

Als Kind wuchs ich mit ARD, ZDF und dem dritten Programm auf. In den 80er-Jahren kamen die Privatsender auf, in den 90ern das Pay-TV und die Spartensender. Das neueste Thema sind Streaming-Plattformen.

Das deutsche Eishockey wechselte seine Heimat öfter mal: Früher war es – mit den Zusammenfassungen aus der Bundesliga – regelmäßig in den Öffentlich-Rechtlichen zu sehen. Sat.1 war der erste private Sender, der ein Zugriffsrecht erwarb und am Sonntagnachmittag ein komplettes Spiel zeigte. 1994 stieg Premiere ein, und das von Leo Kirch betriebene DF1 bot ebenfalls mit. Für einige Jahre konnten die Vereine aus ihren Fernsehverträgen ordentliche Einnahmen erzielen. Viele Sportinteressierte sagen allerdings, sie hätten damals den Bezug zum Eishockey verloren, weil es nicht mehr im Free-TV kam. Sport1 hat die Liga ins frei empfangbare Fernsehen zurückgebracht.

Was oft als Argument gegen Eishockeyübertragungen angeführt wird: Man würde den Puck nicht sehen, er sei zu klein, zu schnell. Wohingegen man beim Fußball das Spielgerät nie aus den Augen verliert. In der Tat war das eine Problemstellung des Eishockeys – allerdings zu einer Zeit, als Fernsehgeräte noch eine Röhre hatten und das Bild grobkörnig war. Jetzt sind wir in der HD- und sogar schon Ultra-HD-Ära. Die Bilder sind gestochen scharf.

Auch die neuen Arenen, in denen in Deutschland Spitzeneishockey gespielt wird, haben geholfen, bessere Bilder zu liefern. Die alten Eishallen hatten keine festen TV-Positionen, man stellte die Kameras manchmal in die letzte Reihe oder wo halt Platz war. Heute gelten Standards. Die Multifunktionsarenen werden, wenn Eishockey der Hauptmieter ist, so gebaut, dass die Kameras Flächen bekommen, von denen aus sie den idealen Winkel haben. Auch die Beleuchtung hat immense Fortschritte gemacht. Es kann vorkommen, dass zu Hause an den Bildschirmen das Eis dunkel oder gelbstichig wirkt, doch dagegen ist das Mittel auch schon gefunden: Weiße Farbpigmente werden in die oberste Schicht im Eis gemischt und lassen die Spielfläche erstrahlen wie ein Zahnweißmittel. In der NHL hat sich das bereits durchgesetzt, in Deutschland nutzt man es bei Länderspielen.

In Nordamerika werden auch fürs Fernsehen die Maßstäbe gesetzt. Die Übertragungen vom Olympiaturnier 2010 in Vancouver haben bei uns viele Leute gefesselt, weil die Kanadier mit so vielen Kameras arbeiteten, dass der Zuschauer die Rasanz und die Härte des Sports fast schon körperlich spüren konnte. Und beim World Cup of Hockey 2016 kam die nächste Innovation von drüben: die Helmkamera des Schiedsrichters. Sie lieferte weitere neue Eindrücke. Der Zuschauer wird mit aufs Eis genommen. Der Spieler läuft, subjektiv erlebt, auf einen zu. Man ist gefühlt mittendrin.

Technik ist das eine. Doch man muss auch inhaltliche Qualität bieten. Den Zuschauer abholen, indem man ihn überrascht. Ihm zeigt: Für dich lassen wir uns etwas einfallen.

Bei Servus TV durfte jede Idee auch gedacht werden. Der Getränkekonzern Red Bull, der hinter Servus TV steht, war interessiert an außergewöhnlichen Aktionen. In Österreich, seinem Heimatland, wo es auch im Eishockey engagiert ist, trommelte Servus TV für das Derby zwischen Villach und Klagenfurt, das als Freiluftveranstaltung im Fußballstadion ausgetragen wurde, mit einem aufwendigen Trailer. Auf einem Gletscher ließ es ein Eisfeld aufbauen.

Viel Beachtung erfuhr die Einführung des *Cable Guy*. Für ein von Servus TV übertragenes Spiel wurde ein Akteur pro Team – Spieler, Trainer oder auch mal ein Betreuer – verkabelt. Was er sagte, bekam das Fernsehpublikum zu hören. Jubel, Flüche, die gesamte Palette der Emotionen. Die ganz derben Sachen ließen wir weg, um die Beteiligten nicht bloßzustellen. Das war unser Entgegenkommen, denn wir wollten, dass die Spieler das Mikrofon einfach vergessen und so reden, wie sie das immer tun. Sie sollten uns vertrauen können. Der *Cable Guy* wurde jedenfalls Kult und ist seit der Saison 2019/20 bei MagentaSport wieder zu hören.

Bei Servus TV habe ich 2012 zugesagt, weil man bereit war, ein Analyse-Tool zur Verfügung zu stellen. Das Teil war zunächst noch recht kompliziert. Da musste man 20 Minuten lang jemanden, der in Salzburg saß, aus dem Eisstadion heraus erklären, was er zeichnen soll. Man konnte dann aber das Spielgeschehen kaum noch verfolgen, weil man mit dieser Kommunikation beschäftigt war. Das stellte also keinen maximalen Mehrwert dar. Danach aber gab es eine kleine Box, an der ich mir während des Kommentierens meinen Clip erstellen konnte: Stoppen, markieren, anmalen. Das ist Fernsehen, wie man es sich vorstellt.

Als Kommentator muss man sich auch fachlich rüsten. Basti Schwele sagt, dass er am Anfang der Saison für jedes Team sechs bis acht Stunden Vorbereitung benötigt. Mit der Zettelwirtschaft, die er sich dadurch schafft, kann er eine komplette Comm-Box tapezieren. Benötigen tut er davon pro Spiel vielleicht ein

Zwanzigstel. Wenn wir zusammen ein Spiel kommentieren, hängen wir zwei Blätter mit Nummern und Namen jeder Mannschaft auf. Die sind nützlich, wenn ein Tor fällt. Es ist oft nicht sofort zu erkennen, wer der Schütze war, doch man sollte dem Zuschauer diese Information schnell liefern. Wir gleichen unsere Eindrücke dann ab. Und ziehen den Schrei „TOOOOORRRR" ein wenig hinaus. Kleiner Trick.

Wichtige Routine ist es auch, zu Beginn eines jeden Drittels zu überprüfen, ob bei den Teams immer noch derselbe Torhüter im Kasten steht. Hat eine Mannschaft gewechselt – und das kann ja mal passieren – bist du als Kommentator blamiert, wenn du es nicht bemerkst. Denn es gibt unter den Zuschauern ganz sicher Experten, denen es nicht entgangen sein wird.

Wenn es ein gutes Spiel ist, das richtig fliegt, bleiben 99 Prozent des vorbereiteten Infostoffs liegen. Experte und Kommentator dürfen dann nicht versuchen, ihre Geschichten unterzubringen. Das Spiel ist das Höchste, was es gibt. Nur bei einem langweiligen Spiel ist man froh, wenn man Storys auf Reserve hat. Es kann auch passieren, dass man schon nach dem ersten Drittel schwitzt und sich fragt: Was könnte ich denn noch erzählen?

Leute, die es draufhaben und früher Eishockey kommentiert haben, wie die auch dem Fußballpublikum sehr bekannten Marcel Reif und Fritz von Thurn und Taxis, sagen: Das Entscheidende ist das Timing. Im Fußball, der manchmal träge dahinfließt, ist es absehbar, dass man Zeit hat, eine 90-Sekunden-Geschichte unterzubringen, im Eishockey ergibt sich viel schneller Torgefahr. Ich habe mir da auch schon mal auf den Kommentatorenplätzen auch einen Spaß mit Kollegen erlaubt, die ihre Geschichten ablesen, deren Augen dem Finger auf den Notizen folgen und die gar nicht mehr aufs Spielfeld blicken. Da rief ich unvermittelt: „Uiii." Da riss es den Kollegen, weil er glaubte, er würde eine wichtige Szene verpassen, aus dem Sattel. Und anschließend fand er die Zeile nicht mehr wieder, in der er war.

Servus TV übertrug ausgewählte Spiele, meist am Sonntagabend, häufiger in den Play-offs, von 2012 bis 2016. Am Freitag lief eine Partie beim Streamingdienst La Ola. Die Option auf eine Verlängerung des Vertrags mit der DEL zog Servus TV aber nicht. Die Liga fand zwei neue Partner. Sport1 als Plattform im frei empfangbaren Fernsehen kannte sie ja schon. Der andere Player wurde die Deutsche Telekom. Sie stieg mit Beginn der Saison 2016/17 ein und bietet das Komplettpaket: Jedes Spiel live, in gleichbleibender Qualität. Bei ausgewählten Spielen, etwa dem *First Row*-Match am Donnerstag und Sonntag wird ein höherer Aufwand mit Moderation und Experten gefahren.

Klar ist: Wenn man wirklich jedes Spiel anbietet wie die Telekom über ihr MagentaSport, kann man nicht so ranklotzen, wie es Servus TV bei einem Spiel pro Woche getan hat. Der Kommentator arbeitet in der Regel allein, ohne einen Experten, und er führt auch die Interviews. Aber insgesamt hat sich das Paket mit Konferenz und Dokus weiterentwickelt und bietet eine Abdeckung, die das deutsche Eishockey in dieser Qualität noch nicht gesehen hat.

Als Beteiligter an einer Übertragung wünscht man sich, dass einem der Sender Rahmenbedingungen schafft, die ein Höchstmaß an Qualität ermöglichen. Die Heim-WM 2017 in Köln war für uns die Krönung. Wir hatten ein Studio von Sport1, in das wir Gäste einladen konnten, wir analysierten, zeichneten Spielsituationen auf. Die Medienwelt registrierte das. Sascha Bandermann, Basti Schwele und ich wurden dafür für den Deutschen Fernsehpreis 2017 in der Kategorie „Beste Sportsendung" nominiert. Die Gala war ein Riesenspaß, auch wenn wir Boris Becker und Matthias Stach, den Tennis-Gurus von Eurosport, den Vortritt lassen mussten. Die Gäste, die mit uns am Tisch saßen, fühlten sich jedenfalls bestens unterhalten.

Schade, dass nach der WM 2017 und trotz der Wertschätzung, die uns für diese Arbeit entgegengebracht worden war, an Investitionen gespart wurde. Kein Studio mehr, kein Analyse-Tool.

Wie Sascha es ausdrückt: „Wir wurden downgegradet und fingen gefühlt wieder beim klassischen Fernsehen an." Die Quoten bei der WM entwickeln sich trotzdem positiv, was natürlich in erster Linie mit dem Erfolg der deutschen Nationalmannschaft zu tun hat. Die WM 2019 war nach den Heimturnieren von 2010 und 2017 die Weltmeisterschaft mit der drittbesten Quote. Viermal kamen wir bei deutschen Spielen über die Eine-Million-Zuschauer-Marke, zweimal sogar über die Zwei-Millionen-Grenze. In der Zielgruppe „Männlich 14 bis 49" erreichten wir 9,9 Prozent, was Sport1 als Senderrekord feiern konnte.

Grundsätzlich hat Eishockey das Zeug, sich noch weiter als Fernsehsport zu etablieren. Es stehen immer mehr Daten zur Verfügung, mit deren Hilfe wir eine neue Fanbase schaffen könnten. Dank verschiedener Technologien, basierend etwa auf Funksignalen, die ein Chip an der Ausrüstung an feste Stationen in der Halle sendet, wissen wir in Echtzeit wie hart ein Schuss war, aus welcher Entfernung er abgegeben wurde, wie schnell ein Spieler lief, welchen Impact ein Check hatte. Das hilft dabei, Menschen, die den Sport nie betrieben haben, die Dynamik auf dem Eis näher zu bringen. Die Zukunftsvisionen gehen sogar dahin, dass die Zuschauer sich virtuell ins Spiel einwählen können. Man steht dann im Mittelkreis und sieht das Spiel an sich vorbeirauschen.

Eishockey darf sich nicht scheuen, ein breites Publikum zu erreichen. Es muss Unterhaltung zulassen, wie wir sie zu bieten versuchen (übrigens auch in unserem Podcast „Die Eishockey-Show"), und Emotionen; da darf man sich durchaus am Fußball orientieren, der auf dieser Gefühlsebene so viele Geschichten schreibt.

Ich finde: Eishockey ist viel zu schön und interessant, um nur in der Nische und unter Insidern oder Nerds stattzufinden.

Fünf Fragen an Gernot Tripcke, Geschäftsführer der Deutschen Eishockey-Liga

Wem gehört die DEL?
Die DEL ist seit 1994 als GmbH und seit 2013 als GmbH & Co. KG organisiert. Seit 1997 gehört diese ausschließlich den teilnehmenden Klubs zu gleichen Teilen mit gleichem Stimmrecht, Erlösen und Kosten.

Darf man als Ligenleiter machen, was er will?
Wie jeder Geschäftsführer ist man für das operative Tagesgeschäft verantwortlich, aber immer nur im Rahmen der von den Klubs gesetzten Vorgaben. Diese werden in mindestens zweimal im Jahr stattfindenden Gesellschafterversammlungen, in der Regel mit Dreiviertelmehrheit, festgelegt.

Gibt es einen Wettbewerb zwischen den deutschen Profiligen im Handball, Basketball, Eishockey, wer der Kronprinz des Fußballs ist?
Jeder wird Kennziffern finden, in denen er Nummer zwei ist. Im Falle der DEL die Zuschauer in den Arenen. Aber wichtig ist, dass wir unsere Präsenz und damit Erlöse steigern. Wir müssen den gesamten „Unterhaltungsmarkt" im Auge behalten. Zeit und Geld der Menschen sind beschränkt.

Wie viele Leute arbeiten im DEL-Büro in Neuss, wie heißen ihre Jobs?
Die Struktur ist schlank. Wir haben neben mir neun Leute. Für den Sportbereich vier (Spielbetrieb, Schiedsrichter, Game Center/ Nachwuchs, Verwaltung), eine Mitarbeiterin für Sponsorenbetreuung und Events. Dazu ein Pressesprecher, ein Redaktionsleiter Online, Büroleiter, Sekretärin.

Eishockey hat im Gegensatz zum Fußball keine 50+1-Regelung – Vor- oder Nachteil?
Für uns stellt sich die Frage schon lange nicht mehr. Mitte der 90er war die Rettung der meisten Standorte nur durch die Gründung von GmbHs mit Investitionen von privaten Gesellschaftern und Unternehmen möglich. Wir haben fast nur gute Erfahrungen gemacht. Für die Klubs ist dieser Rückhalt mangels nennenswerter Erlöse aus TV-Rechten auch wichtig.

ALLE ZEHN JAHRE
EIN GANZ NEUER SPORT

Als ich als Spieler 1996 das erste Mal in Nordamerika war, erlebte ich eine ganz andere Form des Krafttrainings: Bankdrücken wurde mir drüben ohne Bank gezeigt. Man beorderte mich auf einen Pezziball, wie ihn die Physiotherapeuten heute in meinen beiden Rehapraxen einsetzen. Ein Pezziball hat einen Durchmesser von etwa 65 Zentimetern, er ist sehr weich und nirgendwo befestigt.

Der junge Eishockeyspieler Rick Goldmann musste sich also mit dem Rücken auf den Ball legen, er bekam die Hantel auf die Brust gelegt, musste das Gewicht drücken und dabei die Balance nach allen Seiten wahren. Was viel fordernder und anspruchsvoller als die bisherigen statischen Übungen auf der festen Bank war. Nun wurden nicht nur die Arme trainiert, sondern auch der Rumpf, die Beine, die Hüften. Die Übung war realitätsnah, es ging um das, was man im Eishockey brauchte.

Eine kleine Neuerung im Training, aber eine effektive. Und eine, die die Entwicklung unseres Sports fördert. Ein gutes Beispiel dafür, dass man immer die Augen offenhalten und immer darauf achten sollte, was es in anderen Eishockeykulturen gibt, und welche Erkenntnisse man daraus ziehen kann.

Was wir heute als Freeletics feiern, als Übungen mit dem eigenen Körpergewicht, gehörte bereits in den 60er-Jahren zur Schule des osteuropäischen Eishockeys. Damals, als die NHL mit ihren Profis am internationalen Spielbetrieb nicht teilnahm – Kanada schickte zu Weltmeisterschaften meist Amateurvereinsteams und von 1970 bis 1976 gar keine Mannschaft – waren Sowjets und Tschechoslowaken das Maß der Dinge. Sie hatten das Spiel, das einst die Kanadier etabliert und beherrscht hatten, weiterentwickelt. Und, wie sich herausstellte, als Kanada mit namhaften Spielern 1977 an die WM zurückkehrte, das Original überholt.

Dass man sich nicht verschließen und in seiner Blase leben kann, hat sogar der deutsche Fußball erfahren, der Anfang des Jahrhunderts im Mittelmaß versunken war. Bundestrainer Jürgen Klinsmann holte 2004 amerikanische Fitnesstrainer in seinen Stab. Mit den Konzepten von Mark Verstegen, der von den Traditionalisten zunächst kritisch beäugt wurde, machte Klinsmanns Team athletische Defizite wett. Übrigens hat auch Stefan Schaidnagel, der heute als „Generalsekretär mit Gesamtverantwortung für das deutsche Eishockey" der maßgebliche Mann im Deutschen Eishockey-Bund ist, einige Zeit in Amerika in der Company von Mark Verstegen gearbeitet.

Es gibt eine wunderbare Statistik, die belegt, wie das Eishockey überall auf der Welt vorankommt. 1980 stammten die Spieler in der NHL zu 95 Prozent aus Nordamerika, 82 Prozent sogar aus Kanada, dem Mutterland des Sports. Im Jahr 2000 betrug der Anteil der Kanadier nur noch 55 Prozent, der der US-Amerikaner 15 Prozent. Im Jahr 2017 haben sich die Verhältnisse weiter verschoben: 45 Prozent für Kanada, 25 für die USA. Doch vor allem: Es sind viel mehr Europäer da. Jeder zehnte NHL-Spieler kommt aus Schweden. Russland, Tschechien und Slowakei sind mit jeweils etwa vier Prozent vertreten. Sie waren schon mal präsenter (2000 lieferten die Osteuropäer 17 Prozent des Spielerpools in der NHL), doch dass die Zahlen rückläufig sind, liegt nicht daran, dass diese Länder keine Qualität liefern würden. Mit der Kontinental Hockey League hat sich vor allem auf russischem Gebiet (aber mit Teams in Tschechien, Slowakei, Weißrussland, Lettland, Kasachstan, Finnland und sogar China) eine Organisation etabliert, die den Spielern auch gute Gehälter und einen ansprechenden Wettkampf bieten kann.

In der NHL, die mit den Jahren natürlich auch gewachsen ist und vor der Aufnahme eines 32. Teams steht, haben nun auch

Spieler eine Chance, die nicht aus den klassischen großen Nationen des Eishockeys kommen. Wir finden dort Schweizer und Deutsche, die sogar in der ersten Runde gedraftet werden, Franzosen, Ukrainer, Norweger. Das ist eine gute Entwicklung fürs Welteishockey.

Etwa alle zehn Jahre, so mein Empfinden, macht das Eishockey einen Quantensprung und erfindet sich neu. Das liegt an der verbesserten Ausbildung der Spieler, aber auch an Änderungen der Regeln, wenn man feststellt, dass das Spiel zu statisch geworden ist.

Blicken wir in die Spitzenklasse, die NHL. Da gibt es einige Spieler, die jetzt auf die 30 zugehen und dachten, sie würden bis ans Ende ihrer Spielertage konkurrenzlos gut sein. Nun erkennen sie: Mist, da kommen gerade jüngere Leute nach, die mit dem Puck Sachen anstellen, von denen man nicht glaubte, dass ein Mensch sie beherrschen könnte. Es gibt immer irgendein Feld, auf dem Steigerungen möglich sind. Derzeit finden die Fortschritte bei der Hand-Augen-Koordination statt. Nordamerikaner haben eine Geschmeidigkeit im Umgang mit der Scheibe entwickelt, die früher ein Alleinstellungsmerkmal der Russen war.

Die aktuell besten Spieler der Welt haben spezielle Fähigkeiten. Alexander Ovechkin (Washington Capitals) steht für den perfekten Direktschuss. Connor McDavid (Edmonton Oilers) ist der perfekte Schlittschuhläufer, mit zwei, drei Schritten baut er eine so hohe Geschwindigkeit auf, dass man ihm kaum noch folgen kann. Patrick Kane von den Chicago Blackhawks ist unübertrefflich in der Spielübersicht, bei der Puckkontrolle und im Handgelenksschuss. Doch sie alle sind nicht nur als Spezialisten auf ihren Gebieten Extraklasse, sie können noch viel mehr und überzeugen daher mit ihren Gesamtpaketen.

Wir können da auch unseren deutschen Vorzeigespieler Leon Draisaitl einschließen. Er vermag läuferisch mit seinem Teamkollegen Connor McDavid mitzuhalten, hat Spielübersicht und kann die Dinger auch noch selbst reinmachen. Früher war ein

Stürmer entweder Vorlagengeber oder Vollstrecker. Draisaitl und einige andere sind beides.

So viel zu den Stürmern. Doch die Entwicklung lässt sich auch an den Verteidigern festmachen. Früher galten diejenigen als gut, die einen satten Direktschuss von der blauen Linie hatten. Doch läuferisch waren diese Spielertypen in der Regel schwach und hatten Mühe, schnell nach hinten zu kommen, um ihre eigentliche Abwehrarbeit zu verrichten. Auch sie überzeugen inzwischen als Allrounder.

Immer wieder gibt es einen besonders reich besetzten Jahrgang, der die Normen im Eishockey verändert. Doch das Spiel muss auf die individuellen Fähigkeiten auch eingehen, es muss ihnen Raum geben.

Darum ist es wichtig, das Spiel immer wieder anzupassen und auch einmal mit Traditionen zu brechen.

Eine einschneidende Veränderung, die ich noch als Spieler miterlebt habe, war die Abschaffung des Zwei-Linien-Abseits. Wenn die Scheibe über blaue plus rote Linie nach vorne gepasst und sie unterwegs von niemandem berührt wurde, musste abgepfiffen werden. Dass längere Pässe möglich sind, hat dem Tempo gutgetan, es kam Bewegung ins Spiel, es wurde attraktiver. Die athletischen Anforderungen stiegen, das taktische Verhalten passte sich den neuen Regeln an. Zuvor war das Zwei-Linien-Abseits in der NHL abgeschafft worden, Europa zog wenig später nach. Die Kommunikation der Regeländerung war vielleicht nicht die beste, sie wurde bei uns einfach so über den Sommer entschieden. Aber die Änderung war gut, richtig, wichtig.

Eine entscheidende Regelanpassung war auch, dass Aktionen mit dem Stock, insbesondere das Haken, stärker geahndet wurden. Jahrelang hatte man mit dem Stock machen dürfen, was man wollte, man konnte sich einhaken und den Gegner ausbremsen. Ein Gift, das gegen die guten Skater eingesetzt wurde. Seitdem die Schiedsrichter angewiesen sind, bei solchen Aktionen rigoros mit Zwei-Minuten-Strafen durchzugreifen, kommen die Skills der Spieler wieder besser zur Geltung. Das Spiel wurde flüssiger und schneller.

Man gewöhnt sich auch schnell um. Vor ein paar Jahren hat man, wieder dem Beispiel Nordamerika folgend, die Linien auf dem Spielfeld anders gezogen. Die beiden offensiven Drittel wurden erweitert, das mittlere Drittel, die neutrale Zone, verkürzt. Dadurch haben die Mannschaften, die Powerplay spielen, mehr Möglichkeiten. Sie können die Scheibe länger im Drittel halten, mehr Druck aufsetzen. Man stelle sich vor, was es für Diskussionen gäbe, wenn im Fußball das Regelboard daherkäme und aus dem Sechzehner einen Achtzehner machen würde.

Was der Fußball noch duldet, was das Eishockey – einzige Ausnahme: in den in Hin- und Rückspiel ausgetragenen K.-o.-Runden der Champions Hockey League – aber längst abgeschafft hat, ist das Unentschieden. Steht es in der normalen Saison nach den regulären 60 Minuten unentschieden, geben wir fünf Minuten drauf, fällt in dieser Zeit ein Tor, ist die Partie beendet. Passiert nichts, folgt ein Penaltyschießen.

Muss wirklich jedes Spiel einen Sieger und einen Verlierer haben? Man kann über diese Philosophie streiten, man kann die Dramatik für inszeniert halten. Tatsache aber ist: Die Zuschauer gehen nach einer Overtime begeistert aus dem Stadion. Seit die fünfminütige Verlängerung nicht mehr in voller Stärke von fünf gegen fünf Feldspielern ausgetragen wird, sondern nur noch mit drei gegen drei, erleben wir immer ein Spektakel: Innerhalb von 30, 40 Sekunden kann es zu drei, vier Torchancen kommen, und das auf beiden Seiten. Weil mehr Platz auf dem Eis ist, erhöht sich auch die Wahrscheinlichkeit von Kontern.

Wie sehr sich Eishockey verändert hat, kann man auch sehen, wenn man sich mal ältere Bilder anschaut. In den 50er-Jahren, als in Deutschland der EV Füssen dominierte, trug kein Spieler einen Helm, die Trikots waren noch Pullover. Sogar vor 40 Jahren, so sagt mir Tom Hieble, Verkaufsleiter bei Create Sports, einem Händler in Österreich, war die Ausrüstung noch spartanisch, in der NHL spielten viele noch ohne Helm. Bei uns in Deutschland setzte man auch nur Helme auf, die sehr leicht waren, etwa den durch Wayne Gretzky berühmt gewordenen Jofa VM. Ein Gutachter stufte ihn als Kratzschutz ein.

Tom Hieble: „Die Schutzausrüstung bestand bisweilen aus Eigenbauten, Schlittschuhe waren noch aus Leder, die Kufen aus Stahl und die Schläger ausschließlich aus Holz mit Fiberglaseinlagen. Die Torwartausrüstung war ebenfalls sehr schwer, da komplett aus Leder gefertigt. Die Torwartschienen waren mit Rosshaaren gefüllt, die im Spiel durch das Gleiten auf dem Eis und Schwitzen bis zu fünf Kilogramm schwerer wurden."

Vor 20 Jahren, so erzählt Hieble weiter, gab es schon deutliche Verbesserungen, Ausrüstung wurde flexibler und leichter. Helme bekamen ein Plexiglasvisier, es wurde Pflicht, sie zu tragen. „Im Schlägerbereich wurden Aluschaft, Carbonschaft und Holzblätter eingeführt – eine Revolution. Schlittschuhe wurden im Ofen angepasst, das Gewicht der Schuhe reduzierte sich durch die Verwendung von Kunstleder, Carbon und leichteren Plastikteilen. In den Torwartschienen wurden Kunststoffplatten verbaut, das machte die Teile haltbarer und leichter, und sie schützten besser."

Wenn man Tom Hieble reden hört, leben wir mittlerweile im Ausrüstungsparadies: „Beim Helm hat man das Konzept des 360-Grad-Schutzes, er wird mit einem Schnellverschluss perfekt auf jede Kopfform anpasst, was dazu führt, dass sich der Helm beim Aufprall nicht mehr verschiebt. Das Material der Schutzausrüstung regeneriert sich nach Einschlägen wieder." Hoffentlich auch der Spieler... Aber eines ist klar: Wir sind im Hightech-Zeitalter angekommen.

Eine Problematik, der sich das Eishockey in Zukunft stellen muss: Was wird dagegen unternommen, dass zu viel Energie gefressen wird? Auch wir werden verpflichtet sein, uns am Schutz des Klimas zu beteiligen. „Die Energieeffizienz hat sich bei den neuen Eishallen bereits wesentlich verbessert", sagt Franz Reindl, der Präsident des Deutschen Eishockey-Bundes, der auch in der International Ice Hockey Federation einer der führenden Köpfe ist. Er erwartet, dass sich beim Bau von Trainingshallen in Europa die kleinere Eisfläche aus Nordamerika durchsetzt: „Das erspart uns 240 Quadratmeter Platz, Energie und Kosten." Das Eishockey wolle „Vorreiter in der Klimaverträglichkeit im Wintersport werden".

Eishockey auf einem etwas kleineren Feld, als wir es bislang kennen? Und das, wo doch die Spieler immer noch schneller werden. Passt das dann noch?

Eishockey ist gut entwickelt, aber noch nicht ausentwickelt. Wer sagt denn, dass es bei fünf gegen fünf Spielern und beim Abseits bleibt?

Seid sicher: Es wird nachgedacht.

Fünf Fragen an Franz Reindl, Präsident des Deutschen Eishockey-Bundes und Chairman bei der IIHF

Sie haben dreimal eine WM nach Deutschland geholt. Welche Vorlaufzeit benötigt eine Bewerbung?
Sieben Jahre unter Einbeziehung politischer, verbandspolitischer und regionaler Entscheidungsträger sowie geeigneter Arenen. Nach Festigung der finanziellen Voraussetzungen muss die Bewerbung formell fünf Jahre vor dem Event beim internationalen Eishockey-Verband (IIHF) auf den Weg gebracht werden.

Um welche Zahlen geht es?
Das Risiko eines Verlustes ist bei einer Budgetgröße von 24 Millionen Euro und 64 Spielen in zwei Arenen und an 17 Tagen groß. Deshalb ist eine frühzeitige Marktanalyse mit Bewerbungskonzepterstellung unerlässlich.

Wie sollte die IIHF mit der NHL in der Diskussion um eine Olympiateilnahme der Profis vorgehen?
Die IIHF tut alles, um die Teilnahme der NHL-Spieler für ein *Best-on-Best* Event Peking 2022 zu ermöglichen. Auch das IOC ist bereit, die Voraussetzungen zu verbessern. Letztlich müssen NHL und Spielergewerkschaft NHLPA entscheiden, ob sie für Olympia ihre Meisterschaft mit 32 Klubs im Februar unterbrechen.

Es ist schwer, in die Phalanx der sechs großen Nationen einzudringen. Wer schafft es am ehesten?
Die Schweiz hat das größte Potenzial. Danach kommen mittelfristig Nationen wie Deutschland, Slowakei und Lettland am ehesten noch in den Dunstkreis der Top 6.

Was sind die Visionen des internationalen Eishockeys?
Ein mit allen Organisationen, Ligen und Klubs der Welt abgestimmter Wettkampfkalender mit nicht mehr, sondern vielleicht sogar weniger Spielen. Und *Growing the Game* ist ein wesentlicher Baustein. Nur so kann der Eishockeymarkt die Reichweiten steigern. Die Anzahl der Mitglieder im IIHF-System wird immer größer, Fraueneishockey wächst besonders schnell.

DAS NEUE GROSSE ZIEL – 2026 TOP SEIN

Meine erste Saison als Profi, 1993/94, war die letzte der Eishockey-Bundesliga. Danach brach eine neue Zeitrechnung an: die der Deutschen Eishockey-Liga, der DEL. Der Hintergrund war ein wirtschaftlicher. Nicht mehr eingetragene Vereine sollten den Spielbetrieb organisieren, sondern Kapitalgesellschaften, GmbHs, die strengen rechtlichen Vorgaben unterliegen. Es sollte auch ein ganz neues Bewusstsein entstehen bei den Teilnehmern: Dass sie für ein großes Ganzes stehen. Die Liga und ihr Eishockey wurden zum Produkt, das man in den Mittelpunkt stellte.

In den Anfangstagen der DEL wurde aber noch heftig gestritten. Der Deutsche Eishockey-Bund, der DEB, betrieb die Profiliga, damit wollten die Klubs sich nicht abfinden, sie strebten danach, ihre Geschicke selbst zu bestimmen. Die Klubs setzten sich letztlich durch, der Verband war draußen.

Viele, die zum Eishockey gingen, haben in diesem Paragrafengestrüpp irgendwann den Überblick verloren. Sie hatten auch Schwierigkeiten, sich an die Tierwelt zu gewöhnen, die ihre alte Liga mit den ECs und EVs und EHCs geworden war. Panther, Tiger, Pinguine, Adler – da sind manche auch einfach ausgestiegen. Es war nicht mehr ihr Eishockey.

Doch die DEL hat sich etabliert, ist auch schon 25 Jahre alt geworden (die alte Bundesliga existierte 36 Jahre). Und sie ist ziemlich solide. Man hört wenig, was das Potenzial für einen Skandal hätte. Der frühere Klassiker des Eishockeys, dass eine Mannschaft im Saisonverlauf nicht mehr bezahlt werden kann und auseinanderfällt, ist nicht mehr zu befürchten. Die Lizenzierung durch die Ligenverwaltung funktioniert.

Ein letztes Hindernis auf dem Weg zu der Anerkennung, die ihr gebührt, hat die DEL aus dem Weg geräumt. Sie kam mit ihrem Unterbau, der früheren 2. Liga, die nun DEL2 heißt, überein, Auf- und Abstieg wiedereinzuführen. Ab der Saison 2020/21 soll dann Durchlässigkeit herrschen. Mit der Einschränkung, dass der Meister der DEL2 auch seine Wirtschaftskraft nachweisen muss.

Kritiker hatten immer bemängelt, dass zu viele Klubs in der DEL um nichts spielen. 52 Spieltage ist die *regular season* lang, fünfeinhalb Monate zieht sie sich hin. Für ein Team, das den Anschluss an die ersten zehn Plätze verliert, aber auch nicht vom Abstieg bedroht wird, weil der im System nicht vorgesehen ist, hat die Saison ihre Längen. Und für die Zuschauer ebenso.

Richtig los geht es halt erst in den Play-offs. Sie sind die *Crunchtime* der Saison.

Führen 52 Spieltage zu Übersättigung? Ich finde das nicht, und die Gesellschafter und DEL-Geschäftsführer Gernot Tripcke sehen das auch nicht so. Zuschauereinnahmen sind wichtig, für manche Klubs sind ihre Fans der Hauptsponsor. Sie brauchen darum garantierte 26 Heimspiele. Gernot Tripcke vertritt die Ansicht, dass die Einführung der Champions Hockey League die Wertigkeit der DEL-Hauptrunde verbessert hat, da zwei der drei Plätze schon einmal sicher über die Abschlusstabelle vergeben werden. „Auch durch die Einführung des Abstiegs wird die Hauptrunde an Bedeutung gewinnen", sagt der DEL-Geschäftsführer. Das System hat Tradition im Eishockey, die Zuschauerzahlen sind gut."

Von den Arenen ist die DEL gut aufgestellt. Köln, Mannheim, Berlin, Düsseldorf bespielen Hallen, die eine fünfstellige Besucherzahl ermöglichen, München, wo gebaut wird, kommt noch dazu, Frankfurt, noch in der DEL2, liegt mit Plänen für eine Arena mit über 20.000 Plätzen, die die größte in Europa wäre, in Lauerstellung.

An großen Standorten gibt es Investoren wie die Anschutz Entertainment Group aus Los Angeles (Berlin), die Familie Hopp

(Mannheim) oder den Konzern Red Bull (München), doch auch die mittleren Städte haben sich gefestigt. Dort profitieren die Klubs von ihrer regionalen Strahlkraft.

Augsburg ist ein schönes Beispiel. Dort arbeitet Leo Conti, früherer Torwart, mit dem ich in Iserlohn gespielt habe, als Marketing-Manager. Er sagt: „Wir müssen uns nichts vormachen – der mit Abstand größte Teil der Sponsoren ist aus der Region, hat ein regionales Interesse oder einen regionalen Bezug. Zwar werden die nationalen Sichtbarkeiten, auch aufgrund des Telekomvertrags und der immer besser werdenden Qualität der Übertragungen, stets höher, dennoch können wir nicht annähernd mit den Mediadaten des Fußballs mithalten. Häufig werden Budgets großer, überregional agierender Firmen durch Agenturen vergeben, die Eishockey entweder nicht auf dem Schirm oder keine Affinität dazu haben. Ich hoffe auf ein Umdenken, da aus meiner Einschätzung das Preis-Leistungs-Verhältnis im Eishockey sehr stimmig ist. Wenn ich beim Beispiel Fußball bleibe: Die kleine Ärmelwerbung bei einem Bundesligisten liegt preislich in etwa bei einem Hauptsponsoring vieler DEL-Mannschaften."

Contis Panther müssen seit Jahren ohne Hauptsponsor über die Runden kommen. Sie haben aus dieser Schwäche eine Stärke gemacht: „Wir bieten auch kleineren Partnern an, unser Hauptsponsor für einen Spieltag zu sein. In welcher Sportart sonst kann man das für eine überschaubare Summe temporär sein?! Dieses Konzept wäre beispielsweise im Fußball undenkbar." Notstand kann zu Kreativität zwingen.

Zwölf Voll- und acht Teilzeitbeschäftigte arbeiten in der Verwaltung der Augsburger Panther, dazu kommen mit saisonal beschäftigtem Personal in Fanshop und Catering bis zu 100 geringfügig Beschäftigte. Größere Klubs an Standorten mit Multifunktionsarenen haben bis zu 50 Hauptamtliche in der Organisation.

Ja, die Schere geht auch in der DEL auseinander. Trotzdem ist die Liga noch relativ homogen, Überraschungen sind jederzeit möglich, auch der Hauptrundensieger ist nicht unschlagbar und wird mindestens 10 seiner 52 Spiele verlieren.

„Die Mischung in der DEL stimmt", findet Claus Gröbner, Geschäftsführer beim ERC Ingolstadt, „es gibt die kleineren, kultigen Standorte mit den klassischen Eishallen und den im positiven Sinne verrückten, enthusiastischen Fans. Und dann gibt es die großen Standorte mit den modernen Multifunktionshallen, mit Eventpublikum, das sich vom Eishockey begeistern lassen will. Und mit den Boulevardmedien, die gerade im digitalen Zeitalter auch überregional für Reichweite und Strahlkraft sorgen können."

Was die DEL im europäischen Vergleich angeht, hat sie an Bedeutung gewonnen. Natürlich durch das Olympia-Silber von 2018, als die Nationalmannschaft ausschließlich aus DEL-Akteuren gebildet worden war. Aber auch durch die Finalteilnahme Münchens 2019 in der Champions League. Man kann sich sehen lassen. „Schweden aufgrund des Spielerpotenzials und die Schweiz mit ihren deutlich höheren Gehältern sind uns einen Tick voraus", findet DEL-Boss Tripcke.

Dennoch: Können wir zufrieden sein mit allem, was aus der Liga kommt? Ist es genug? Ist es der Nationalmannschaft, die noch das weitaus wichtigere Aushängeschild für das deutsche Eishockey ist, dienlich? Meine Antwort lautet: Nein, ist es nicht. Ich sehe weiteren Verbesserungsbedarf. Sport-Deutschland hat sich durch die wahnsinnigen Summen im Fußball zu einem Monokultursportland entwickelt. Um mit anderen Sportarten Aufmerksamkeit zu generieren, braucht man regelmäßig Erfolgsgeschichten. Und die größte Wahrnehmung unserer Sportart findet nun mal über die Nationalmannschaft statt. Es gilt also alles dafür zu tun, dass die Nationalmannschaft gestärkt wird, weil diese Erfolge die Wahrnehmung der Liga unterstützen und dem Eishockey insgesamt mehr Präsenz verleihen.

Nach wie vor haben wir in der DEL zu viele Spieler, die der Nationalmannschaft nicht helfen. Jeder Klub darf elf Importspieler verpflichten und pro Spiel neun von ihnen einsetzen. Da es aber verschiedene – im Übrigen vollkommen legale – Wege gibt, die deutsche Staatsbürgerschaft zu erlangen, hat eine Mannschaft de facto mehr als neun Spieler, die das Eishockeyspielen nicht in Deutschland gelernt haben. Für diese eingebürgerten Spieler ist die Nationalmannschaft selten ein Ziel – und oft sind sie auch nicht gut genug. Ich meine: Man könnte problemlos auf sieben Imports pro Spiel reduzieren. Das Niveau würde nicht sinken, der Zuschauer würde nichts bemerken – aber wir brächten mehr Spieler aufs Eis, die wir in unseren Vereinen ausgebildet und nicht erst als Erwachsene aus einem anderen System geholt haben.

Jede Sportart mit einer erfolgreichen Nationalmannschaft zeichnet sich dadurch aus, dass der überwiegende Teil ihrer Spieler die Chance hat, auf Topniveau zu agieren. Wenn man aber 12, 13 oder 14 internationale Spieler im Kader hat, die nicht viel mehr als Mittelmaß darstellen, schließt man die Spieler von der Praxis aus, die dann in der Nationalmannschaft auf dem höchsten Level agieren sollen. Eigentlich kann das nicht funktionieren.

Ich will aber auch die Sichtweise der DEL widergeben. Gernot Tripcke sagt: „Der deutsche Spielermarkt ist eng, und deshalb muss immer auf das Preis-Leistungs-Verhältnis im Vergleich zu den ausländischen Spielern geachtet werden. Es gibt in Deutschland weniger als 20.000 organisierte Spieler in Jugend und Senioren. Demgegenüber steht ein Bedarf an fast 1000 Profis in DEL, DEL2 und zum Teil den Oberligen. Zudem würde die Wettbewerbsfähigkeit der kleineren Klubs leiden, wenn die besseren Deutschen sich naturgemäß noch mehr auf die Topklubs konzentrieren würden. Die aktuelle Regelung scheint für den Moment sehr ausgewogen zu sein, deutsche Nationalspieler spielen wichtige Rollen, und die letzten Erfolge der Nationalmannschaft bei Olympia und WM bestätigen das." Gernot Tripcke glaubt jedoch, dass „in den nächsten drei bis fünf Jahren" weniger Spieler, die im Ausland das Eishockeyspielen erlernt haben, in der

DEL zu finden sein werden. „Sei es durch Reduzierung des Kontingents oder faktisch. Indem die jungen deutschen Spieler so gut werden, dass man Verstärkung aus anderen Märkten seltener braucht."

Und das ist unsere große Aufgabe: Wir müssen besser ausbilden. Da waren wir über Jahrzehnte rückständig und haben uns eine große Baustelle geschaffen.

Zum Glück tut sich was. Die DEL hat sich vor einigen Jahren eingemischt und mit Uli Liebsch einen eigenen Nachwuchstrainer eingestellt. Die Aktivität der Profiliga hat auch den Verband angespornt, er zieht in der Ausbildung der Trainer die Zügel an. Bisher war es so, dass man die Scheine quasi geschenkt bekommen hat. C-Schein, B-Schein, A-Schein, das war eine Ausbildung von höchstens je zehn Tagen, und am letzten hat man noch blaugemacht. Mit unterm Strich 25 bis 30 Ausbildungstagen konnte man also Trainer werden, der in der DEL arbeiten darf. In einer solch kurzen Zeit kann man nun wirklich keinen Beruf erlernen.

Andere Sportarten haben es früher erkannt, dass man auch die Ausbilder erst einmal ausbilden muss, da einer, der ein guter Spieler war, nicht automatisch ein guter Trainer sein wird. Um den A-Schein zu bekommen, muss man nun auch im Eishockey ein halbes Jahr investieren, es gibt Präsenzphasen und Zeiten, in denen man in den Vereinen Praxis sammelt, Online-Tests und Tutorials absolviert. Es bereitet mir Freude, wenn ich höre, dass die Generation der 35- bis 40-Jährigen bei den Lehrgängen in Füssen nicht nur auftaucht, um den Schein abzuholen, sondern echtes wissenschaftliches Interesse zeigt. Da sind wir definitiv vorangekommen. Als ich noch spielte, haben mich diese Hintergründe meines Sports auch interessiert – doch nicht mal am Olympiastützpunkt, der für die Betreuung der Nationalspieler mit zuständig war, konnte man unsere spezifischen Fragen zum Off-Ice-Training beantworten.

Mit besseren Trainern bekommen wir bessere Spieler. Wir müssen ihnen in der Liga dann aber auch eine Perspektive bieten, sonst verlieren wir sie schon in jungen Jahren an das nordamerikanische System, in dem sie Eishockey und Schule oder Studium gut zusammenbringen können. Wir könnten den jungen Spielern in der DEL Ausbildungsverträge über drei Jahre anbieten, das wird im Fußball in den Nachwuchsleistungszentren auch so gehandhabt. Fangen wir an mit 1200 Euro Monatsgehalt netto im ersten Jahr, dazu Auto und Wohnung, gehen wir im dritten Jahr hoch bis auf 2000 Euro – ich glaube, viele wären froh über solch ein Modell, bei dem sie Schule oder Universität im Auge behalten können, wenn sie es im Eishockey nicht schaffen.

Wir dürfen uns nicht scheuen, eine eigene Eishockey-Identität zu entwickeln. Das Wichtigste ist – und wieder sollten wir uns am Fußball orientieren – die Technik. Sie kommt noch vor der Taktik, sie ist die Grundlage. Wir brauchen *basic moves,* die wir unsere Spieler lehren. Athletik darf ohnehin keine Frage mehr sein, die liegt im eigenen Machtbereich. Als gute Techniker und fitte Athleten sollten wir dann klare Spielstrukturen entwickeln, nicht mehr nur reagieren, sondern in jeder Zone des Spielfelds Lösungsmöglichkeiten in der Hand haben. Im Bewusstsein, dass wir als Spieler etwas wert sind.

Wer bei den letzten großen Turnieren und speziell der WM 2019 genau hingeschaut hat, konnte erkennen, dass die deutsche Mannschaft anders spielte. Initiativer. Selbstbewusster. Das ging 2019 etwa gegen Kanada in die Hose, doch die Finnen, der spätere Weltmeister, wurden geschlagen.

Über dem deutschen Eishockey schwebt der Begriff „Powerplay26". Die Jahreszahl 2026 erscheint willkürlich gewählt, und man sollte sich nicht auf sie versteifen. DEB-Präsident Franz Reindl als Vater des Konzepts wollte einfach zum Ausdruck bringen, dass der Verband alle Kraft und alle Mittel in die sportliche Entwicklung investieren wird. Die Silbermedaille bei Olympia

2018 war sicher auch glücklichen Umständen zu verdanken, aber in der Zukunft soll das deutsche Eishockey das Potenzial haben, um Medaillen mitspielen zu können. Und natürlich nicht nur in einem Jahr, sondern grundsätzlich.

Ich will nicht aufhören zu hoffen, dass ich irgendwann auf einer Tribüne sitze und die Nationalmannschaft in einem Endspiel kommentiere. Pyeongchang hat Träume ermöglicht. Mailand 2026, was bringst du?

Fünf Fragen an Claus Gröbner, Geschäftsführer des ERC Ingolstadt

Wie stellt man einen Saisonetat auf?
Wir planen unseren Etat stets konservativ, denn finanzielle Stabilität steht an erster Stelle. Vor allem vor dem Hintergrund, dass die Kosten grundsätzlich steigen. Die Herausforderung bei der Planung liegt darin, die Partner langfristig zu binden. Die Planung der neuen Saison beginnt für einen Sportdirektor während der laufenden Saison. Allerdings steckt darin ein gewisses Risiko, weil viele Partner erst nach Abschluss der Saison eine Aussage über die neue Spielzeit treffen. Der Sport lebt von Emotionen. Als Geschäftsführer darf man sich in seinen Entscheidungen davon aber nicht leiten lassen. Man ist neben dem Trainer oft der *bad guy*, wenn etwas schlecht läuft.

Wie sieht der Etatkuchen aus?
Im Eishockey gibt es eigentlich nur zwei Einnahmequellen: Ticketing und Sponsoring. Medienerlöse sind irrelevant, Transfererlöse gibt es praktisch nicht. Als dritte Säule gibt es bei uns noch Gastronomie und Eventcatering. Das Merchandising ist eher marginal.

Nehmen sich Spitzenfußball und Spitzeneishockey in einer Stadt Zuschauer und Sponsoren weg?
Grundsätzlich sehen wir keine Konkurrenzsituation mit dem FC 04 Ingolstadt, wir arbeiten im Nachwuchsbereich partnerschaftlich zusammen. Viele Sponsoren engagieren sich in beiden Klubs. Wir haben weder den Aufstieg der Fußballer in die 1. noch den Abstieg in die 2. Liga gespürt.

Wenn ein Eishockeyticket 20 Euro kostet – was bleibt beim Club hängen?
Zu wenig. Die Kosten für die Spieltagsdurchführung haben sich seit meinen Anfangstagen im Eishockey verdoppelt.

Warum sind die Vertragslaufzeiten der Spieler kurz, maximal drei Jahre?
Lange Vertragslaufzeiten funktionieren nicht. Das wird durch die vorzeitigen Vertragsauflösungen in den letzten Jahren deutlich.

OVERTIME:
ÜBER EISHOCKEY REDEN

GERÜSTET FÜR JEDE EISHOCKEY-DISKUSSION

Ich möchte Sie aus diesem Buch nicht entlassen, ohne Ihnen (mit einem kleinen Augenzwinkern) noch ein paar Fachbegriffe mit auf den Weg zu geben. Die in einem Eishockeystadion meist gebrauchte Vokabel ist sicherlich: „Schieß!" Stets laut und dringlich vorgetragen, mit dem Anspruch der Alternativlosigkeit. Doch die Anwendung von „Schieß!" zeigt uns auch, wie unterschiedlich die Perspektiven im Eishockey sein können.

Ein Beispiel: Eine Mannschaft hat Überzahl, sie setzt sich im Angriffsdrittel fest, die Spieler nehmen ihre Positionen ein, und von da an kommt es ständig von den Rängen: „Schieß!" Die Zuschauer können es nicht erwarten, dass es endlich klingelt, die Spieler dagegen spielen ihre Variationen durch. Manchmal dauert es dann eben noch 30 Sekunden, bis das Tor fällt – und auf der Tribüne sagt der Fan triumphierend zu den Leuten um ihn herum: „Hab ich's doch gesagt: Schießen!"

Als Spieler auf dem Eis ist man versucht, über diese Ungeduld des Publikums zu schmunzeln. Doch schon als Spieler auf der Bank, der auf seinen nächsten Einsatz wartet, hat man eine andere Haltung. Ich habe mich auch oft dabei ertappt, dass ich, obwohl ich meine Spielkluft trug und schwitzte, die Rolle eines Zuschauers einnahm. „Schieß!" – zumindest habe ich es mir gedacht. Und es vielleicht sogar gerufen.

Viele der Menschen, die in ein Eisstadion gehen, hatten nie die Gelegenheit, selbst einmal Eishockey zu spielen. Das ist auch nicht nötig. Deutschland ist kein Eissport-Eldorado, es gibt gerade einmal 220 Eisflächen, und das Eishockey muss sie sich teilen mit Eiskunstläufern, Schnellläufern, Eisstockschützen und dem öffentlichen Lauf. Dennoch kann man auch als aufmerksamer

Zuschauer lernen, das Spiel in seiner Wucht, in seiner Schönheit und seiner Raffinesse zu begreifen. Ich versuche seit einigen Jahren, unser Spiel in all seinen Facetten im Fernsehen näher zu beleuchten, und auch dieses Buch hat hoffentlich dabei geholfen, zu verstehen, wie die Beteiligten ticken und der Eishockeybetrieb funktioniert.

Rufen Sie ruhig weiter „Schieß!", wenn Ihnen danach ist, denn das Eishockey braucht dieses Feuer von den Rängen. Der Ruf kommt aus dem Herzen, und es ist ja auch der einzige deutsche Fachbegriff. Die offizielle „Amtssprache" im Eishockey ist Englisch, und Eishockeyleute neigen dazu, ihr Vokabular noch auf Kurzform zu trimmen, damit es klingt wie eine geheime Formel. Statt *Powerplay* sagen manche „PP", was dann klingt wie „PiPi". Statt *Penalty Killing* heißt es „PK", gesprochen „PiKej". Klar könnte man auch Über- oder Unterzahlspiel sagen. Aber mit „PP" und „PK" wird man halt zum Insider.

Abschließend also noch ein paar Tipps, damit Gespräche über Eishockey gut klingen.

Die Linien auf dem Spielfeld, rot und blau, kennen Sie, die Bullykreise und die Torräume auch. Zwischen den beiden blauen Linien befindet sich die neutrale Zone, ein Drittel ist jeweils das Angriffs- beziehungsweise Verteidigungsdrittel. Ein nicht markierter Bereich ist der Slot. Das ist der für den Torhüter gefährlichste Bereich vor seinem Kasten, für Stürmer wiederum die aussichtsreichste Position für den Abschluss. Sagen wir, die Schussbilanz nach dem ersten Drittel weist ein klares Plus für Ihr Team aus, dennoch hat es nicht getroffen. „Zu wenig Schüsse aus dem Slot", mit diesem Kommentar können Sie Ihre Freunde beeindrucken. Hinweis für absolute Spezialisten: Auf beiden Seiten der offensiven Bullykreise gibt es je ein unscheinbares Strichlein. Das sind die Hashmarks, an denen sich beim Anspiel die Außenstürmer aufstellen. Um die inneren Hashmarks herum mit Raum Richtung blaue Linie: das ist der *High Slot*. Außenstürmer nennen wir selbstverständlich *Winger*, den Mittelstürmer *Center*, die Verteidiger *Defender* oder gerne auch *Blueliner*, den Torwart *Goalie*.

Spielertypen kann man noch weiter spezifizieren. Fällt Ihnen ein Stürmer auf, der nicht mit nach hinten arbeitet, sondern in der neutralen Zone rumhängt und auf die Gelegenheit zum Solo wartet, ist das ein *Cherrypicker*. Einer, der sich die Kirschen herauspickt. Ein sehr despektierlicher Ausdruck. Bewundern Sie an einem Spieler seine Technik und seine Lust, mit der Scheibe zu zocken, als wolle er einen Satz Spielkarten mischen, können Sie ihn einen *Dangler* nennen. Der eiskalte Vollstrecker, der nicht viele Chancen für seine Tore braucht, wird *Sniper*, Scharfschütze, gerufen.

Mit der Zeit werden Sie einen geübten Blick für die Scheibe und ihren Lauf entwickeln. Sie können sehen, wie sie ins Tor gelangt. Flutscht sie dem Goalie durch die Beine, kann man klassisch sagen: Der ging durch die Hosenträger. Noch bildhafter finde ich den Begriff *Five Hole*. Das fünfte Loch, durch das man die Scheibe kriegen kann – über dem Stock, noch unterm Knie. Das erste Loch ist die Fanghand, das zweite die Stockhand, die dritte rechts unten, die vierte links unten.

Folgt Eishockey einer Taktik? Klar! Auch wenn weniger Akteure gleichzeitig auf dem Spielfeld sind als beim Fußball, lässt sich auch hier schön mit Zahlen spielen. An den Fußballstammtischen haut man sich Zahlenkolonnen wie 4-3-3, 4-2-3-1, 3-5-2, 4-4-2 oder 5-4-1 um die Ohren, so wild ist es im Eishockey nicht. Aber Sie werden immer klare Aufgabenverteilungen erkennen. Lange bevor der Fußball sein Pressing entdeckte, hatte das Eishockey seinen *Forecheck*, bei dem die Stürmer die gegnerischen Verteidiger unter Druck setzten. Im Eishockey fließt vieles ineinander, Stürmer helfen beim Verteidigen, Verteidiger dürfen vor dem Tor des Gegners auftauchen. Mittelfeldspieler haben wir im Eishockey nominell keine. Weil Stürmer und Verteidiger den Job einfach mitmachen. Und so entsteht zum Beispiel aus einem 1-2-2 ein 1-3-1. Und Sekunden später ist es wieder ganz anders.

Achten Sie auf das große Ganze, aber auch auf die Kleinigkeiten. Wenn ein verteidigender Spieler unablässig seinen Stock bewegt, als würde er was vom Eis wischen wollen, dann hat ihm der Trainer eingebläut, dass er von ihm einen *active stick* sehen will. Ist unheimlich wichtig in Unterzahl. Und heißt, dass man sich selbst und den Schläger bewegt. Dadurch nimmt man dem Gegner maximal Pass- und Schussfläche.

Was den Kontrahenten auch nerven kann, ist ein *face wash*, eine Gesichtswäsche. Eine Gemeinheit, wenn beim Zweikampf an der Bande der eine Spieler dem anderen mit seinem stinkigen und nassen Handschuh, dessen Innenfläche auch noch unangenehm rau ist, übers Gesicht fährt. Der Schiedsrichter soll diese Provokation nicht sehen. Aber womöglich haben Sie gerade einen guten Blick darauf. Rufen Sie – begeistert oder voller Abscheu – „*face wash!*". Das weist Sie als Kenner aus.

Ein schöner Terminus, mit dem man seine Eishockeykenntnisse belegen und den Sprachwitz unseres Sports darstellen kann, ist der „Gordie-Howe-Hattrick". Howe war NHL-Profi, einer der größten aller Zeiten. Unverwüstlich, er spielte noch, als er über 50 war – in einer Sturmreihe mit seinen Söhnen. Er war ein überragender Torjäger, ein klasse Vorbereiter, und er konnte mit den Fäusten hinlangen, wenn er das für erforderlich hielt. Diese drei Qualitäten muss man erst mal in sich vereinigen. Es entstand der Begriff Gordie-Howe-Hattrick. Angewendet wird er, wenn es einem Spieler gelingt, ein Tor selbst zu erzielen, die Vorlage zu einem Tor zu geben und dann auch noch einen Faustkampf auszutragen. Ich habe in meinen Teams schon Mitspieler erlebt, die sich in der Euphorie über ein Tor und ein Assist noch jemanden raussuchten, mit dem sie fighten konnten.

Beim Eishockey lassen sich also wunderbare Gespräche führen, sogar in den Drittelpausen, wenn das Eis zubereitet wird. Mit der Zamboni. Ja, ich weiß und ich bekomme dazu immer wieder Zuschriften: Zamboni ist ein Hersteller. Aber so wie die Marke

Tempo zum Synonym für Papiertaschentücher geworden ist, steht Zamboni eben für dieses Gefährt, das – früher betankt, mittlerweile mit Erdgas oder gar Strom betrieben – unten einen Hobel führt, mit dem es eine Schicht vom verkratzten Eis nimmt. Hinten entfacht die Maschine eine Sprühfontäne, das Wasser ist idealerweise leicht warm und das Eis ist wiederhergestellt. Es glitzert und schimmert. Hohe Kunst. Ein Eismeister ist wirklich ein Meister seines Fachs. Und natürlich eishockeyverrückt. Wenn man es nicht zum Eishockeyspieler schafft, muss man eigentlich Zambonifahrer werden. In der NHL kann man als Zuschauer sogar mitfahren, das ist drüben Teil der Show.

Unsere Show wird immer besser. In amerikanischen Stadien gibt es Plätze direkt hinter dem Plexiglas, da bekommt man richtig gut mit, wie es an der Bande rumpeln kann und wie hart Schüsse einschlagen. Und in Deutschland haben die Kölner Haie etwas ganz Besonderes: fünf Plätze zwischen den Spielerbänken. Durch Plexiglas geschützt, aber mit einem Namen versehen, der schon alles sagt: *Suicide Box*. Aber keine Angst, es wird nichts passieren.

Doch eigentlich ist Eishockey von jedem Platz im Stadion ein Erlebnis. Und zunehmend auch vor dem Bildschirm. Deshalb verwende ich nun endlich das Prädikat, das auf dem Titel dieses Buches steht: Eishockey ist der geilste Sport der Welt!

Schlusssirene!

Edel Books
Ein Verlag der Edel Germany GmbH

Copyright © 2019 Edel Germany GmbH, Neumühlen 17, 22763 Hamburg
www.edelbooks.com

3. Auflage

Projektkoordination: Dr. Marten Brandt
Lektorat: Alex Raack
Umschlagfotos: Sebastian Fuchs und shutterstock
Layout und Satz: Datagrafix GSP GmbH
Umschlaggestaltung: Groothuis. Gesellschaft der Ideen und Passionen mbH | www.groothuis.de
Lithografie: Frische Grafik, Hamburg

Druck und Bindung: GGP Media GmbH, Pößneck

Alle Rechte vorbehalten. All rights reserved. Das Werk darf – auch teilweise – nur mit Genehmigung des Verlages wiedergegeben werden.

Printed in Germany

ISBN 978-3-8419-0674-8